中国可持续交通前沿问题研究系列丛书

交通运输行业低碳发展战略与实践

赵芳敏　蔡志洲　主编

人民交通出版社

北京

内 容 提 要

交通运输行业是全球二氧化碳排放的主要来源之一,是实施全球温室气体减排的重要领域。本书系统介绍了世界交通低碳发展的大趋势,交通运输领域碳减排国际经验,以及"双碳"背景下我国交通运输行业低碳发展战略要求,介绍了交通运输行业在铁路、公路、水运、民航、邮政快递和城市交通方面的低碳实践案例,其有利于全行业乃至全社会更具体化、形象化理解和落实"双碳"背景下,交通运输行业低碳发展战略要求和具体做法,为推动碳达峰工作贡献力量。

本书可供交通运输行业的管理人员和技术人员使用,也可供对交通运输行业低碳发展感兴趣的人群参考和学习。

图书在版编目(CIP)数据

交通运输行业低碳发展战略与实践 / 赵芳敏,蔡志洲主编. — 北京:人民交通出版社股份有限公司,2025.3

ISBN 978-7-114-18744-5

Ⅰ.①交… Ⅱ.①赵… ②蔡… Ⅲ.①交通运输业—节能—研究—中国 Ⅳ.①F512.3

中国国家版本馆 CIP 数据核字(2023)第 067665 号

书　　名	交通运输行业低碳发展战略与实践
著　作　者	赵芳敏　蔡志洲
责任编辑	岑　瑜
责任校对	赵媛媛　武　琳
责任印制	张　凯
出版发行	人民交通出版社
地　　址	(100011)北京市朝阳区安定门外外馆斜街 3 号
网　　址	http://www.ccpcl.com.cn
销售电话	(010)85285857
总 经 销	人民交通出版社发行部
经　　销	各地新华书店
印　　刷	北京市密东印刷有限公司
开　　本	787×1092　1/16
印　　张	12.5
字　　数	310 千
版　　次	2025 年 3 月　第 1 版
印　　次	2025 年 3 月　第 1 次印刷
书　　号	ISBN 978-7-114-18744-5
定　　价	98.00 元

(有印刷、装订质量问题的图书,由本社负责调换)

《交通运输行业低碳发展战略与实践》编写委员会

主　　编： 赵芳敏　蔡志洲

副 主 编：（按姓氏笔画排列）

　　方　海　朱建华　李　斌　赵洪波　徐洪磊

编写组成员：（按姓氏笔画排列）

王　丹	王永泽	王　昊	王思迪	王妮妮	王赵明
王　健	孔亚平	甘少炜	卢春颖	付金生	叶康军
边兆军	齐亚楠	刘佳慧	刘爱敏	刘磊磊	孙　磊
张长安	吴　睿	吴　震	李庆祥	李晓易	李　涛
李　静	李晋鹏	杨献朝	杨　雪	杨　柳	杨道源
陈荣昌	陈俊峰	邵社刚	庞新宇	赵永霖	袁　平
贾全星	贾　钦	高硕晗	郭锦怡	曹孙喆	黄学文
黄山倩	韩　冰	韩彦来	彭士涛	彭令发	满朝翰
睿　芮	谭晓雨	蔡　森	滕方勇		

序　言

　　气候变化和大气污染的相互作用成为了全球性的重大环境和发展问题。低碳发展已成为超越国家、地区和民族的人类发展共同趋势之一。2020年9月22日，国家主席习近平在第七十五届联合国大会上提出："中国将提高国家自主贡献力度，采取更加有力的政策和措施，二氧化碳排放力争于2030年前达到峰值，努力争取2060年前实现碳中和"。

　　交通运输行业是我国社会经济发展的基础和保障，改革开放特别是党的十八大以来，在以习近平同志为核心的党中央坚强领导下，我国交通运输发展取得了举世瞩目的成就。"十三五"期间，我国综合交通网络总里程突破600万公里，"十纵十横"综合运输大通道基本贯通，高速铁路运营里程翻一番、对百万人口以上城市覆盖率超过95%，高速公路对20万人口以上城市覆盖率超过98%，民用运输机场覆盖92%左右的地级市，超大特大城市轨道交通加快成网，港珠澳大桥、北京大兴国际机场、上海洋山港自动化码头、京张高速铁路等超大型交通工程建成投运。我国综合交通运输结构不断优化，各种运输方式衔接更加顺畅。铁路、水运等绿色低碳的运输方式占比逐年增加，交通运输行业节能减排的网络效应、规模效应和集约效应得到了一定程度的发挥。交通运输作为国民经济的基础性、战略性、先导性产业，其运行效率，决定了社会经济的总体效率，我国社会经济总体效率的提高对于全社会碳减排有重要的意义。

　　2019年9月和2021年2月，中共中央、国务院分别印发实施《交通强国建设纲要》和《国家综合立体交通网规划纲要》，确定了我国交通强国的战略目标，为我国交通运输发展指明了方向。交通运输行业具有"高能耗""高排放"的特点，交通运输行业是二氧化碳主要排放源之一，是实施全球温室气体减排、缓解气候变化的重要领域。随着交通强国的战略实施，交通运输行业面临着更加严峻的碳减排压力。

　　为了宣传和普及"低碳发展"的理念，凝聚共识，强化行动，让我们的国家在这场绿色、低碳的国际比赛中力争走在世界的前列，也为人类文明进步作出更大贡献,早在 2015 年,我们编写了"中国低碳发展丛书",其中《低碳交通》是丛书的重要组成内容之一。时隔 8 年,很高兴看到《交通运输行业低碳发展战略与实践》的问世。该书是多年来交通运输行业绿色低碳发展的成果体现,与《低碳交通》相比,国家战略角度的顶层设计更加完善,案例更加丰富全面。该书系统展示了"双碳"背景下,我国交通运输领域低碳发展的新要求,我国在综合交通运输体系,以及铁路、公路、水运、民航、邮政和城市交通等方面碳减排的先进案例,同时收集整理了国外交通运输低碳发展方面的经验、前沿技术和案例。期待该书的出版,能够发挥好宣传作用,为交通运输行业乃至全社会更好地理解和践行碳减排工作贡献力量。也期待各界读者、专家对交通运输业的低碳转型贡献智慧,提出意见和建议。

中国工程院院士 杜祥琬

2023 年 8 月

前　言

交通运输是国民经济中具有基础性、先导性、战略性的产业,是碳排放的重要领域之一。交通运输主管部门非常重视该领域能源节约和二氧化碳减排工作,发布了一系列政策文件,并早在2007年就确定了首批20个节能示范项目,此后持续推进节能减排示范试点项目,取得了丰富的经验。

2021年2月,中共中央、国务院印发了《国家综合立体交通网规划纲要》,根据该纲要,到2035年,国家综合立体交通网实体线网总规模合计70万公里左右(不含国际陆路通道境外段、空中及海上航路、邮路里程)。其中铁路20万公里左右,公路46万公里左右,高等级航道2.5万公里左右。沿海主要港口27个,内河主要港口36个,民用运输机场400个左右,邮政快递枢纽80个左右。随着交通强国战略的实施、经济的发展以及人们对物质生活的追求不断提高,未来交通运输的刚性需求仍将呈现有增无减的趋势,交通运输行业因此面临着更为严峻的减碳压力。

本书系统阐述了"双碳"(碳达峰与碳中和)背景下,交通运输行业低碳发展的战略要求,介绍了多年来交通运输行业在铁路、公路、水运、民航、邮政快递、城市交通等领域的低碳发展实践案例,同时收集整理了国外交通运输低碳发展方面的前沿技术和案例。本书由交通运输部环境保护中心牵头,联合中国铁道科学研究院集团有限公司、中国民航科学技术研究院、交通运输部规划研究院、交通运输部科学研究院、交通运输部公路科学研究院、交通运输部水运科学研究院、交通运输部天津水运工程科学研究院、中国船级社和中国交通建设股份有限公司等单位,成立专家组和编写组共同撰写。

全书共分为八章。第一章介绍了世界交通运输低碳发展趋势和交通领域碳减排的国际经验;第二章介绍了中国交通发展战略,分析了中国交通碳减排现状、问题,介绍了"双碳"背景下中国交通低碳发展战略;第三章到第八章,介绍了铁路、公路、水运、民航、邮政快递、城市交通在碳减排方面相关国际公约的要求、减排战略、全过程减排案例等内容。本书有助于全行业乃至全社会理解我国"双碳"

背景下交通运输行业所面临的前瞻性低碳发展要求,并具体化、形象化地展示了落实这些要求的具体做法,从而为践行低碳发展工作贡献力量。

鉴于编者水平有限,书中可能存在疏漏之处,敬请读者批评指正。

编　者

2023 年 12 月

目 录

第一章　世界交通低碳发展趋势 ··· 1
　第一节　全球变暖与交通运输行业碳减排 ······································ 1
　第二节　交通运输领域碳减排国际经验 ·· 5
第二章　中国交通运输发展战略与交通运输低碳发展战略 ······· 16
　第一节　中国交通运输发展战略 ·· 16
　第二节　中国交通运输低碳发展战略 ·· 25
第三章　铁路 ·· 37
　第一节　我国铁路发展现状及主要战略 ······································ 37
　第二节　铁路牵引领域低碳实践 ·· 42
　第三节　铁路非牵引领域低碳实践 ·· 49
　第四节　铁路运输管理低碳实践 ·· 56
第四章　公路 ·· 60
　第一节　我国公路发展现状及要求 ·· 60
　第二节　公路基础设施低碳实践 ·· 64
　第三节　公路运输装备低碳实践 ·· 86
　第四节　公路运输组织管理低碳实践 ·· 90
第五章　水运 ·· 92
　第一节　概述 ·· 92
　第二节　我国水运节能减排情况 ·· 94
　第三节　水运基础设施低碳实践 ·· 102
　第四节　运输船舶低碳实践 ··· 115
　第五节　水运组织管理方面低碳实践 ······································ 126
第六章　民航 ·· 134
　第一节　民航应对气候变化 ··· 134
　第二节　飞机低碳发展措施及案例 ·· 138
　第三节　机场低碳实践 ··· 149
第七章　邮政快递 ·· 154
　第一节　我国邮政快递低碳发展现状 ······································ 154

第二节　邮政快递低碳实践 158
第八章　城市交通 163
　　第一节　我国城市交通低碳发展现状及战略 163
　　第二节　我国城市低碳交通实践 175
参考文献 183

第一章 世界交通低碳发展趋势

第一节 全球变暖与交通运输行业碳减排

一、全球变暖与环境问题

(一)全球变暖的科学事实

全球变暖指的是在一段时间内,地球的大气和海洋因温室效应而发生温度上升的气候变化,这种气候变化所造成的效应被称为全球变暖效应。根据政府间气候变化专门委员会(IPCC)第五次评估报告,近百年来气候变暖毋庸置疑,1880—2012年,全球地表平均温度大约升高了0.85℃。1983—2012年是过去1400年来最热的30年。

在地质历史时期,自然变化是影响气候变化的主要因素。工业革命18世纪60年代以来,人类活动是全球气候变暖的主要原因。由于人类大规模使用煤、石油等化石能源,大气中二氧化碳等人为温室气体浓度持续快速增加。人为温室气体包括二氧化碳、甲烷、臭氧、氧化亚氮、氟氯烃等,大气中二氧化碳排放(简称碳排放)量增加是全球气候变暖的根源。如果不加大减排力度,未来人为温室气体浓度将会继续升高,到2030年,二氧化碳单量浓度将超过0.045%;到21世纪末将超过0.075%,并造成全球地表平均温度比工业化前升高$3.7 \sim 4.8$℃。这种升温水平将引发灾难性的后果。

(二)全球变暖造成的环境问题

1. 全球情况

据2014年IPCC(联合国政府间气候变化专门委员会)发布的《气候变化2014:影响、适应和脆弱性》报告,在过去数十年间,气候变化对所有大陆和海洋的生态系统及人类社会产生了影响,给人类带来了普遍性风险,如海平面上升、沿海地区遭受高潮危害、城市因洪水受灾、极端天气危害基础设施、酷暑导致疾病和死亡、干旱和降水量的变化导致火灾和食物不足等。

冰川消融和海平面上升是气温升高最明显的后果。2019年,NASA(美国国家航空航天局)展示了近35年来北极海冰的消融情况,其中多块海冰相较1984年已消融了95%以上。海冰的消失对包括海豹、海象、鲸、北极熊在内的北极地区动物造成极大影响,会导致这些动物的生存环境发生剧烈变化,北极地区特有的物种将可能大规模消失。此外,随着全球变暖的速度不断加快,北极海冰大面积消融,随之而来的可能是越来越多的森林火灾和无法预测的风暴。

2019—2020年,澳大利亚森林大火持续燃烧了4个多月,据世界自然基金会(WWF)的报告,大火造成近30亿只动物死亡或流离失所。2020年1月18日,雨水浇灭了这场森林大火的同时,给这一地区带来了洪水的新威胁。根据欧洲哥白尼大气监测服务中心于2020年1月中旬发布的信息,澳大利亚森林大火向大气排放了约4亿吨二氧化碳,这个数据已超过全球116个二氧化碳排放量最低国家的年排放量之和。全球变暖和大型森林火灾发生频率有明显的联系,同时,森林火灾导致二氧化碳排放量增多,对全球变暖起到了加速作用。

根据IPCC发布的《第六次评估报告》,人类活动造成的气候变化已影响到全球每个区域的许多极端天气气候事件。近40多年来(1980年代以来)全球强台风(飓风)占比增加;20世纪50年代以来,全球热浪和干旱复合事件增多,一些沿海和河口地区的洪涝复合事件增多。

2.我国情况

《中国气候变化监测公报2013》的结果显示,近百年来我国地表平均温度上升了0.91℃。最近60年气温上升尤其明显,平均每10年约升高0.23℃,几乎是全球的2倍。根据《中国气候变化蓝皮书(2022)》,从1951到2021年,我国地表年平均气温呈显著上升趋势,升温速率为0.26℃/10年,高于同期全球平均升温水平(0.15℃/10年)。2021年,我国地表平均气温较常年值偏高0.97℃,为1901年以来的最高值。受气候变暖影响,我国极端气候事件的发生频率和强度变化明显,2008年年初我国南方地区出现历史上罕见的低温雨雪冰冻灾害,2010年秋冬季我国华北大部、黄淮及江淮北部出现大范围干旱,2012年1月至2月我国北方严寒。我国夏季高温热浪增多,特别是1998年以后,35℃以上的高温日数连续显著高于常年平均。区域性干旱加剧,近15年中等以上干旱日数东北增加37%,华北增加16%。我国台风强度明显增加,21世纪以来,平均每年有8个台风登陆,其中有一半是最大风力超过12级的台风或强台风(14级以上),与20世纪90年代相比台风数量和强度分别增加了14%和1.4倍。气候变化和气象灾害对我国经济安全提出更严峻的挑战。21世纪以来,气象灾害造成直接经济损失与国内生产总值(GDP)的比值为年均1.07%,是同期全球平均(0.14%)的7倍多。气候变化给我国青藏铁路,三峡库区,南水北调,西气东输,中俄输油管线,"三北"(西北、华北和东北)防护林等重大工程的安全运行带来风险。

目前,全球变暖的后果仅部分显现或被预测出来,但这些可见后果已经非常严重了。全球变暖可能使未来的天气变得更加恶劣,并且其恶化幅度将会超出人们的想象。

二、交通运输行业碳减排趋势

(一)应对气候变化的国际合作

低碳零碳发展是与全球应对气候变化科学进程和政治进程紧密相联的。随着人类对气候变化科学事实及其危害认识不断提高,全球范围应对气候变化的国际合作也得到积极、广泛的响应。

1979年第一次世界气候大会建立世界气象组织并通过"世界气候计划"决议。1992年联合国环境与发展大会通过了《联合国气候变化框架公约》(UNFCCC),这是世界上第一个为全面控制二氧化碳等温室气体排放,也是国际社会在应对全球气候变化问题上进行国际合作的基本框架。UNFCCC确立了发达国家与发展中国家"共同但有区别的责任"原则,阐明了其行动框架,力求把温室气体的大气浓度稳定在某一水平,从而防止人类活动对气候系统产生"负面影响"。

1997年,UNFCCC的实施取得了重大突破,在其第3次缔约方大会上,缔约方在日本京都通过了《京都议定书》,对减排温室气体的种类、主要发达国家的减排时间表和额度等作出了具体规定。规定从2008—2012年,主要工业发达国家温室气体的排放要在1990年的基础上平均减少5.2%,其中欧盟将6种温室气体的排放消减8%,美国消减7%,日本消减6%。2005年《京都议定书》生效,但美国等工业化国家拒绝签署《京都议定书》,UNFCCC的实施并未取得显著成效。

2007年12月通过了"巴厘路线图"。2009年12月,与会各国达成《哥本哈根协议》,协议维护了UNFCCC及《京都议定书》确立的"共同但有区别的责任"原则,就发达国家实行强制减排和发展中国家采取自主减缓行动作出了安排,并就全球长期目标、资金和技术支持、透明度等焦点问题达成广泛共识。

2015年在第21届联合国气候变化大会上达成《巴黎协定》,其是UNFCCC下继《京都议定书》后第二份有法律约束力的气候变化协议。《巴黎协定》指出,各方将加强对气候变化威胁的全球应对,把全球平均气温较工业化前水平升高控制在2℃之内,并为把升温控制在1.5℃之内而努力。根据《巴黎协定》,各方将以"自主贡献"的方式参与全球应对气候变化行动。《巴黎协定》使得"全球2℃升温目标"第一次具备国际法律效力。各国采取以自下而上的"国家自主贡献"承诺方式开展应对气候变化的行动,配合全球盘点的制度安排,国际社会建立起了一个全面参与、渐进、有序加大行动力度应对气候变化的国际合作模式。

2019年联合国气候变化大会在马德里召开。2019年9月,《地球紧急行动方案:为了人类、自然和气候的新政》在联合国气候行动峰会期间正式出炉,该方案提出了全球10项承诺、10项紧急变革行动,其中有6项与碳排放直接相关。

(二)国际上的低碳零碳发展国家行动与交通运输领域碳减排

在向低碳发展模式转型、共同应对气候变化上,世界各国已达成共识,并都采取了积极行动。交通运输行业具有"高能耗"的特点,交通基础设施建设期耗费大量的钢材、水泥等高碳材料,交通设施营运期间,载运工具会消耗大量以石油为主的碳基能源。此外,在基础设施建设、车辆制造及燃料供给等环节均会导致间接的碳排放。根据2018年国际能源署数据,二氧化碳排放量前三的行业分别是电力/热力行业、工业和交通运输行业,交通运输作为主要碳排放源之一,是实施全球温室气体减排、缓解气候变化的重要领域。交通运输领域的碳减排已是国际大势,世界主要国家和地区在制定的低碳零碳国家行动中,均将绿色、低碳交通作为战略重点。

1. 欧盟

自1992年起,欧洲各国就致力于通过联合解决方案,以应对全球气候变暖。2020年1月,欧盟通过的《欧洲绿色协议》,提出2050年实现碳中和的目标,并制定了一系列政策、措施及行动计划。为保障碳中和目标的实现,欧盟于2020年9月提出《欧洲气候法》的立法提案,2021年6月欧洲理事会最终通过了《欧洲气候法案》,该法案将2050年达成碳中和的目标写入法律。

欧盟在2019年12月发布的《欧洲绿色协议》提出，欧盟通过提升铁路和航运能力，大幅降低公路货运的比例，同时加强与新能源汽车相关的基础设施建设，2025年前在欧盟国家境内新增100万个充电站，双管齐下降低碳排放量。

2. 英国

"低碳经济"概念最早正式出现是在2003年的英国能源白皮书《我们未来的能源：创建低碳经济》中。2008年英国《气候变化法案》正式通过生效，英国成为世界上第一个为温室气体减排立法的国家，该法案承诺，英国2050年的温室气体排放量将在1990年的基础上减少80%。2019年6月，英国新修订的《2008年气候变化法案（2050目标修正案）》生效，正式确立到2050年实现温室气体"净零排放"，即碳中和。这一举措将使英国成为世界上第一个净零排放立法的主要经济体，对其他国家起到积极的示范作用。

在交通运输方面，2018年7月，英国交通部牵头发布了"零碳排放之路"（Road to Zero）战略，该战略是英国交通运输领域未来向更加清洁化迈进的纲领性文件，旨在帮助逐步淘汰高污染柴油和汽油车辆以及促进低碳替代品的采用，帮助英国实现到2030年至少50%的新车及高达40%的新货车"超低排放"。根据该战略，英国将在2040年停止销售汽油、柴油家用车和小型客货车，2050年实现所有家用车和小型客货车零碳排放。

3. 美国

2021年，拜登就任总统第一天就宣布美国重新加入《巴黎协定》，并提出到2035年，通过向可再生能源过渡实现无碳发电。2021年4月世界地球日，拜登宣布了美国新的国家自主贡献目标，2030年温室气体排放比2005年下降50%~52%，2050年实现碳中和。为实现碳中和，美国提出了"零碳排放行动计划"（ZCAP），这是一个全面的政策框架，ZCAP提出从化石燃料现状过渡到低碳能源战略需要四大支柱：一是更有效地使用能源；二是电力脱碳；三是把现在使用最多地方的化石能源转变为电力；四是碳捕获与封存。

美国的"零碳排放行动计划（ZCAP）"对交通运输领域提出了要求，主要涉及公共汽车、铁路、短途运输和部分长途载货汽车的电气化（包括普通、混合动力和氢燃料电池），以及针对长途航空和长途海运的低碳生物燃料和可再生能源研究等。

4. 德国

德国联邦政府内阁通过了《气候行动法（草案）》和《2030年气候行动计划》，提出到2030年温室气体排放量减少到1990年的55%，到2050年减少95%；到2050年，将可再生能源在最终能源消费总量中的比例提升到60%，在全国总能源消耗占比达到80%。德国2021年5月宣布，进一步提高减排目标，2030年温室气体排放量较1990年减少65%，高于欧盟减排55%的目标，实现净零排放的时间也从2050年提前到2045年。

《2030年气候行动计划》对交通运输等六大部门规定了减排措施。发展电动车是德国应对气候变化的重要措施，2019年11月，德国联邦政府内阁通过了《电动基础设施总体规划》，明确到2022年，德国汽车行业将建设1.5万个公共充电点；到2023年，德国将投资超过30亿欧元用于零排放的汽车和载货汽车的充电及加氢基础设施建设，将建设5万个公共充电点。

5. 日本

从1997年到2003年，日本单位GDP平均能源消耗指数下降了37%。1998年日本颁布了《全球气候变暖对策推进法》，2017年日本政府首次发布了《氢能源基本战略》，确定了2050年氢能社会建设的目标及到2030年的具体行动计划。2019年，日本政府公布了《氢能利用进度表》，计划到2025年全面普及氢能交通，并进一步扩大氢能在发电、工业和家庭中的应用；到2030年，建成900座加氢站，实现氢能发电商业化；到2050年，实现零排放的氢能社会。

2020年年底，日本政府公布了脱碳路线图草案。该草案不仅书面确认了"2050年实现净零排放"，还为电动汽车等14个领域设定了不同的发展时间表。此外，该草案明确，将在15年内逐步停售燃油车，采用混合动力汽车和电动汽车替代燃油车，并将在此期间加速降低动力电池的整体成本。

第二节 交通运输领域碳减排国际经验

交通运输行业作为国民经济的基础性、先导性和服务性行业，实现"双碳"目标任重而道远。国外交通运输领域碳减排方面的工作和经验，对我国交通运输领域碳减排工作有很好的参考价值。

一、欧盟经验

为推动交通运输领域减少碳排放，欧盟坚定地发展零排放交通运输体系。其在交通运输领域的碳减排经验主要包括：构建一体化交通运输体系，优化运输结构；优化交通运输能源结构，大力推进交通零碳排放；制定城市交通发展规划，实现低碳出行；给予持续的资金支持，保障和引导绿色交通发展；加强交通运输节能减排监管，夯实绿色发展基础；等等。

（一）构建一体化交通运输体系，优化运输结构

完善交通基础设施，建设欧洲"核心网络"。优化交通基础设施，通过构建由通道组成的"核心网络"，整合欧盟的东西地区，与邻国建立具有前瞻性的连接，建立欧洲交通一体化区域。到2030年建成全功能的多式联运泛欧道路运输网络的核心部分，到2050年建成高品质、高能力的基础网络。"核心网络"必须保证欧盟成员国的首都与其他主要城市、港口、航空港和主要的陆上边境通道，以及其他主要经济中心间有效的多式联运。

加强配套信息服务，提升运输的通达性。2020年12月，欧盟公布了《可持续与智能交通战略》，该战略提出要依靠数字技术建立互联共享的线上电子票务系统，货物运输也将实现无纸化。欧盟为此提出将创建一个全面运营的跨欧洲多式联运网络，为铁路、航空、公路、海运联运提供便利。在城市交通方面，欧盟将加强部署包括车辆导航系统、智能停车系统、共享汽车、驾驶辅助系统等在内的智能交通系统。

发展多式联运，鼓励向低排放运输方式转移。《可持续与智能交通战略》将推动500公里以下的旅客实现低碳出行，这意味着旅客出行的主要选择将从航空转向碳排放更低的铁路。

（二）优化交通运输能源结构，大力推进交通零碳排放

早在2014年，欧盟委员会就表示将通过给予替代能源价格优势，向公众传递明确的引导信息，提高消费者对低排放和零排放替代能源车辆的接受程度。此外，欧盟还将优化税收机

制,激励消费者选择低排放、零排放车辆和能源。2016年欧盟明确提出将支持对现行燃料和可再生能源的立法修订,为零碳能源提供长期、强劲的创新助力。基础设施配套方面,未来整个欧洲将建设统一的充电和维修基础设施,以提升大众对电动汽车的接受度。2019年2月,欧洲议会通过一项绿色采购法案,规定2025年各成员国购买电动、氢能源、生物能源汽车等零排放的公共汽车占新购买公共汽车的25%以上。欧盟在2020年5月公布的7500亿欧元复苏计划中提出,加大对新能源汽车领域的支持力度,主要措施有:建立全欧盟清洁汽车采购制度;在充电系统上增加1倍的投资,未来五年将建设200万个公用充电桩;免收零排放车的增值税。

欧盟公布的《可持续与智能交通战略》提出,到2030年,至少要有3000万辆零排放汽车和8万辆零排放载货汽车在欧洲公路上行驶,零排放船舶将进入市场;到2035年,零排放大型飞机将投入市场;到2050年,几乎所有汽车、货车、公共汽车及新型重载车辆都将实现零排放。2020年7月,欧盟正式发布《欧盟氢能战略》,提出进一步鼓励将氢燃料电池用于长途客车、特殊用途车辆和长途公路货车。欧盟计划未来10年向氢能产业投资5750亿欧元,其中4300亿欧元直接用于氢能基础设施建设。

(三)制定城市交通发展规划,实现低碳出行

推进城市交通一体化。制定城市综合发展战略,统筹考虑土地利用规划、高效的公共交通服务、非机动化出行方式、环保车辆和充电/加油基础设施供给,缓解交通拥堵,提高城市交通系统运行效率,减少尾气排放和碳排放。鼓励一定规模以上的城市充分考虑上述因素,制订城市交通发展规划。城市交通发展规划要和城市的整体发展规划保持一致,将智能交通作为智能城市建设的重要组成部分。

制定2030年"零排放城市物流"战略,包括土地规划、铁路与水路运量、商业惯例与信息、收费和车辆技术标准等方面内容;更好地监测和管理城市货运流量(如整合中心、旧中心的车辆规模、监管限制、交货窗口、内河潜力);促进对低排放的运货面包车和城市配送车等商用车队的联合公共采购。

鼓励公众低碳出行。通过可持续城市交通规划,整合空间规划,鼓励公众选择自行车、步行、公共交通和/或共享出行(共享自行车和共享汽车)等低碳出行方式,以缓解城市拥堵,减少污染物和二氧化碳排放。

(四)给予持续的资金支持,保障和引导绿色交通发展

多渠道融资,保障绿色交通发展。欧盟通过搭建基础设施资金框架,促进成员国采用公私合作模式,以及为交通运输部门设计新的融资工具(如欧盟首发的项目债券)等方式支持提高基础设施使用效率和降低碳排放技术的开发和部署成本。目前,欧洲投资计划是支持这些政策目标的主要资金来源,重点是调动必要的私人和公共投资支持交通运输建设。欧盟结构和投资基金中与交通相关的基金合计700亿欧元,其中支持低排放行动的资金为390亿欧元。这部分资金中的120亿欧元主要用于发展低碳交通、多式联运、可持续城市交通等。

设立专项补助资金,引导绿色交通发展。欧盟于2003年和2006年分别启动了推动多式联运的马可波罗计划和耐得斯(NAIDES)推进内河航运计划。马可波罗计划用于补助道路货物运输向铁路或水路转移等,每年预算约为6000万欧元;耐得斯推进内河航运计划在2013年

已经结束,对于推广内河航运发挥了积极的作用。2014年欧盟启动了"地平线2020"(Horizon 2020),这是欧盟为实施创新政策的资金工具,计划7年(2014—2020年),预算总额为770.28亿欧元,其中,智能、绿色和综合交通单项资金达到63.39亿欧元。专项补助资金的设立,对欧盟绿色交通的发展起到了积极的促进作用。

(五)加强交通运输节能减排监管,夯实绿色发展基础

构建创新型交通运输的监管框架。欧盟委员会通过推进标准化或者制定规章,确定必要的监管框架条件,具体包括:制定适合所有运输方式中运输工具的二氧化碳排放量标准、车辆噪声标准等;实施公共采购策略,确保新技术的快速利用;制定关于清洁能源车辆充电基础设施的兼容性规则,加油设施的指南与标准,基础设施与基础设施、车辆与基础设施、车辆与车辆通信间的接口标准;确定智能收费系统与支付系统的规格与条件。此外,欧盟通过更好地实施现行的规定与标准,减少二氧化碳和污染物的排放量。

发布二氧化碳排放量与燃油效率的车辆标志。欧盟将贴标范围扩大到轻型商用车和其他轻型交通工具,并且统一所有成员国中的标签和燃油效率类别。支持市场采用高于型号标准要求的节能、安全和低噪声的车胎。

研究并开展碳排放计算。鼓励开展以商业应用为基础的温室气体排放认证计划,制定欧盟共同标准,针对不同的用户(如企业和个人)采用不同的版本,估算每位旅客和每次货运旅程的碳排放量。在国际航运中引进新船舶的"能源效率设计指标",并致力于制订一个稳定和强制性的全球协议来收集和报告国际海事组织中航运的全球温室气体排放情况,以减少国际海事部门的碳排放量。

二、英国经验

英国一直是控制温室气体排放的积极倡导者和践行者,其在交通运输领域的碳减排经验主要包括促进低碳燃料应用、发展低碳运输装备技术、提高车辆碳排放标准、提高运输系统效率和鼓励社会公众低碳出行等方面。

(一)促进低碳燃料应用

制定法律促进低碳燃料应用。根据欧盟《可再生能源标准和燃料质量指令》,英国制定了新的法律,并修改了《可再生运输燃料条例》,使之与欧洲法律保持一致。《英国可再生能源战略》提供了一系列至2020年英国将使用的生物燃料方案,并在2010年6月发布的《全国行动计划》中强化这些方案。

利用财税政策鼓励低碳燃料应用。英国从20世纪90年代起开始采用降低燃料税、补贴等财税手段来促进液化石油气(LPG)和天然气(LNG)在道路运输中的应用。当前,为了促进低碳燃料技术的发展,政府进一步加大了多种财税激励政策的开发和使用力度。英国政府对低碳燃料采取差别税率,通过加大低碳燃料和传统燃料之间的税差来减少甚至补贴消费者因购买低碳燃料而支付的额外成本,鼓励消费者购买低碳燃料。对生物柴油和生物乙醇实行差别税率,每升税率标准比超低硫柴油(ULSP)低20便士。2002年及2004年财政预算明确,在未来一段有限时间内对氢燃料免征燃料税,以及对道路燃料气体(RFGs)实行长达三年期的差别税率,使得这类燃料的价格只有汽油和柴油价格的一半左右。英国对于低碳燃料和汽车给

予"资本免税计划""零税经济支持"等税收优惠政策。"资本免税计划"旨在鼓励低碳交通发展,其内容主要包括对公司或企业购买低碳汽车,以及对公司或企业投资压缩天然气(CNG)和氢燃料配套基础设施建设等行为给予税收优惠,其购买成本可以用于抵扣公司或企业当年的应税利润。英国政府大力投资建设新型燃料配套基础设施,在2003年10月之前已有1300多个LPG加油站遍布全国,超过10万辆汽车可以使用LPG进行驱动。自2003年起开始建设CNG和氢燃料配套基础设施。政府还为一些低碳交通建设示范项目如替代燃料配套基础设施建设示范等提供零税经济支持。英国针对车用电力燃料的使用,加强了充电基础设施的建设。为了开发电动汽车和插入式混合动力汽车的市场潜力,政府投资建设了与电动车行驶限制和人们出行习惯相协调的充电基础设施。由于快速充电基础设施的建设还需配合电网的升级改造,英国于2009年12月明确了全面改造现有电力体系的必要性,包括从发电、传输到消费的整个链条,要求在减少温室气体排放的前提下进一步增加电力供应。此外,英国政府还开展了替代燃料配套基础设施建设的示范项目,包括燃料电池公共汽车加氢示范项目、地方专用车队的垃圾填埋场沼气利用项目、专用车队的甲烷利用项目等。

(二)发展低碳运输装备技术

英国政府投入了约4亿英镑用以鼓励开发和使用超低碳车辆,其中,约1.4亿英镑的资金已拨付给"技术战略委员会"的"低碳汽车创新平台",该平台集合了政府各个部门用于支持低碳车辆技术研究、开发和示范的资金。此外,英国政府还投入3000万英镑用于2009—2011年低碳公共汽车技术的开发。英国政府和能源生产行业建立了新型汽车技术基金(NVTF),对低碳汽车从研发到示范的每一个阶段给予资金支持。2003年4月,在NVTF支持下启动的"超低碳汽车挑战"(ULCCC)项目,为符合特定要求的超低碳汽车(排放量小于或等于100克/公里)的开发、示范及测试提供资金支持。第一批超低碳汽车可能是全电动和插入式混合动力汽车,和传统发动机车辆相比,这些车辆可以显著减少二氧化碳和空气污染物的排放量。到2022年,新的超低排放车辆将投放大众市场,新汽车二氧化碳排放量将得到有效降低。

铁路技术方面,英国运输部支持行业主动采取各种措施,如电气列车应用再生制动、开展生物燃料试点工作、检测车载能源存储和沿线能源存储等。运输部使用特许经营法鼓励铁路运输经营商在经营业务时考虑能源效率,并承诺在2014—2019年期间在高电平输出产品规格中为铁路行业制定一个环境目标。运输部也与铁路行业合作,提高新车设计的能源效率。2014年新超级特快列车投入使用,分别是电力、自供电(柴油)、双模式动力组合车辆,其中双模式动力组合车辆可以在列车尾部使用电力或柴油动力。超级特快列车比普通列车更清洁、更环保、噪声更少。尽管超级特快列车体积较大,但质量比普通列车轻17%,因此更加节能高效。柴油和双模式动力火车受益于最新的混合动力技术,这项技术能减少15%的燃油消耗。

(三)提高车辆碳排放标准

小汽车与商务车方面,英国全面履行2009年4月开始实施的《欧盟新车二氧化碳排放条例》,到2015年将新车平均二氧化碳排放量降低到130克/公里,到2020年降低到95克/公里,比2007年减少40%左右。这一条例依据欧盟委员会于1998年同欧洲、韩国以及日本的汽车制造商协会就减少新车二氧化碳排放量而达成的一项"欧盟自愿协定"。该协定的初期目标为2008年9月新车平均二氧化碳排放量在1995年9月基础上下降26%（从1995年的190克/公里下降到2008年的140克/公里）。英国还通过《可再生交通燃料条例》和欧盟《可再生能源标准和燃料质量指令》，制订了最低低碳标准。

货车方面，英国交通部门综合利用规范监管、投资补贴、试点实验等一系列方法激励重型货车中低碳技术的使用，以提高货车的碳排放标准。

（四）提高运输系统效率

合理规划土地。英国政府发布的《交通十年计划》中提出了通过可持续的土地使用方式，以达到减少交通需求及控制随之而产生的环境影响的目标。英国政府要求对土地规划和出行需求综合考虑，要求各级地方政府在制订规划时考虑对交通运输的潜在影响，尽量避免因土地规划可能带来的交通需求量的增长，比如扩大公共场所范围、发展零售业、扩大住宅小区面积、新建城区等带来的出行需求的增加。

鼓励货物运输从公路转向铁路和水路。把公路货物运输改成铁路和水路运输可以提高商业竞争力，减少交通拥堵，并减少单位运量的能源使用和温室气体排放。英国运输部向把货物由公路运输转向铁路和水路运输的公司提供补贴。通过"货运模式转型资助计划"，英国运输部在2007年投入1750万英镑，2008—2009年间投入1800万英镑来推广多式联运和大宗散货铁路运输。

加强航空运营组织管理。英国主要从三个方面提高航空运营效率：改进航空业务处理方式、改进机场管理方法、提升空中交通管理水平。其中改进航空业务的处理方式有：优化飞行规划、速度管理、飞机与飞行任务的协调匹配、减少飞机质量等。改进机场管理的方法有：调整飞机在登机门及跑道之间的移动距离，减少飞机滑行，减少飞机等待时间和时停时开的移动，通过重新设计机场大楼以使乘坐公共交通工具的工作人员和乘客更容易到达机场，并减少暖气和冷气需求。提升空中交通管理水平特别具有挑战性，因为它需要全行业的国际合作。英国将继续在许多领域采取行动，促进更具可持续性的航空经营管理，如鼓励民航管理局和国家航空运输局通过实施"欧洲天空一体化"和第二代航空计划，与其国际合作伙伴在英国发展和鼓励采用更省油的航空交通管理服务等。

（五）鼓励社会公众低碳出行

鼓励公共交通出行。英国政府采取各种措施鼓励公众选择低碳的公共交通出行方式，包括：不断提高铁路运输能力及性能，扩大铁路覆盖网络；投资以提升公共汽车服务水平，推出强制性公交优惠政策；推广智能票务，为乘客提供非现金出行方式；改进自行车与轨道交通、公交车之间的换乘方式；制订道路收费计划。

1999—2009年10年间，英国铁路客运量增加了50%。预计在未来的30年中，选择铁路出行的乘客有可能翻一番。为了应对不断增加的旅客数量，在2009—2014年间，英国政府投资100多亿英镑用于提高铁路的运输能力。

1999—2009年10年间，英国对公共汽车服务的投资增加了一倍多，每年超过25亿英镑，公共汽车使用量增加了17%以上。从2008年4月起，英国在英格兰范围内采用了强制性公共汽车优惠政策，为60岁以上的老人和符合条件的残障人士提供免费的公共汽车出行。英国政府为该政策提供了约10亿英镑的资金，惠及1100万人。

鼓励步行与自行车出行。英国60%以上的人从居住地到火车站骑车只需15分钟,所以自行车出行也可以作为重要的出行方式纳入公共交通体系中。英国政府致力于发展国家自行车计划,在全国各地推行自行车示范城镇。2006—2009年间,为履行自行车示范计划,政府在英格兰18个城镇和城市已投资近5000万英镑,包括在河流和铁路上空建造步行或自行车天桥,连接现有的步行网络或全国自行车网络,以清除长期以来把各个社区隔开而妨碍了人们步行或骑行的各种障碍;并通过"自行车能力"培训项目,培养儿童骑自行车的能力和信心。运输部与卫生部及儿童、学校和家庭部合作,鼓励儿童步行或骑行上学。同时,英国出台了一个投资达500万英镑的计划,用于改善全国10个主要铁路车站的自行车存放处。借助运输部创建的"自行车-火车特别小组"的力量,英格兰自行车协会也准备投资300万英镑,改进自行车与铁路之间的换乘方式。

鼓励选择低碳驾驶方式。英国与欧盟委员会协同工作,向驾驶员宣传减少二氧化碳排放的行车方式,将环保驾驶的理念融入驾照考试中,还通过节能信托基金会向驾驶员推广环保驾驶技术。对公共汽车、货运及物流业的驾驶员进行环保驾驶培训,推行环保驾驶技术。例如,面向厢式货车和重型货车驾驶员开展"安全和低油驾驶"(SAFED)培训计划,帮助货运业提高安全性、节省燃料成本并减少碳排放;SAFED培训计划数据显示,驾驶员在训练中能节省16%、总体上能减少5%的燃料消耗。2009—2010年,运输部投资100万英镑用于向公共汽车驾驶员推行SAFED计划,并将该计划延伸至长途客运汽车中,这项计划能提高8%~12%的燃油效率。

英国还重视政府部门在低碳驾驶中的示范推广作用。英国政府车辆调遣局与课程学历署及英国伦敦城市行业协会的认定机构一起合作开展驾驶训练计划,随时监控燃油消耗,并及时对驾车耗油大的驾驶员进行再培训,该计划得到了汽车高级驾驶协会的大力支持。

鼓励政府、企业和个人减少不必要的出行。英国政府引导公共部门减少商务出行,通过全国商务旅游网为各成员制定自愿减排目标方案,鼓励制定公务出行计划与采取减少商务出行的措施。

三、美国经验

交通运输是美国温室气体排放的最大来源。美国针对交通运输行业的主要碳减排措施有:推进低碳燃料应用、降低运输装备碳排放水平、提高运输系统效率、减少碳密集型出行活动等方面。

(一)推进低碳燃料应用

通过税收和补贴政策积极推进低碳燃料的应用,美国环保署规定,从2005年开始,购买电动汽车替代燃料汽车,以及油电混合型车的消费者,可得到所购汽车价格10%,最高不超过4000美元的税务减免。为了推广新能源汽车,美国国会参议院于2009年批准旧车换现金(Cash for Clunkers)法案。美国还对混合动力车实施税收刺激,为购买可替代燃料机动车提供了一系列的联邦税收抵免政策。2020年12月,美国"零碳排放行动计划(ZCAP)"提出交通脱碳的主要策略是实现所有轻型车辆、城市载货汽车、公共汽车、铁路、大部分长途载货汽车以及一些短途航空运输的电气化;对于长途航空和长途海运来说,先进的低碳生物燃料和可再生能源是其主要发展方向。

（二）降低运输装备碳排放水平

降低运输装备碳排放水平主要措施包括提高运输装备燃油效率、颁布新的低碳标准和限制车速等方面。

2010年4月，美国政府公布了汽车燃油经济性（CAFE）新标准，规定从2012年开始，美国汽车制造商必须逐年提高汽车的燃油效率。到2016年，在美国销售的轻型车平均燃油经济性由2011年款车型的27.3英里/加仑（约合每百公里8.6升），提升为35.5英里/加仑（约合每百公里6.6升），燃油经济性增幅约为30%。美国加利福尼亚州也就交通运输燃料颁布了一项新的低碳标准，该标准要求在2020年前，将燃料中的碳含量降低10%。推行联邦车速限制，在国家高速公路上进行车速限制，可以使交通运输产生的温室气体总排放量将减少1.1%~1.8%，并可显著提高安全性。

（三）提高运输系统效率

提高运输系统效率，其实质是通过优化运输组织、以寻求交通运输网络的优化。从而实现减少单位运量的能源使用和温室气体排放。主要措施包括：鼓励货物运输由公路运输转向更高效的铁路和船舶运输模式；提高铁路与船舶运输效率，包括消除铁路阻塞点、减少铁路站场的火车头闲置、改进运营方法等；提高航空运输效率，采取诸如提供更直达的航线，使起飞和降落更高效等措施，预计在2035年将使航空运输效率提高2.5%~6%。

提高公路运输系统效率的措施包括：优化高速公路交通流管理，涉及信号配时、匝道间距控制、加快事故清除速度、设置可变信息板等措施；减少公路"瓶颈"路段（如交通网络中交通需求超过其容量的特定路段），包括通过诸如增加车道、优化互通立交、重新设计交叉口等措施，增加"瓶颈"路段的交通容量；提供最新出行信息，包括为旅客提供最新交通状况、事故和延误信息，公共交通可达性和其他出行选择信息，气象条件、道路建设信息及其他特殊情况等。

（四）减少碳密集型出行活动

减少碳密集型出行活动，包括引导出行者采用更高效的交通方式，提高车辆入座率，减少出行需求或采取其他措施减少个人出行中的能源消耗和温室气体排放，其中主要措施是改善非机动车交通和减少小汽车出行。

改善非机动车交通主要包括通过提供行人和自行车的交通专用道路，以及改善现有人行道与自行车道的安全性而推动行人和自行车交通网络建设。美国加利福尼亚州伯克利市发布了大量有关土地利用与交通发展的文件，诸如《自行车计划》《步行总规划》《伯克利交通行动计划》《市区街道与露天场所完善计划》《完善街道政策与原则》等专门性交通规划，都将慢行交通作为优先发展对象，旨在构建安全便利的自行车道和人行道，鼓励低碳交通的发展。伯克利市自行车线路里程约为36英里（约58公里），设置有1000多处自行车停车架，其中很大一部分设立于湾区捷运（BART）站附近，为出行人员提供低价安全的停车设施。在政府网站的交通专栏设有专门地图，可便于市民查询附近的停车处。市民还可在地图中标出自己认为合理的自行车停车架安放位置，以供决策人员参考改善停车设施。

在减少小汽车出行方面，最有效的方式是将削减出行的要求与区域汽车共享、上下班交通车合用小组计划及对替代交通方式进行财政激励的做法相结合。美国的许多城市对于高载客量的车辆给予优先权,通过鼓励市民减少单人开车、提倡多人合用一辆车,引导车辆降低空驶率,在缓解交通拥挤的同时实现节能减排;如伯克利市在通勤时段设有高载客率车辆(HOV)专用车道,为拼车、通勤车、公共汽车、摩托车及清洁能源汽车开放高载客率车辆专用车道,帮助其快速通行。联邦政府提供资金积极向公众开展宣传,以鼓励雇主为雇员提供其他出行选择,如《伯克利市通勤津贴计划条例》于 2009 年 12 月生效,该条例发起了一项致力于通勤减排的减税计划(TRACCC),促使雇佣 10 人及以上雇员的雇主鼓励员工乘坐公共交通、单位通勤车或自行车上下班。该政策的实施可使雇主节约 9% 的工资税,并节省员工 40% 的通勤支出,有力地推动了低碳减排行动。

四、日本经验

日本在交通运输碳减排方面的主要经验包括促进低碳车辆推广应用、发展低碳运输装备技术、提高运输装备能效、促进货运方式转移、引导公众低碳出行等方面。

(一)促进低碳车辆推广应用

自 1975 年起,日本引入优惠措施,实行节能补助制度。此后,随着技术进步和产业发展,为减少二氧化碳等温室气体的排放,日本不断修订和出台新的刺激政策。从 2007 年 1 月起,日本政府针对石油、煤炭、天然气等传统化石燃料征收二氧化碳排放环境税。

日本早期通过对购买混合动力公共汽车或载货汽车等车型的运营商提供补贴,促进低碳车辆的推广。免除进口关税和减少石油税、燃料税和消费税等政策,使液化石油气的价格大大低于汽油和柴油;对现有车辆改装或更换成液化石油气汽车进行补贴;政府为购买混合动力汽车的消费者提供购置差价补贴,最高可补贴差价的 50%;同时,日本政府推出"环保车新购及以旧换新补助制度"以清理使用年限较长的车辆。

为了鼓励使用小排量、节油型汽车,从 2004 年起日本实施汽车绿色化税制,减收电气、天然气、甲醇汽车的汽车税,对使用期超过 11 年的柴油车、超过 13 年的汽油车则课以重税。购买天然气汽车及加气站设备时,减收标准购买价 7% 的调节税;压缩天然气汽车加气设施的固定资产税在前三年是标准征收值的 2/3,建站前三年免收特殊用地税。混合动力车汽车税优惠 2.2%;天然气和电动车汽车税下调 2.7%。对混合动力车辆采用差别税率,如果混合动力车排放实际指标比设计指标低 10%,车辆年税再减少 25%;如果实际指标低于设计指标 20%,车辆年税则减少 50%。在上述措施推动下,2007 年度车辆绿色税制的适用对象约占新车登记台数的 49%(约 164 万辆)。

2017 年,日本经济产业省的税收制度改革中指出,汽车产业是日本的骨干型产业,日本将着力通过国家车辆购置补贴与税收减免制度,促进电动汽车和混合动力汽车产业的发展,以此来降低开发初期新能源汽车的价格,提高新能源汽车的购买需求与普及率。2020 年 12 月,日本政府公布了脱碳路线图草案,提出将在 15 年内逐步停售燃油车,将采用混合动力汽车和电动汽车替代燃油车,并将在此期间加速降低动力电池的整体成本。

(二)发展低碳运输装备技术

发展低碳车辆技术。日本提出到 2030 年左右将并联式混合动力汽车和电动汽车的电池容量提高为目前的7倍,成本降为目前的1/40,成本与燃油发动机汽车持平,行驶距离达500公里。为了实现该目标,日本将推进稀土替代材料的基础研发,探讨电池的标准化、规格化问题,在电池技术取得进展的同时,研究充电站等基础设施的建设问题。

日本积极推动氢燃料电池汽车的发展。2005年3月,日本颁布并实施了世界上第一个规制燃料电池车安全和环境性能的法令。对于整体车辆的标准包括防治氢气泄漏的构件、碰撞时氢气自动切断系统(氢气泄漏自动检测系统)、氢气的排放标准、气管中的氢部件、高电压安全标准、废气和噪声的环境标准等。对于汽车零部件的标准包括压缩气的容器、气容器零件和高压零部件等。2005年6月,已有两类氢燃料电池车获得批准。日本还将氢燃料电池公共汽车在日本中央国际机场等公共线路上试运行,以检验公共汽车等大型氢燃料电池汽车的安全标准;积极开展国际合作,共同制定全球技术标准,力争与国际燃料电池车标准法规协调一致。2017年3月,氢氧燃料电池动力公交在东京首次正式运营,由于氢氧燃料电池在使用过程中不产生碳排放物,该类型公交车的推广将为低碳减排做出重要贡献。

大力发展铁路混合动力机车与超级节能船舶。日本除大力发展新一代汽车外,还在铁路领域推进混合动力机车等节能车辆及高效电力设备的技术研发,推进超级节能船舶的研发,进行船舶能耗指标的标准化研究等。

(三)提高运输装备能效

日本政府按照汽车质量对使用汽油和柴油的轻型客货车制定了一套燃油经济性标准,采用"Top Runner"的方法确定每种质量汽车的燃油经济性标准,即在每个质量级中确定具有"最优"燃油经济性的汽车,并以其燃料经济性水平作为本质量级的燃油经济性标准(标准值随着产品技术进步不断修订),同级新车须在规定年限内达到标准,否则将受到警告、罚款等处罚。这种方法使大量技术相对落后汽车的燃油经济性得以提高。

根据这套标准,日本于1999年对客车的燃油经济性标准设定了目标值,制定了"领跑者计划(Top Runner Program)",要求汽车制造商和进口商在目标年限内,提高在日本销售客车的燃油经济性标准。

通过政府税收优惠等政策的支持和汽车厂商的努力,自1999年"Top Runner Program"设定目标值以来,燃油经济性取得了显著的效果。2006年日本根据法律针对重型车辆(指车自身质量超过3.5吨的柴油车,包括轿车、载货汽车、公共汽车等)制定了燃油经济性标准。日本2007年生产的汽油车中约80%已达到2010年能效标准值,平均能效比2005年提高28%。2015年,日本经济产业省又对轻型和中型商用车制定了新的燃油经济性标准,该标准要求2022年平均燃油经济性比2015年提高23%,有力地推动了汽车生产企业革新技术,推动了低碳汽车的发展。

2013年5月,日本国土交通省发布了支持交通运输领域能源利用合理化项目的通知,提出在客货船舶、铁路机车、铁路再生电力储存装置、航空相关设备、港口相关设备等领域实施能源有效合理利用的鼓励政策。交通运输企业向地方交通主管部门提出能源合理使用项目申请,经相关环境推进机构核定后,给予相关的鼓励政策。

(四)促进货物运输方式转移

日本是亚洲第一个完成工业化并建立完善的现代综合交通网的发达国家,经历了以汽车为主导的高碳运输模式后,逐步开展综合交通运输体系构建。20世纪70年代经历两次"石油危机"之后,日本政府提出了运输方式转型的构想,提出把货物运输过分依赖汽车运输转向铁路和沿海运输的物流政策。20世纪90年代以来,日本运输省着力推行从汽车运输向公共交通运输的交通体系转移的运输政策,主要措施包括:铁路干线的高速化,发展城市铁道,航空网络的发展,充分利用铁路、海运等物资交流运输系统。

2005年起,由货主企业和物流企业自主行动,与经济产业省、国土交通省及相关团体设立了"绿色物流伙伴会议"机制,推进物流向海运、铁路运输方式转移,推进共同配送,改善物流,经济产业省实行财政补助支援,约有2700家公司加入该机制。至2008年末,政府共对224个减排项目实行补助,国土交通省还对节能减排突出的项目给予表彰。

日本国土交通省对使用铁路运输一定比例以上的企业及商品给予认定,贴"绿色运输"标签。2008年12月底已有26类商品(31种)、47家企业贴上"绿色轨道标识",12家货主、13家物流企业获"绿色船运标识"认证。此外,日本政府联合物流业界构建干线联合运输系统,在市内运输方面,推动共同配送系统。为实现集约化运输和多式联运,日本国土交通省制定了一系列装卸运输标准,统一了货架、托盘、集装箱的尺寸标准,甚至24小时便利店的货物配送都有专用的可回收集装箱。

(五)引导公众低碳出行

日本政府采取大量措施发展公共交通,吸引公众选择低碳节能的公共交通出行方式。一是加大对大运量交通设施的投入力度,建立起全国范围内的新干线系统、城市轨道交通系统、按时间表定点运营的公共汽车系统,一些城市还建立了快速公交系统(BRT),实现了各种运输方式的有效衔接、便利换乘。二是中央及地方政府对公共交通运营商提供利息补贴、低息贷款等财政补贴,资助公共交通事业发展。三是建立了合理的公共交通运营机构,避免不合理竞争,确保公共交通可靠的服务水平并保持长期的高质量发展。在政府的努力下,日本公共交通取得了良好的发展,公共交通出行比例高达60%以上。四是实施城镇社区住宅和交通能源创新应用的综合方案,主要包括房屋住宅太阳能发电应用,推进社区纯电动汽车应用,推广使用小型摆渡车、自行车等内容。

东京着力开发以轨道交通为主、地面公交为辅的城市交通结构,大容量、快速、准时且低碳环保的轨道交通既能保障高效的客货流通,又满足资源节约型和环境友好型发展要求,乘坐轨道交通成为居民出行的首选方式。据统计,东京的轨道交通线路里程为2305公里,日均运送旅客量高达3658万人,占整体公共交通比例的84.8%。此外,为鼓励公交出行,东京一向致力于依靠科技改善公共交通服务质量。2017年,东京所有地铁站内配备多国语言自动售票机,全部国营公交车内放置液晶显示屏,拥有多国语言报站、实时的天气播报、路况播报与新闻播报功能,提升了包括国外游客在内的所有出行人员的乘车体验。

东京还依靠信息工具在全社会范围内培养了一种自上而下的公交出行风尚。在东京,政府不鼓励为公务员添置公务用车,只有都知事(相当于中国的市长级别)才允许配公务用车,公务员使用公车还需要申请办理相关手续;为鼓励出行人员乘坐公交,住宅区、步行街、旅游景点与旅馆附近随处可见公共交通站点指示牌与换乘枢纽的相关信息,全球定位系统(GPS)技术、路况信息电子显示屏和公交车辆行驶情况预报系统随时为乘客提供城市交通信息。

为满足不同人群的需要,东京的轨道交通系统实行普通票、折扣票、日票、月票等多种票价相结合的制度,而出租车最低的起步价高于一般公交票价3倍。此外,政府还会鼓励企业向员工发放公共交通补助,并实施公共交通补助免税政策,通过多种措施引导更多出行人员转向低碳交通模式。

第二章 中国交通运输发展战略与交通运输低碳发展战略

第一节 中国交通运输发展战略

一、中国交通运输发展现状

(一)总体情况

改革开放特别是党的十八大以来,在以习近平同志为核心的党中央的坚强领导下,我国交通运输发展取得了举世瞩目的成就,用几十年时间走过了发达国家上百年的发展历程,已经成为名副其实的交通大国。

(二)发展规模

根据交通运输"十三五"发展成就新闻发布会的数据。"十三五"期间,"四纵四横"高速铁路主骨架全面建成,"八纵八横"高速铁路主通道和普速干线铁路加快建设,重点区域城际铁路快速推进。铁路运营里程约14.6万公里,覆盖近100%的20万以上人口的城市,其中高速铁路运营里程约3.8万公里、覆盖95%的100万人口及以上的城市,动车组承担铁路客运量达65%。公路通车里程约510万公里,其中高速公路15.5万公里、覆盖98.6%的20万人口以上的城市和地级行政中心。新改建农村公路超过140万公里,新增通客车建制村超过3.35万个。2020年,不断深化农村公路管养体制改革,30个省区市出台了推行"路长制"的政策措施。推动"四好农村路"高质量发展纳入地方各级政府绩效考核,深入开展"四好农村路"示范创建。加大公益性岗位开发力度,全国共设置农村公路就业岗位70.8万个。内河高等级航道达标里程1.61万公里,沿海港口万吨级及以上泊位数2530个。城市轨道交通运营里程约7000公里。民用机场241个,覆盖92%的地级市,航班正常率超过80%,通用航空加快发展。百万以上人口城市公交站点500米覆盖率约100%。全国乡镇快递网点覆盖率达98%,100%建制村通邮。

(三)脱贫攻坚

2020年,交通运输行业决战决胜脱贫攻坚,"两通"目标基本完成,交通扶贫成效显著。全年新增29个乡镇和1146个建制村通客车,基本实现了具备条件的乡镇和建制村100%通客车目标。新改建农村公路26.9万公里,安排22.38亿元支持1.55万公里农村公路灾毁重建,切实巩固"两通"成果。截至2020年年底,《"十三五"交通扶贫规划》确定的建设任务全面完成,4个定点县、1个对口支援县和联系六盘山片区61个县全部摘帽。

第二章　中国交通运输发展战略与交通运输低碳发展战略

(四)重大工程

"十三五"期间,北京大兴国际机场、港珠澳大桥、京张高铁、延崇高速公路和长江南京以下 12.5 米深水航道等重大工程陆续建成投用,为京津冀协同发展和雄安新区建设等国家重大战略实施提供了有力支撑。"六廊六路多国多港"的互联互通架构基本形成,助力"一带一路"高质量发展。交通运输新技术新业态蓬勃发展。跨海桥隧、深水航道和高速铁路建设的成套技术等跻身世界前列,上海国际航运中心洋山深水港区四期自动化集装箱码头建成投产,"复兴号"列车正式运行,C919 大飞机首飞,北斗技术在行业深入应用,高铁、民航推广应用人脸识别系统。共享单车日均订单量超过 4570 万单,网约车、定制公交、网络货运等新模式不断涌现。邮政智能快递终端广泛布点,无人机、无人车、无人仓在快递领域示范应用。

当前和今后一个时期,我国发展仍处于重要战略机遇期,机遇和挑战都有新的发展变化。交通运输行业要深入贯彻新发展理念,服务构建新发展格局。充分考虑国土空间开发保护和资源环境承载能力,落实高质量发展要求,统筹优化各种运输方式资源配置,完善网络系统功能,实现地上地下水上空中立体布局,全面塑造发展新优势。

二、国家"十四五"发展规划对交通强国的总体部署

《中华人民共和国国民经济和社会发展第十四个五年规划和 2035 年远景目标纲要》对交通强国战略进行了总体部署。

(一)加快建设交通强国

建设现代化综合交通运输体系,推进各种运输方式一体化融合发展,提高网络效应和运营效率。完善综合运输大通道,加强出疆入藏、中西部地区、沿江沿海沿边战略骨干通道建设,有序推进能力紧张通道升级扩容,加强与周边国家互联互通。构建快速网,基本贯通"八纵八横"高速铁路,提升国家高速公路网络质量,加快建设世界级港口群和机场群。完善干线网,加快普速铁路建设和既有铁路电气化改造,优化铁路客货布局,推进普通国、省道瓶颈路段贯通升级,推动内河高等级航道扩能升级,稳步建设支线机场、通用机场和货运机场,积极发展通用航空。加强邮政设施建设,实施快递"进村进厂出海"工程。推进城市群都市圈交通一体化,加快城际铁路、市域(郊)铁路建设,构建高速公路环线系统,有序推进城市轨道交通发展。提高交通通达深度,推动区域性铁路建设,加快沿边抵边公路建设,继续推进"四好农村路"建设,完善道路安全设施。构建多层级、一体化综合交通枢纽体系,优化枢纽场站布局、促进集约综合开发,完善集疏运系统,发展旅客联程运输和货物多式联运,推广全程"一站式""一单制"服务。推进中欧班列集结中心建设。深入推进铁路企业改革,全面深化空管体制改革,推动公路收费制度和养护体制改革。

(二)完善城镇化空间布局

建设现代化都市圈。依托辐射带动能力较强的中心城市,提高 1 小时通勤圈协同发展水平,培育发展一批同城化程度高的现代化都市圈。以城际铁路和市域(郊)铁路等轨道交通为骨干,打通各类"断头路""瓶颈路",推动市内、市外交通有效衔接和轨道交通"四网融合",提高都市圈基础设施连接性、贯通性。鼓励都市圈社保和落户积分互认、教育和医疗资源共享,

推动科技创新券通兑通用、产业园区和科研平台合作共建。鼓励有条件的都市圈建立统一的规划委员会,实现规划统一编制、统一实施,探索推进土地、人口等统一管理。

(三)深入实施区域重大战略

1. 加快推动京津冀协同发展

紧抓疏解北京非首都功能"牛鼻子",构建功能疏解政策体系,实施一批标志性疏解项目。高标准高质量建设雄安新区,加快启动区和起步区建设,推动管理体制创新。高质量建设北京城市副中心,促进与河北省三河、香河、大厂三县市一体化发展。推动天津滨海新区高质量发展,支持张家口首都水源涵养功能区和生态环境支撑区建设。提高北京科技创新中心基础研究和原始创新能力,发挥中关村国家自主创新示范区先行先试作用,推动京津冀产业链与创新链深度融合。基本建成轨道上的京津冀,提高机场群港口群协同水平。深化大气污染联防联控联治,强化华北地下水超采及地面沉降综合治理。

2. 全面推动长江经济带发展

坚持生态优先、绿色发展和共抓大保护、不搞大开发,协同推动生态环境保护和经济发展,打造人与自然和谐共生的美丽中国样板。持续推进生态环境突出问题整改,推动长江全流域按单元精细化分区管控,实施城镇污水垃圾处理、工业污染治理、农业面源污染治理、船舶污染治理、尾矿库污染治理等工程。深入开展绿色发展示范,推进赤水河流域生态环境保护。实施长江十年禁渔。围绕建设长江大动脉,整体设计综合交通运输体系,疏解三峡枢纽瓶颈制约,加快沿江高铁和货运铁路建设。发挥产业协同联动整体优势,构建绿色产业体系。保护好长江文物和文化遗产。

3. 积极稳妥推进粤港澳大湾区建设

加强粤港澳产学研协同发展,完善广深港、广珠澳科技创新走廊和深港河套、粤澳横琴科技创新极点"两廊两点"架构体系,推进综合性国家科学中心建设,便利创新要素跨境流动。加快城际铁路建设,统筹港口和机场功能布局,优化航运和航空资源配置。深化通关模式改革,促进人员、货物、车辆便捷高效流动。扩大内地与港澳专业资格互认范围,深入推进重点领域规则衔接、机制对接。便利港澳青年到大湾区内地城市就学就业创业,打造粤港澳青少年交流精品品牌。

4. 提升长三角一体化发展水平

瞄准国际先进科创能力和产业体系,加快建设长三角G60科创走廊和沿沪宁产业创新带,提高长三角地区配置全球资源能力和辐射带动全国发展能力。加快基础设施互联互通,实现长三角地级及以上城市高铁全覆盖,推进港口群一体化治理。打造虹桥国际开放枢纽,强化上海自贸试验区临港新片区开放型经济集聚功能,深化沪苏浙皖自贸试验区联动发展。加快公共服务便利共享,优化优质教育和医疗卫生资源布局。推进生态环境共保联治,高水平建设长三角生态绿色一体化发展示范区。

(四)推动共建"一带一路"高质量发展

推进基础设施互联互通。推动陆海天网四位一体联通,以"六廊六路多国多港"为基本框架,构建以新亚欧大陆桥等经济走廊为引领,以中欧班列、陆海新通道等大通道和信息高速路为骨架,以铁路、港口、管网等为依托的互联互通网络,打造国际陆海贸易新通道。聚焦关键通道和关键城市,有序推动重大合作项目建设,将高质量、可持续、抗风险、价格合理、包容可及目标融入项目建设全过程。提高中欧班列开行质量,推动国际陆运贸易规则制定。扩大"丝路海运"品牌影响。推进福建、新疆建设"一带一路"核心区。推进"一带一路"空间信息走廊建设。建设"空中丝绸之路"。

三、交通强国战略对行业发展的要求

中共中央、国务院于2019年9月印发实施《交通强国建设纲要》,2021年2月印发《国家综合立体交通网规划纲要》,确定了我国交通强国的战略目标,为我国交通运输发展指明了方向。我国交通强国战略的主要内容如下:

(一)交通强国总目标

从2021年到21世纪中叶,分两个阶段推进交通强国建设。

到2035年,基本建成交通强国。现代化综合交通体系基本形成,人民满意度明显提高,支撑国家现代化建设能力显著增强;拥有发达的快速网、完善的干线网、广泛的基础网,城乡区域交通协调发展达到新高度;基本形成"全国123出行交通圈"(都市区1小时通勤、城市群2小时通达、全国主要城市3小时覆盖)和"全球123快货物流圈"(国内1天送达、周边国家2天送达、全球主要城市3天送达),旅客联程运输便捷顺畅,货物多式联运高效经济;智能、平安、绿色、共享交通发展水平明显提高,城市交通拥堵基本缓解,无障碍出行服务体系基本完善;交通科技创新体系基本建成,交通关键装备先进安全,人才队伍精良,市场环境优良;基本实现交通治理体系和治理能力现代化;交通国际竞争力和影响力显著提升。

到21世纪中叶,全面建成人民满意、保障有力、世界前列的交通强国。基础设施规模质量、技术装备、科技创新能力、智能化与绿色化水平位居世界前列,交通安全水平、治理能力、文明程度、国际竞争力及影响力达到国际先进水平,全面服务和保障社会主义现代化强国建设,人民享有美好交通服务。

(二)基础设施布局完善、立体互联

1. 建设现代化高质量综合立体交通网络

以国家发展规划为依据,发挥国土空间规划的指导和约束作用,统筹铁路、公路、水运、民航、管道、邮政等基础设施规划建设,以多中心、网络化为主形态,完善多层次网络布局,优化存量资源配置,扩大优质增量供给,实现立体互联,增强系统弹性。支持西部地区补短板,推进东北地区提质改造,推动中部地区大通道大枢纽建设,加速东部地区优化升级,形成区域交通协调发展新格局。

2. 构建便捷顺畅的城市(群)交通网

建设城市群一体化交通网,推进干线铁路、城际铁路、市域(郊)铁路、城市轨道交通融合发展,完善城市群快速公路网络,加强公路与城市道路衔接。尊重城市发展规律,立足促进城市的整体性、系统性、生长性,统筹安排城市功能和用地布局,科学制定和实施城市综合交通体

系规划。推进城市公共交通设施建设,强化城市轨道交通与其他交通方式衔接,完善快速路、主次干路、支路级配和结构合理的城市道路网,打通道路微循环,提高道路通达性,完善城市步行和非机动车交通系统,提升步行、自行车等出行品质,完善无障碍设施。科学规划建设城市停车设施,加强充电、加氢、加气和公交站点等设施建设。全面提升城市交通基础设施智能化水平。

3. 形成广覆盖的农村交通基础设施网

全面推进"四好农村路"建设,加快实施通村组硬化路建设,建立规范化可持续管护机制。促进交通建设与农村地区资源开发、产业发展有机融合,加强特色农产品优势区与旅游资源富集区交通建设。大力推进革命老区、民族地区、边疆地区、贫困地区、垦区林区交通发展,实现以交通便利带动脱贫减贫,深度贫困地区交通建设项目尽量向进村入户倾斜。推动资源丰富和人口相对密集贫困地区开发性铁路建设,在有条件的地区推进具备旅游、农业作业、应急救援等功能的通用机场建设,加强农村邮政等基础设施建设。

4. 构筑多层级、一体化的综合交通枢纽体系

依托京津冀、长三角、粤港澳大湾区等世界级城市群,打造具有全球竞争力的国际海港枢纽、航空枢纽和邮政快递核心枢纽,建设一批全国性、区域性交通枢纽,推进综合交通枢纽一体化规划建设,提高换乘、换装水平,完善集疏运体系。大力发展枢纽经济。

(三)交通装备先进适用、完备可控

1. 加强新型载运工具研发

实现3万吨级重载列车、时速250公里级高速轮轨货运列车等方面的重大突破。加强智能网联汽车(智能汽车、自动驾驶、车路协同)研发,形成自主可控完整的产业链。强化大中型邮轮、大型液化天然气船、极地航行船舶、智能船舶、新能源船舶等自主设计建造能力。完善民用飞机产品谱系,在大型民用飞机、重型直升机、通用航空器等方面取得显著进展。

2. 加强特种装备研发

推进隧道工程、整跨吊运安装设备等工程机械装备研发。研发水下机器人、深潜水装备、大型溢油回收船、大型深远海多功能救助船等新型装备。

3. 推进装备技术升级

推广新能源、清洁能源、智能化、数字化、轻量化、环保型交通装备及成套技术装备。广泛应用智能高铁、智能道路、智能航运、自动化码头、数字管网、智能仓储和分拣系统等新型装备设施,开发新一代智能交通管理系统。提升国产飞机和发动机技术水平,加强民用航空器、发动机研发制造和适航审定体系建设。推广应用交通装备的智能检测监测和运维技术。加速淘汰落后技术和高耗低效交通装备。

(四)运输服务便捷舒适、经济高效

1. 推进出行服务快速化、便捷化

构筑以高铁、航空为主体的大容量、高效率区际快速客运服务,提升主要通道旅客运输能力。完善航空服务网络,逐步加密机场网建设,大力发展支线航空,推进干支有效衔接,提高航

空服务能力和品质。提高城市群内轨道交通通勤化水平,推广城际道路客运公交化运行模式,打造旅客联程运输系统。加强城市交通拥堵综合治理,优先发展城市公共交通,鼓励引导绿色公交出行,合理引导个体机动化出行。推进城乡客运服务一体化,提升公共服务均等化水平,保障城乡居民行有所乘。

2. 打造绿色高效的现代物流系统

优化运输结构,加快推进港口集疏运铁路、物流园区及大型工矿企业铁路专用线等"公转铁"重点项目建设,推进大宗货物及中长距离货物运输向铁路和水运有序转移。推动铁水、公铁、公水、空陆等联运发展,推广跨方式快速换装转运标准化设施设备,形成统一的多式联运标准和规则。发挥公路货运"门到门"优势。完善航空物流网络,提升航空货运效率。推进电商物流、冷链物流、大件运输、危险品物流等专业化物流发展,促进城际干线运输和城市末端配送有机衔接,鼓励发展集约化配送模式。综合利用多种资源,完善农村配送网络,促进城乡双向流通。落实减税降费政策,优化物流组织模式,提高物流效率,降低物流成本。

3. 加速新业态新模式发展

深化交通运输与旅游融合发展,推动旅游专列、旅游风景道、旅游航道、自驾车房车营地、游艇旅游、低空飞行旅游等发展,完善客运枢纽、高速公路服务区等交通设施旅游服务功能。大力发展共享交通,打造基于移动智能终端技术的服务系统,实现出行即服务。发展"互联网+"高效物流,创新智慧物流营运模式。培育充满活力的通用航空及市域(郊)铁路市场,完善政府购买服务政策,稳步扩大短途运输、公益服务、航空消费等市场规模。建立通达全球的寄递服务体系,推动邮政普遍服务升级换代。加快快递扩容增效和数字化转型,壮大供应链服务、冷链快递、即时直递等新业态新模式,推进智能收投终端和末端公共服务平台建设。积极发展无人机(车)物流递送、城市地下物流配送等。

(五)科技创新富有活力、智慧引领

1. 强化前沿关键科技研发

瞄准新一代信息技术、人工智能、智能制造、新材料、新能源等世界科技前沿,加强对可能引发交通产业变革的前瞻性、颠覆性技术研究。强化汽车、民用飞行器、船舶等装备动力传动系统研发,突破高效率、大推力/大功率发动机装备设备关键技术。加强区域综合交通网络协调运营与服务技术、城市综合交通协同管控技术、基于船岸协同的内河航运安全管控与应急搜救技术等研发。合理统筹安排时速600公里级高速磁悬浮系统、时速400公里级高速轮轨(含可变轨距)客运列车系统、低真空管(隧)道高速列车等技术储备研发。

2. 大力发展智慧交通

推动大数据、互联网、人工智能、区块链、超级计算等新技术与交通行业深度融合。推进数据资源赋能交通发展,加速交通基础设施网、运输服务网、能源网与信息网络融合发展,构建泛在先进的交通信息基础设施。构建综合交通大数据中心体系,深化交通公共服务和电子政务发展。推进北斗卫星导航系统应用。

3. 完善科技创新机制

建立以企业为主体、产学研用深度融合的技术创新机制,鼓励交通行业各类创新主体建立创新联盟,建立关键核心技术攻关机制。建设一批具有国际影响力的实验室、试验基地、技术创新中心等创新平台,加大资源开放共享力度,优化科研资金投入机制。构建适应交通高质量发展的标准体系,加强重点领域标准有效供给。

(六)绿色发展节约集约、低碳环保

1.促进资源节约集约利用

加强土地、海域、无居民海岛、岸线、空域等资源节约集约利用,提升用地用海用岛效率。加强老旧设施更新利用,推广施工材料、废旧材料再生和综合利用,推进邮件快件包装绿色化、减量化,提高资源再利用和循环利用水平,推进交通资源循环利用产业发展。

2.强化节能减排和污染防治

优化交通能源结构,推进新能源、清洁能源应用,促进公路货运节能减排,推动城市公共交通工具和城市物流配送车辆全部实现电动化、新能源化和清洁化。打好柴油货车污染治理攻坚战,统筹油、路、车治理,有效防治公路运输大气污染。严格执行国家和地方污染物控制标准及船舶排放区要求,推进船舶、港口污染防治。降低交通沿线噪声、振动,妥善处理好大型机场噪声影响。开展绿色出行行动,倡导绿色低碳出行理念。

3.强化交通生态环境保护修复

严守生态保护红线,严格落实生态保护和水土保持措施,严格实施生态修复、地质环境治理恢复与土地复垦,将生态环保理念贯穿交通基础设施规划、建设、运营和养护全过程。推进生态选线选址,强化生态环保设计,避让耕地、林地、湿地等具有重要生态功能的国土空间。建设绿色交通廊道。

(七)开放合作面向全球、互利共赢

1.构建互联互通、面向全球的交通网络

以丝绸之路经济带六大国际经济合作走廊为主体,推进与周边国家铁路、公路、航道、油气管道等基础设施互联互通。提高海运、民航的全球连接度,建设世界一流的国际航运中心,推进21世纪海上丝绸之路建设。拓展国际航运物流,发展铁路国际班列,推进跨境道路运输便利化,大力发展航空物流枢纽,构建国际寄递物流供应链体系,打造陆海新通道。维护国际海运重要通道安全与畅通。

2.加大对外开放力度

吸引外资进入交通领域,全面落实准入前国民待遇加负面清单管理制度。协同推进自由贸易试验区、中国特色自由贸易港建设。鼓励国内交通企业积极参与"一带一路"沿线交通基础设施建设和国际运输市场合作,打造世界一流交通企业。

3.深化交通国际合作

提升国际合作深度与广度,形成国家、社会、企业多层次合作渠道。拓展国际合作平台,积极打造交通新平台,吸引重要交通国际组织来华落驻。积极推动全球交通治理体系建设与变革,促进交通运输政策、规则、制度、技术、标准"引进来"和"走出去",积极参与交通国际组织事务框架下规则、标准制定修订。提升交通国际话语权和影响力。

四、新时代交通可持续发展战略

2020年12月,国务院新闻办公室发布的《中国交通的可持续发展》白皮书,提出了我国新时代交通可持续发展战略。

(一)以建设人民满意交通为目标

为了人民、依靠人民、服务人民,是中国交通发展的初心和使命。新时代的中国交通,秉持人民至上、以人为本的发展理念,坚持人民共建共治共享,建设人民满意交通。

1. 人民交通靠人民

坚持人民主体地位,着力解决人民最关心、最直接、最现实的交通发展问题,充分调动人民的积极性主动性创造性,鼓励社会公众参与交通治理,依靠人民办好交通。

2. 人民交通由人民共享

统筹公平和效率,坚持普惠性、保基本、均等化、可持续方向,大力推进城乡基本公共服务均等化,保障城乡居民行有所乘,让人民共享交通发展成果。

3. 人民交通让人民满意

以人民满意为根本评判标准,聚焦新时代人民对交通的新期待,深化供给侧结构性改革,推动交通运输高质量发展,不断满足不同群体的交通运输需求,不断提升人民的获得感、幸福感、安全感。

(二)以当好发展"先行官"为定位

经济要发展,国家要强大,交通要先强起来。把交通运输作为经济社会发展的"先行官",坚持先行引导、适度超前原则,保持一定发展速度,为经济社会发展提供坚实基础和有力保障。

1. 措施上优先部署

实施京津冀协同发展、长江经济带发展、长三角一体化发展、粤港澳大湾区建设等区域协调发展战略,推进脱贫攻坚、乡村振兴、新型城镇化等重大决策部署,把交通运输作为先行领域重点部署、优先保障。

2. 能力上适度超前

适应新型工业化、信息化、城镇化和农业现代化发展要求,以加快建设综合立体交通网络为目标,以综合交通运输规划编制为抓手,适度超前布局交通基础设施建设,支撑经济社会发展,为未来发展留足空间。

3. 作用上先行引领

充分发挥交通运输在国土空间开发、产业梯度转移、城镇布局优化、经济贸易交流中的先导作用,发挥互联网新业态在培育经济发展新动能中的引领作用,促进新经济形态加速崛起。

(三)以新发展理念为引领

贯彻创新、协调、绿色、开放、共享的新发展理念,是新时代中国交通发展的关键。以新发展理念引领交通高质量发展,更新观念,转变方式,破解难题,厚植优势。

1. 建设安全、便捷、高效、绿色、经济的现代化综合交通运输体系

打造高品质的快速交通网、高效率的普通干线网、广覆盖的基础服务网,加快形成立体互联的综合交通网络化格局和横贯东西、纵贯南北、内畅外通的综合交通主骨架。

2. 推动交通运输供给侧结构性改革

降低交通运输结构性、制度性、技术性、管理性、服务性成本,促进物流业"降本增效",更好发挥交通运输在物流业发展中的基础和主体作用。

3. 优化营商环境

加强法治政府建设,合理划分交通运输领域中央与地方财政事权和支出责任,推进简政放权、加强管理、优化服务,健全完善以信用为基础的新型监管机制,提升营商环境的国际化、法治化、市场化水平。

4. 增强发展动能

鼓励和规范交通新业态发展,加快推动新旧动能转换,建立多层次、可选择、多元化的运输服务体系,提高交通服务水平。

(四)以改革开放为动力

深化改革、扩大开放是交通运输发展行稳致远的强大动力。坚持社会主义市场经济改革方向,把"有效市场"和"有为政府"更好结合起来,进一步解放和发展交通运输生产力。

1. 坚持市场化改革

充分发挥市场在资源配置中的决定性作用,更好发挥政府作用,放开交通运输市场,推进质量变革、效率变革、动力变革,着力依靠市场解决发展不充分的问题,更好发挥政府作用解决发展不平衡的问题,不断完善交通运输市场体系,释放交通运输活力。

2. 坚持高水平开放

打开国门搞建设,积极推进交通运输"走出去""请进来",以服务共建"一带一路"为重点,着力推动陆上、海上、天上、网上"四位一体"联通和政策、规则、标准"三位一体"联通,提升与其他国家互联互通水平和国际运输便利化水平。

(五)以创新驱动为支撑

创新是交通运输发展的动力源泉。把创新作为推动发展的第一动力,以科技创新为牵引,大力推进管理创新、制度创新、文化创新,完善创新体系,优化创新环境,强化人才支撑。

以基础设施建养技术迭代升级增强交通运输系统韧性,增强交通基础设施抵御灾害与预警监测能力,提升高速铁路、高速公路、特大桥隧、深水筑港、大型机场工程等建造技术水平。

以智慧交通建设推进数字经济、共享型经济产业发展,推动模式、业态、产品、服务等联动创新,提高综合交通运输网络效率,构筑新型交通生态系统。

以数字化、网络化、智能化、绿色化技术的发展,拓展交通运输高质量发展空间,抓住全球新一轮科技革命和产业变革催生新技术新模式新业态的历史机遇,推动交通运输可持续发展。

第二节　中国交通运输低碳发展战略

一、交通运输行业节能减排工作现状、问题及展望

(一)节能减排工作现状

交通运输行业是二氧化碳主要排放源之一,是实施全球温室气体减排、缓解气候变化的重要领域。我国历来非常重视交通运输行业的节能减排工作。

1. 强化制度建设

交通运输部相继出台了《公路、水路交通实施〈中华人民共和国节约能源法〉办法》《交通运输行业应对气候变化行动方案》《资源节约型环境友好型水路公路交通发展政策》《建设节约型交通指导意见》《交通运输行业全面贯彻落实〈国务院关于加强节能工作的决定〉的指导意见》《公路水路交通节能中长期规划纲要》《交通运输部关于全面深入推进绿色交通发展的意见》等部门规章及指导意见。出台了《道路运输车辆燃料消耗量检测和监督管理办法》《水运工程节能设计规范》(JTS 150—2017)、《绿色交通标准体系》《港口岸电布局方案》《交通运输部办公厅关于开展靠港船舶使用岸电项目绩效评估工作的通知》等标准和规范性文件;与此同时,各地交通运输主管部门也根据自身实际制定了相应的规章制度、地方性标准、中长期规划和具体实施意见。制度体系的建立和不断完善,为交通运输落实碳达峰工作提供了有力的保障。

2. 综合交通运输体系节能减排水平整体提高

我国综合交通运输结构不断优化,各种运输方式连接更加顺畅。铁路、水运等绿色低碳的运输方式占比逐年增加,根据《2022年交通运输行业发展统计公报》,我国全国铁路营业里程15.5万公里,其中高铁营业里程4.2万公里,铁路复线率为59.6%,电化率为73.8%。全国内河航道通航里程12.80万公里,比2021年增加326公里,等级航道里程6.75万公里,占总里程比重为52.7%。根据《绿色交通"十四五"发展规划》,我国推进大宗货物及中长距离货物运输"公转铁""公转水",加快集疏港铁路和铁路专用线建设,2020年重点地区沿海主要港口矿石疏港采用铁路、水运和皮带运输的比例比2017年提高约20%,2017—2020年全国港口集装箱铁水联运量年均增长25.8%。先后组织实施三批共70个多式联运示范工程,两批共46个城市绿色货运配送示范工程,三批共87个城市的国家公交都市建设示范工程。通过发挥各种运输方式比较优势,降低运输能耗强度。促进铁路、公路、水路、民航和城市交通的高效组织和顺畅衔接,推进路网联通,稳步提升路网技术等级,推进综合客货运枢纽建设和集疏运体系建设,加快城市轨道交通、公交专用道、快速公交系统(BRT)等大容量公共交通基础设施建设。推进自行车道和行人步道等城市慢行系统建设。节能减排的网络效应、规模效应和集约效应得到充分发挥,大大提升了交通运输系统节能减排的整体水平。根据2021年发布的《中国可持续交通发展报告》,交通运输能源消耗和碳排放强度持续下降,与2015年相比,2020年交通运输二氧化碳排放强度下降7.5%。

3. 交通运输系统能源结构逐步优化

我国交通运输系统能源结构逐步优化,电能、清洁能源、新能源的应用逐年扩大。促进太

阳能、风能等可再生能源在机场、车站、码头、隧道、服务区、收费站等领域的应用,推广节能和清洁能源交通运输装备。截至2019年年底,全国铁路电气化比例达到71.9%,新能源公交车超过40万辆,新能源出租汽车超过14万辆,新能源城市物流配送车43万辆,天然气运营车辆超过18万辆,液化天然气(LNG)动力船舶建成290余艘,机场新能源车辆设备占比约14%,飞机辅助动力装置替代设施全面使用,邮政快递车辆中新能源和清洁能源车辆的保有量及在重点区域的使用比例稳步提升。全国942处高速公路服务区内建成充电桩超过7400个;全国港口建成岸电设施5800多套,覆盖泊位7200余个。交通运输系统能源结构逐步优化,为落实行业节能减排工作奠定了良好的基础。

4. 科技创新赋能行业节能减排

"十三五"以来,我国推进交通基础设施数字化、网联化、智能化,推动传统基础设施数字化升级改造,将先进的信息技术与交通运输有机融合,新一代国家交通控制网、智慧公路、智慧港口、智慧机场、智慧海事、综合交通出行及旅游服务大数据示范工程等稳步开展,高铁、民航推广应用人脸识别系统,E航海、长江电子航道图等持续推广应用,自动驾驶技术稳步发展,网约车、共享单车、无人配送等新业态不断涌现,提高了行业的运行效率和管理水平,降低了能源消耗和碳排放。加快北斗卫星导航系统的推广应用,打造先进实用的运输装备体系,促进集装化、厢式化、标准化装备应用,开展自动化、智能化码头建设,推进先进交通技术装备应用。在交通基础设施建设与养护中积极采用新结构、新工艺和新材料,推广应用隧道节能照明、路面材料再生、温拌沥青等新技术,开展应用太阳能、风能等可再生能源。生态护岸、生态护滩、人工鱼礁等新技术在航道建设工程中得到应用。聚焦关键核心技术研发,布局搭建一批重点科研平台,强化关键共性技术、前沿引领技术等研究和应用。通过科技创新,支撑交通运输行业节能减排的能力不断提高。

5. 示范宣传引领行业节能减排持续推进

交通运输部从2007年6月确定了首批20个节能示范项目后,持续开展行业节能减排示范试点,包括"车、船、路、港"千家企业低碳交通运输专项行动、重点企业能耗统计监测试点、绿色交通运输行业重点企业节能减排示范、绿色低碳交通区域性和主体性试点、绿色循环低碳交通运输体系建设城市试点、交通强国试点等不同主体、不同层级的节能减排示范试点活动。组织召开了全国交通运输行业节能减排工作视频会议,组织开展交通运输行业节能宣传周和全国低碳日宣传活动,公布在用车船节能产品(技术)目录、交通运输行业重点节能低碳技术推广目录,开通了"交通节能网",及时发布国内外动态信息,宣传推广低碳交通理念、先进技术和经验。各地交通运输管理部门和企业也广泛深入开展宣传教育与交流培训,组织了形式多样的节能减排宣传培训、示范试点与实践活动,全行业节能减排意识明显增强,资源节约、环境友好、绿色低碳的理念不断深化。通过示范宣传,充分调动各级交通运输主管部门推动交通节能减排工作的积极性,以点带面,引领行业节能减排工作持续推进。

(二)存在问题

1. 交通运输结构不尽合理

交通运输行业各种运输方式的二氧化碳排放水平有很大差别,同种运输方式内部的碳排放水平也存在很大差异。对于货运而言,船舶运输 CO_2 排放量为 2 克/(吨·公里),航空运输的 CO_2 排放量为 1700 克/(吨·公里)。不同客运模式 CO_2 排放量的变化范围 20～300 克/(人·公里)。

根据《2022 年交通运输行业发展统计公报》,2022 年我国全社会营业性货运量公路占 73.3%,水路占 16.9%,铁路占 9.8%(图 2-1)。运输方式结构性矛盾仍较突出,特别是在货运领域,公路承担了过多的中长距离货物及大宗货物运输,亟须改善。

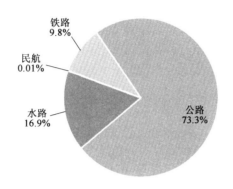

图 2-1　2022 年全社会营业性货运量分运输方式构成
(来源:《2022 年交通运输行业发展统计公报》)

2022 年,我国已经实施了五年的运输结构调整,铁路货运量占全社会货运量的比重也由 2016 年的 7.7% 提高到 2022 年的 9.8%,仍需提高。

《国家综合立体交通网规划纲要》对各种运输方式进行定位,明确提出要"以铁路为主干,以公路为基础,水运、民航比较优势充分发挥"。我国交通运输结构的优化对推动行业低碳发展目标至关重要。

2. 清洁能源利用有待提高

电气化是交通运输行业低碳发展的核心,目前我国交通运输领域仍以化石燃料消耗为主。我国从 2008 年开始推广新能源车辆,公安部统计数据显示,2021 年我国机动车保有量达 3.95 亿辆,其中新能源汽车保有量达 784 万辆,占汽车总量的 2.6%。虽然新能源汽车近几年来增长很快,但其在公路交通领域的应用规模占比还非常小。特别是随着我国新型城镇化进程加快,人们生活水平不断提高,交通出行的需求将持续增长,小汽车保有量也会继续增加,交通用能和碳排放量仍有较大的增长空间,减排任务较重。

目前我国新能源车辆主要用于乘用车领域,货运领域较少。重型货车商业化量产尚未实现,城市配送车辆除车辆自身性能不稳定、故障率较高、续航里程短等外,还存在充换电设施及维修保养等配套不完善,相关标准规范不健全等问题。未来,大功率蓄电池、氢燃料电池技术有待突破,交通运输行业清洁能源利用率有待提高。

3. 应对气候变化的科技创新能力有待提高

《IPCC 第五次评估报告》指出,技术进步可以为交通运输部门减缓气候变化做出重大贡献。科技发展是未来应对气候变化的关键手段,随着科技发展,突破创新温室气体减排技术、增加碳汇技术,以及碳捕集与封存技术,对全球应对气候变化有重要意义。多年来,各国政府致力于通过科学研究和技术开发,不断提高应对气候变化的科技能力。例如,1989—2011 年间,美国全球变化研究年度经费由1.34亿美元增至27.13亿美元,欧盟在2007—2013年间每年投入大约10亿欧元来加强能源技术的研发与创新,2009年日本政府投入低碳科技研发领域的预算总额为1047亿日元。联合国环境规划署于2009年设立了非洲碳资产发展基金,为非洲应对气候变化项目提供资金援助,提出将在20年内共减少500万吨二氧化碳排放量的目标。

我国交通科技已从"跟跑"发展到"跟跑并跑领跑"并行,交通运输基础设施和装备领域智能化不断取得突破,交通超级工程举世瞩目,装备技术取得重大突破。高速铁路、重载铁路技术已经达到了世界领先水平,节能与新能源汽车产业与国际先进水平基本保持同步。特别是党的十八大以来,港珠澳大桥、"复兴号"动车组、C919大型客机、振华港机、洋山深水港自动化集装箱码头、互联网物流、刷脸进站、"无纸化"登机、无人机投递、无接触配送等新技术的应用,为我国交通运输行业的低碳发展贡献了巨大的力量。

交通运输行业作为能源的主要使用部门,节能减排面临着非常大的压力和挑战,为推动交通运输行业低碳发展目标,科技创新将继续发挥重大作用。

二、"双碳"目标战略

(一)我国碳达峰、碳中和目标

1. 2009年我国应对气候变化"国家自主贡献"承诺

2009年中国政府正式向国际社会宣布"2020年单位GDP二氧化碳排放比2005年下降40%~45%"的温室气体控制目标。该目标作为国民经济和社会发展中长期规划的约束性指标,还包括非化石能源消耗占一次性能源消耗比重达到15%左右,森林面积比2005年增加4000万公顷,森林蓄积量比2005年增加13亿立方米。

《中国应对气候变化的政策与行动2019年度报告》显示,经初步核算,2018年中国单位GDP碳排放下降4.0%,比2005年累计下降45.8%,我国已经提前超额完成了"国家自主贡献"承诺的下降40%~45%的目标。

2. 2020年我国应对气候变化"国家自主贡献"承诺

2020年9月22日,国家主席习近平在第七十五届联合国大会上提出:"中国将提高国家自主贡献力度,采取更加有力的政策和措施,二氧化碳排放力争于2030年前达到峰值,努力争取2060年前实现碳中和"。

同年12月,国家主席习近平在气候雄心峰会上进一步提出,到2030年,中国单位GDP的碳排放比2005年下降65%以上,非化石能源占一次能源消费比重达到25%左右,风电、太阳能发电总装机容量将达到12亿千瓦以上。

我国从碳达峰到碳中和的时间窗口仅有30年,相比之下欧盟、日本等国家和地区从碳达峰到碳中和的时间普遍在50~60年。当前,我国仍处于工业化和城镇化发展阶段,新型城镇化和乡村振兴战略深入推进,市政、交通、水利等重大基础设施建设需求仍然旺盛。

碳达峰、碳中和目标的提出,是党中央、国务院统筹国际、国内两个大局作出的重大战略决策,彰显了我国走绿色低碳发展道路的坚定决心,体现了我国主动承担应对气候变化国际责任、推动构建人类命运共同体的大国担当。

3. 2030 年前碳达峰行动方案

2021 年 10 月 24 日,国务院发布《2030 年前碳达峰行动方案》,根据该方案,我国 2030 年前碳达峰的主要目标如下:

"十四五"期间,产业结构和能源结构调整优化取得明显进展,重点行业能源利用效率大幅提升,煤炭消费增长得到严格控制,新型电力系统加快构建,绿色低碳技术研发和推广应用取得新进展,绿色生产生活方式得到普遍推行,有利于绿色低碳循环发展的政策体系进一步完善。到 2025 年,非化石能源消费比重达到 20% 左右,单位国内生产总值能源消耗比 2020 年下降 13.5%,单位国内生产总值二氧化碳排放比 2020 年下降 18%,为实现碳达峰奠定坚实基础。

"十五五"期间,产业结构调整取得重大进展,清洁低碳安全高效的能源体系初步建立,重点领域低碳发展模式基本形成,重点耗能行业能源利用效率达到国际先进水平,非化石能源消费比重进一步提高,煤炭消费逐步减少,绿色低碳技术取得关键突破,绿色生活方式成为公众自觉选择,绿色低碳循环发展政策体系基本健全。到 2030 年,非化石能源消费比重达到 25% 左右,单位国内生产总值二氧化碳排放比 2005 年下降 65% 以上,顺利实现 2030 年前碳达峰目标。

(二)"双碳"背景下交通运输低碳发展主要战略

交通运输节能减排是一项复杂的系统工程,影响因素众多,总体上可以归纳为结构性因素、技术性因素和管理性因素三类,结构性因素是主要的影响因素。"双碳"背景下,我国重点推进交通运输结构性节能减排,解决制约交通运输行业低碳发展的主要问题。一是优化综合运输结构,提高铁路、水路在综合运输中的承运比重。二是加强综合运输枢纽建设,实现不同运输方式之间有效衔接,充分发挥综合运输整体优势和组合效率。三是优化运输装备结构,推广节能低碳型交通工具。四是提高运输组织水平,提高交通运输系统的整体运输效率。同时注重强化行业技术性节能减排和管理性节能减排的水平,全面系统推进行业碳达峰目标的实现,主要战略要求如下:

1.《中共中央 国务院关于完整准确全面贯彻新发展理念做好碳达峰碳中和工作的意见》对交通运输行业的要求

2021 年 9 月 22 日,《中共中央 国务院关于完整准确全面贯彻新发展理念做好碳达峰碳中和工作的意见》提出了加快推进低碳交通运输体系建设的要求。

(1)优化交通运输结构

加快建设综合立体交通网,大力发展多式联运,提高铁路、水路在综合运输中的承运比重,持续降低运输能耗和二氧化碳排放强度。优化客运组织,引导客运企业规模化、集约化经营。加快发展绿色物流,整合运输资源,提高利用效率。

(2)推广节能低碳型交通工具

加快发展新能源和清洁能源车船,推广智能交通,推进铁路电气化改造,推动加氢站建设,促进船舶靠港使用岸电常态化。加快构建便利高效、适度超前的充换电网络体系。提高燃油车船能效标准,健全交通运输装备能效标识制度,加快淘汰高耗能高排放老旧车船。

(3)积极引导低碳出行

加快城市轨道交通、公交专用道、快速公交系统等大容量公共交通基础设施建设,加强自行车专用道和行人步道等城市慢行系统建设。综合运用法律、经济、技术、行政等多种手段,加大城市交通拥堵治理力度。

2. 国务院《2030年前碳达峰行动方案》对交通运输行业的要求

根据国务院印发的《2030年前碳达峰行动方案》,将碳达峰贯穿于经济社会发展全过程和各方面,重点实施能源绿色低碳转型行动、节能降碳增效行动、工业领域碳达峰行动、城乡建设碳达峰行动、交通运输绿色低碳行动、循环经济助力降碳行动、绿色低碳科技创新行动、碳汇能力巩固提升行动、绿色低碳全民行动、各地区梯次有序碳达峰行动等"碳达峰十大行动",其中交通运输绿色低碳行动要求加快形成绿色低碳运输方式,确保交通运输领域碳排放增长保持在合理区间。

(1)推动运输工具装备低碳转型

积极扩大电力、氢能、天然气、先进生物液体燃料等新能源、清洁能源在交通运输领域应用。大力推广新能源汽车,逐步降低传统燃油汽车在新车产销和汽车保有量中的占比,推动城市公共服务车辆电动化替代,推广电力、氢燃料、液化天然气动力重型货运车辆。提升铁路系统电气化水平。加快老旧船舶更新改造,发展电动、液化天然气动力船舶,深入推进船舶靠港使用岸电,因地制宜开展沿海、内河绿色智能船舶示范应用。提升机场运行电动化智能化水平,发展新能源航空器。到2030年,当年新增新能源、清洁能源动力的交通工具比例达到40%左右,营运交通工具单位换算周转量碳排放强度比2020年下降9.5%左右,国家铁路单位换算周转量综合能耗比2020年下降10%。陆路交通运输石油消费力争2030年前达到峰值。

(2)构建绿色高效交通运输体系

发展智能交通,推动不同运输方式合理分工、有效衔接,降低空载率和不合理客货运周转量。大力发展以铁路、水路为骨干的多式联运,推进工矿企业、港口、物流园区等铁路专用线建设,加快内河高等级航道网建设,加快大宗货物和中长距离货物运输"公转铁""公转水"。加快先进适用技术应用,提升民航运行管理效率,引导航空企业加强智慧运行,实现系统化节能降碳。加快城乡物流配送体系建设,创新绿色低碳、集约高效的配送模式。打造高效衔接、快捷舒适的公共交通服务体系,积极引导公众选择绿色低碳交通方式。"十四五"期间,集装箱铁水联运量年均增长15%以上。到2030年,城区常住人口100万以上的城市绿色出行比例不低于70%。

(3)加快绿色交通基础设施建设

将绿色低碳理念贯穿于交通基础设施规划、建设、运营和维护全过程,降低全生命周期能耗和碳排放。开展交通基础设施绿色化提升改造,统筹利用综合运输通道线位、土地、空域等资源,加大岸线、锚地等资源整合力度,提高利用效率。有序推进充电桩、配套电网、加注(气)站、加氢站等基础设施建设,提升城市公共交通基础设施水平。到2030年,民用运输机场场内车辆装备等力争全面实现电动化。

3. 国务院办公厅关于印发《推进多式联运发展优化调整运输结构工作方案(2021—2025年)》对交通运输行业的要求

为加快构建安全、便捷、高效、绿色、经济的现代化综合交通体系,更好服务构建新发展格局,为实现碳达峰、碳中和目标作出交通贡献,2021年12月,国务院办公厅关于印发《推进多式联运发展优化调整运输结构工作方案(2021—2025年)》,其主要要求如下。

（1）工作目标

到2025年,多式联运发展水平明显提升,基本形成大宗货物及集装箱中长距离运输以铁路和水路为主的发展格局,全国铁路和水路货运量比2020年分别增长10%和12%左右,集装箱铁水联运量年均增长15%以上。重点区域运输结构显著优化,京津冀及周边地区、长三角地区、粤港澳大湾区等沿海主要港口利用疏港铁路、水路、封闭式皮带廊道、新能源汽车运输大宗货物的比例力争达到80%;晋陕蒙煤炭主产区大型工矿企业中长距离运输(运距500公里以上)的煤炭和焦炭中,铁路运输比例力争达到90%。

（2）提升多式联运承载能力和衔接水平

完善多式联运骨干通道。强化规划统筹引领,提高交通基础设施一体化布局和建设水平,加快建设以"6轴7廊8通道"主骨架为重点的综合立体交通网,提升京沪、陆桥、沪昆、广昆等综合运输通道功能,加快推进西部陆海新通道、长江黄金水道、西江水运通道等建设,补齐出疆入藏和中西部地区、沿江沿海沿边骨干通道基础设施短板,挖掘既有干线铁路运能,加快铁路干线瓶颈路段扩能改造。

加快货运枢纽布局建设。加快港口物流枢纽建设,完善港口多式联运、便捷通关等服务功能,合理布局内陆无水港。完善铁路物流基地布局,优化管理模式,加强与综合货运枢纽衔接,推动铁路场站向重点港口、枢纽机场、产业集聚区、大宗物资主产区延伸。有序推进专业性货运枢纽机场建设,强化枢纽机场货物转运、保税监管、邮政快递、冷链物流等综合服务功能,鼓励发展与重点枢纽机场联通配套的轨道交通。依托国家物流枢纽、综合货运枢纽布局建设国际寄递枢纽和邮政快递集散分拨中心。

健全港区、园区等集疏运体系。加快推动铁路直通主要港口的规模化港区,各主要港口在编制港口规划或集疏运规划时,原则上要明确联通铁路,确定集疏运目标,同步做好铁路用地规划预留控制;在新建或改扩建集装箱、大宗干散货作业区时,原则上要同步建设进港铁路,配足到发线、装卸线,实现铁路深入码头堆场。加快推进港口集疏运公路扩能改造。新建或迁建煤炭、矿石、焦炭等大宗货物年运量150万吨以上的物流园区、工矿企业及粮食储备库等,原则上要接入铁路专用线或管道。挖掘既有铁路专用线潜能,推动共线共用。

（3）创新多式联运组织模式

丰富多式联运服务产品。加大35吨敞顶箱使用力度,探索建立以45英尺内陆标准箱为载体的内贸多式联运体系。在符合条件的港口试点推进"船边直提"和"抵港直装"模式。大力发展铁路快运,推动冷链、危化品、国内邮件快件等专业化联运发展。鼓励重点城市群建设绿色货运配送示范区。充分挖掘城市铁路场站和线路资源,创新"外集内配"等生产生活物资公铁联运模式。支持港口城市结合城区老码头改造,发展生活物资水陆联运。

培育多式联运市场主体。深入开展多式联运示范工程建设,到2025年示范工程企业运营线路基本覆盖国家综合立体交通网主骨架。鼓励港口航运、铁路货运、航空寄递、货代企业及平台型企业等加快向多式联运经营人转型。

推进运输服务规则衔接。以铁路与海运衔接为重点,推动建立与多式联运相适应的规则协调和互认机制。研究制定不同运输方式货物品名、危险货物划分等互认目录清单,建立完善货物装载交接、安全管理、支付结算等规则体系。深入推进多式联运"一单制",探索应用集装箱多式联运运单,推动各类单证电子化。探索推进国际铁路联运运单、多式联运单证物权化,稳步扩大在"一带一路"运输贸易中的应用范围。

加大信息资源共享力度。加强铁路、港口、船公司、民航等企业信息系统对接和数据共享,开放列车到发时刻、货物装卸、船舶进离港等信息。加快推进北斗系统在营运车船上的应用,到2025年基本实现运输全程可监测、可追溯。

(4)促进重点区域运输结构调整

推动大宗物资"公转铁、公转水"。在运输结构调整重点区域,加强港口资源整合,鼓励工矿企业、粮食企业等将货物"散改集",中长距离运输时主要采用铁路、水路运输,短距离运输时优先采用封闭式皮带廊道或新能源车船。探索推广大宗固体废物公铁水协同联运模式。深入开展公路货运车辆超限超载治理。

推进京津冀及周边地区、晋陕蒙煤炭主产区运输绿色低碳转型。加快区域内疏港铁路、铁路专用线和封闭式皮带廊道建设,提高沿海港口大宗货物绿色集疏运比例。推动浩吉、大秦、唐包、瓦日、朔黄等铁路按最大运输能力保障需求。在煤炭矿区、物流园区和钢铁、火电、煤化工、建材等领域培育一批绿色运输品牌企业,打造一批绿色运输枢纽。

加快长三角地区、粤港澳大湾区铁水联运、江海联运发展。加快建设小洋山北侧等水水中转码头,推动配套码头、锚地等设施升级改造,大幅降低公路集疏港比例。鼓励港口企业与铁路、航运等企业加强合作,统筹布局集装箱还箱点。因地制宜推进宁波至金华双层高集装箱运输示范通道建设,加快推进沪通铁路二期及外高桥港区装卸线工程、浦东铁路扩能改造工程、北仑支线复线改造工程和梅山港区铁路支线、南沙港区疏港铁路、平盐铁路复线、金甬铁路苏溪集装箱办理站等多式联运项目建设。推动企业充分利用项目资源,加快发展铁水联运、江海直达运输,形成一批江海河联运精品线路。

(5)加快技术装备升级

推广应用标准化运载单元。推动建立跨区域、跨运输方式的集装箱循环共用系统,降低空箱调转比例。探索在大型铁路货场、综合货运枢纽拓展海运箱提还箱等功能,提供等同于港口的箱管服务。积极推动标准化托盘(1200毫米×1000毫米)在集装箱运输和多式联运中的应用。加快培育集装箱、半挂车、托盘等专业化租赁市场。

加强技术装备研发应用。加快铁路快运、空铁(公)联运标准集装器(板)等物流技术装备研发。研究适应内陆集装箱发展的道路自卸卡车、岸桥等设施设备。鼓励研发推广冷链、危化品等专用运输车船。推动新型模块化运载工具、快速转运和智能口岸查验等设备研发和产业化应用。

提高技术装备绿色化水平。积极推动新能源和清洁能源车船、航空器应用,推动在高速公路服务区和港站枢纽规划建设充换电、加气等配套设施。在港区、场区短途运输和固定线路运输等场景示范应用新能源重型卡车。加快推进港站枢纽绿色化、智能化改造,协同推进船舶和港口岸电设施匹配改造,深入推进船舶靠港使用岸电。

(6)营造统一开放市场环境

深化重点领域改革。深化"放管服"改革,加快构建以信用为基础的新型监管机制,推动多式联运政务数据安全有序开放。深化铁路市场化改革,促进铁路运输市场主体多元化,研究推进铁路、港口、航运等企业股权划转和交叉持股,规范道路货运平台企业经营,建立统一开放、竞争有序的运输服务市场。

规范重点领域和环节收费。完善铁路运价灵活调整机制,鼓励铁路运输企业与大型工矿企业等签订"量价互保"协议。规范地方铁路、专用铁路、铁路专用线收费,明确线路使用、管理维护、运输服务等收费规则,进一步降低使用成本。规范海运口岸的港口装卸、港外堆场、检验检疫、船公司、船代等收费。

加快完善法律法规和标准体系。推动加快建立与多式联运相适应的法律法规体系,进一步明确各方法律关系。加快推进多式联运枢纽设施、装备技术等标准制修订工作,补齐国内标准短板,加强与国际规则衔接。积极参与国际多式联运相关标准规则研究制定,更好体现中国理念和主张。研究将多式联运量纳入交通运输统计体系,为科学推进多式联运发展提供参考依据。

4.《"十四五"节能减排综合工作方案》对交通运输行业的要求

2021年12月28日,国务院印发的《"十四五"节能减排综合工作方案》提出,到2025年,全国单位国内生产总值能源消耗比2020年下降13.5%,能源消费总量得到合理控制,化学需氧量、氨氮、氮氧化物、挥发性有机物排放总量比2020年分别下降8%、8%、10%以上、10%以上。节能减排政策机制更加健全,重点行业能源利用效率和主要污染物排放控制水平基本达到国际先进水平,经济社会发展绿色转型取得显著成效。

涉及交通运输行业的要求是实施交通物流节能减排工程,具体要求如下:推动绿色铁路、绿色公路、绿色港口、绿色航道、绿色机场建设,有序推进充换电、加注(气)、加氢、港口机场岸电等基础设施建设。提高城市公交、出租、物流、环卫清扫等车辆使用新能源汽车的比例。加快大宗货物和中长途货物运输"公转铁""公转水",大力发展铁水、公铁、公水等多式联运。全面实施汽车国六排放标准和非道路移动柴油机械国四排放标准,基本淘汰国三及以下排放标准汽车。深入实施清洁柴油机行动,鼓励重型柴油货车更新替代。实施汽车排放检验与维护制度,加强机动车排放召回管理。加强船舶清洁能源动力推广应用,推动船舶岸电受电设施改造。提升铁路电气化水平,推广低能耗运输装备,推动实施铁路内燃机车国一排放标准。大力发展智能交通,积极运用大数据优化运输组织模式。加快绿色仓储建设,鼓励建设绿色物流园区。加快标准化物流周转箱推广应用。全面推广绿色快递包装,引导电商企业、邮政快递企业选购使用获得绿色认证的快递包装产品。到2025年,新能源汽车新车销售量达到汽车新车销售总量的20%左右,铁路、水路货运量占比进一步提升。

5.《绿色交通"十四五"发展规划》对交通运输行业的要求

2021年10月29日,交通运输部印发了《绿色交通"十四五"发展规划》,该规划对交通运输行业节能降碳的主要发展目标和主要任务如下:

(1)发展目标

到2025年,交通运输领域绿色低碳生产方式初步形成,基本实现基础设施环境友好、运输装备清洁低碳、运输组织集约高效,重点领域取得突破性进展,绿色发展水平总体适应交通强国建设阶段性要求。

①减污降碳:到2025年营运车辆单位运输周转量二氧化碳(CO_2)排放较2020年下降

5%，营运船舶单位运输周转量二氧化碳（CO_2）排放较2020年下降3.5%。

②用能结构调整：到2025年，全国城市公交、出租汽车（含网约车）、城市物流配送领域新能源汽车占比分别达到72%、35%和20%。国际集装箱枢纽海港新能源清洁能源集卡占比60%。长江经济带港口和水上服务区当年使用岸电电量较2020年增长率为100%（国际集装箱枢纽海港是指上海港、大连港、天津港、青岛港、连云港港、宁波舟山港、厦门港、深圳港、广州港、北部湾港、洋浦港11个港口）。

③运输结构调整：到2025年，集装箱铁水联运量年均增长率为15%。城区常住人口100万以上城市中绿色出行比例超过70%的城市数量为60个。

（2）主要任务

①优化交通运输结构，提升综合运输能效。

持续优化调整运输结构。加快推进港口集疏运铁路、物流园区及大型工矿企业铁路专用线建设，推动大宗货物及中长距离货物运输"公转铁""公转水"。推进港口、大型工矿企业大宗货物主要采用铁路、水运、封闭式皮带廊道、新能源和清洁能源汽车等绿色运输方式。统筹江海直达和江海联运发展，积极推进干散货、集装箱江海直达运输，提高水水中转货运量。

提高运输组织效率。深入推进多式联运发展，推进综合货运枢纽建设，推动铁水、公铁、公水、空陆等联运发展。推进多式联运示范工程建设，加快培育一批具有全球影响力的多式联运龙头企业。探索推广应用集装箱模块化汽车列车运输，提高多式联运占比。推动城市建筑材料及生活物资等采用公铁水联运、新能源和清洁能源汽车等运输方式。继续开展城市绿色货运配送示范工程建设，鼓励共同配送、集中配送、分时配送等集约化配送模式发展。引导网络平台道路货物运输规范发展，有效降低空驶率。

加快构建绿色出行体系。因地制宜构建以城市轨道交通和快速公交为骨干、常规公交为主体的公共交通出行体系，强化"轨道十公交十慢行"网络融合发展。深化国家公交都市建设，提升城市轨道交通服务水平，持续改善公共交通出行体验。开展绿色出行创建行动，改善绿色出行环境，提高城市绿色出行比例。完善城市慢行交通系统，提升城市步行和非机动车的出行品质，构建安全、连续和舒适的城市慢行交通体系。

②推广应用新能源，构建低碳交通运输体系。

加快新能源和清洁能源运输装备推广应用。加快推进城市公交、出租、物流配送等领域新能源汽车推广应用，国家生态文明试验区、大气污染防治重点区域新增或更新的公交、出租、物流配送等车辆中新能源汽车比例不低于80%。鼓励开展氢燃料电池汽车试点应用。推进新增和更换港口作业机械、港内车辆和拖轮、货运场站作业车辆等优先使用新能源和清洁能源。推动公路服务区、客运枢纽等区域充（换）电设施建设，为绿色运输和绿色出行提供便利。因地制宜推进公路沿线、服务区等适宜区域合理布局光伏发电设施。深入推进内河LNG动力船舶推广应用，支持沿海及远洋LNG动力船舶发展，指导落实长江干线、西江航运干线、京杭运河LNG加注码头布局方案，推动加快内河船舶LNG加注站建设，推动沿海船舶LNG加注设施建设。因地制宜推动纯电动旅游客船应用。积极探索油电混合、氢燃料、氨燃料、甲醇动力船舶应用。

促进岸电设施常态化使用。加快现有营运船舶受电设施改造，不断提高受电设施安装比例。有序推进现有码头岸电设施改造，主要港口的五类专业化泊位，以及长江干线、西江航运干线2000吨级以上码头（油气化工码头除外）岸电覆盖率进一步提高。加强低压岸电接插件国家标准宣贯和实施,出台《港口岸电设施运行维护技术规范》,加强岸电设施检测与运营维护。严格落实《中华人民共和国长江保护法》,修订《港口和船舶岸电管理办法》,加强岸电使用监管,确保已具备受电设施的船舶在具备岸电供电能力的泊位靠泊时按规定使用岸电。

③坚持创新驱动,强化绿色交通科技支撑。

推进绿色交通科技创新。构建市场导向的绿色技术创新体系,支持新能源运输装备和设施设备、氢燃料动力车辆及船舶、LNG和生物质燃料船舶等应用研究;加快新能源汽车性能监控与保障技术、交通能源互联网技术、基础设施分布式光伏发电设备及并网技术研究。重点推进船舶大气污染和碳排放协同治理、港口与船舶水污染深度治理、交通能耗与污染排放监测监管等新技术、新工艺和新装备研发。推进交通廊道与基础设施生态优化、路域生态连通与生态重建、绿色建筑材料和技术等领域研究。推进绿色交通与智能交通融合发展。推进交通运输行业重点实验室等建设,积极培育国家级绿色交通科研平台。鼓励行业各类绿色交通创新主体建立创新联盟,建立绿色交通关键核心技术攻关机制。

加快节能环保关键技术推广应用。加大已发布的交通运输行业重点节能低碳技术推广应用力度,持续制定发布交通运输行业重点节能低碳技术目录,重点遴选一批减排潜力大、适用范围广的节能低碳技术,强化技术宣传、交流、培训和推广应用。依托交通运输科技示范工程强化节能环保技术集成应用示范与成果转化。

健全绿色交通标准规范体系。修订绿色交通标准体系,加强新技术、新设备、新材料、新工艺等方面标准的有效供给。在资源节约利用方面,制修订新能源车辆蓄电池、沥青路面材料和建筑垃圾循环利用等标准;在节能降碳方面,制修订营运车船和港口机械装备能耗限值准入、新能源和燃料电池营运车辆技术要求、城市轨道交通绿色运营等标准;在污染防治方面,配合制修订港口、营运车船、服务区、汽车维修等设施设备污水、废气排放限值等标准;在生态保护方面,制修订公路、港口及航道等设施的生态保护等。

④健全推进机制,完善绿色交通监管体系。

完善绿色发展推进机制。健全完善交通运输部碳达峰碳中和工作组织领导体系,强化部门协同联动。制定交通运输绿色低碳发展行动方案等政策文件。统筹开展交通运输领域碳减排和碳达峰路径、重大政策与关键技术研究。探索碳积分、合同能源管理、碳排放核查等市场机制在行业的应用。

强化绿色交通评估和监管。完善绿色交通统计体系,推进公路、水运、城市客运等能耗、碳排放及污染物排放数据采集。鼓励统筹既有监测能力,利用在线监测系统及大数据技术,建设监测评估系统。结合国家能源消费总量和强度目标"双控"考核、交通运输综合督查等,完善评估考核方案及管理制度,重点针对碳达峰工作以及优化运输结构、船舶及港口污染防治、新能源运输装备、绿色出行等重点任务推进情况开展检查与评估。依托交通运输行业信用体系建设,强化绿色交通监管能力。

6.《"十四五"现代综合交通运输体系发展规划》对交通运输行业的要求

2022年1月18日,国务院印发了《"十四五"现代综合交通运输体系发展规划》,该规划也提出了交通运输行业低碳发展的要求。

到2025年,综合交通运输基本实现一体化融合发展,智能化、绿色化取得实质性突破,综合能力、服务品质、运行效率和整体效益显著提升,交通运输发展向世界一流水平迈进。

设施网络更加完善。国家综合立体交通网主骨架能力利用率显著提高。以"八纵八横"高速铁路主通道为主骨架,以高速铁路区域连接线衔接,以部分兼顾干线功能的城际铁路为补充,主要采用250公里及以上时速标准的高速铁路网对50万人口以上城市覆盖率达到95%以上,普速铁路瓶颈路段基本消除。7条首都放射线、11条北南纵线、18条东西横线,以及地区环线、并行线、联络线等组成的国家高速公路网的主线基本贯通,普通公路质量进一步提高。布局完善、功能完备的现代化机场体系基本形成。港口码头专业化、现代化水平显著提升,内河高等级航道网络建设取得重要进展。综合交通枢纽换乘换装效率进一步提高。重点城市群一体化交通网络、都市圈1小时通勤网加快形成,沿边国道基本贯通。

运输服务更加高效。运输服务质量稳步提升,客运"一站式"、货运"一单制"服务更加普及,定制化、个性化、专业化运输服务产品更加丰富,城市交通拥堵和"停车难"问题持续缓解,农村和边境地区运输服务更有保障,具备条件的建制村实现快递服务全覆盖。面向全球的国际运输服务网络更加完善,中欧班列发展质量稳步提高。

技术装备更加先进。第五代移动通信(5G)、物联网、大数据、云计算、人工智能等技术与交通运输深度融合,交通运输领域新型基础设施建设取得重要进展,交通基础设施数字化率显著提高,数据开放共享和平台整合优化取得实质性突破。自主化先进技术装备加快推广应用,实现北斗系统对交通运输重点领域全面覆盖,运输装备标准化率大幅提升。

安全保障更加可靠。交通设施耐久可靠、运行安全可控、防范措施到位,安全设施完好率持续提高。跨部门、跨领域的安全风险防控体系和应急救援体系进一步健全,重特大事故发生率进一步降低。主要通道运输安全和粮食、能源、矿石等物资运输安全更有保障,国际物流供应链安全保障能力持续提升。

发展模式更可持续。交通运输领域绿色生产生活方式逐步形成,铁路、水运承担大宗货物和中长距离货物运输比例稳步上升,绿色出行比例明显提高,清洁低碳运输工具广泛应用,单位周转量能源消耗明显降低,交通基础设施绿色化建设比例显著提升,资源要素利用效率持续提高,碳排放强度稳步下降。

治理能力更加完备。各种运输方式一体融合发展、交通基础设施投融资和管理运营养护等领域法律法规和标准规范更加完善,综合交通运输一体化融合发展程度不断提高,市场化改革持续深化,多元化投融资体制更加健全,以信用为基础的新型监管机制加快形成。

展望2035年,便捷顺畅、经济高效、安全可靠、绿色集约、智能先进的现代化高质量国家综合立体交通网基本建成,"全国123出行交通圈"(都市区1小时通勤、城市群2小时通达、全国主要城市3小时覆盖)和"全球123快货物流圈"(快货国内1天送达、周边国家2天送达、全球主要城市3天送达)基本形成,基本建成交通强国。

推进交通运输行业低碳发展是我国"双碳"工作的重要领域,为此,交通运输行业将认真贯彻落实国务院《2030年前碳达峰行动方案》的要求,围绕推动运输工具装备低碳转型、构建绿色高效交通运输体系,加快绿色交通基础设施建设等方面,将会继续出台一系列的战略和举措,推动行业碳达峰目标的早日实现。

本节结合国家和交通运输部的战略政策,对综合交通运输系统结构性节能减排工作现状和未来发展方向进行了介绍。以下各章将分别介绍铁路、公路、水运等领域碳减排的具体战略及案例。

第三章 铁 路

铁路是国家全局性、先导性、关键性重大基础设施,是国民经济大动脉、重大民生工程和综合交通运输体系骨干,是关系国计民生的重要基础设施,在经济社会发展中的地位和作用至关重要;同时,铁路在我国交通运输体系低碳发展中承担着节能减排的重要作用。党的十八大以来,我国铁路快速发展,取得了显著成就,为支撑和引领经济社会发展发挥了重要作用,成为国家现代化建设的重要引擎。

第一节 我国铁路发展现状及主要战略

一、我国铁路发展现状

党的十八大以来,"生态文明建设"达到前所未有的高度,党的十九大报告提出要加快建立绿色生产和消费的政策导向,建立健全绿色低碳循环发展的经济体系,构建清洁低碳、安全高效的能源体系,推进资源全面节约和循环利用,倡导简约适度、绿色低碳的生活方式,开展创建绿色出行的行动。在当前时代背景下,铁路作为一种绿色高效的交通方式,在综合交通体系中一直发挥骨干作用,有能力和责任在建设交通强国和美丽中国进程中发挥战略支撑作用。

(一)铁路路网、装备与运输服务发展现状

铁路路网规模方面。2022年年末全国铁路营业里程15.5万公里,其中高铁营业里程4.2万公里。

运输装备方面。2022年年末全国拥有铁路机车2.21万台,其中电力机车1.42万台,内燃机车0.78万台。

运输服务方面。2022年完成营业性客运量55.87亿人,比去年下降32.7%,完成旅客周转量12921.54亿人公里,下降34.6%。完成营业性货物运量506.63亿吨,下降3.1%,完成货物总周转量226160.96亿吨公里,增长3.4%。

上述数据来自《2022年交通运输行业发展统计公报》。

(二)铁路绿色低碳发展现状

1. 单位综合能耗持续下降

能源消费总量和单位运输工作量综合能耗是反映铁路能源消耗情况的综合性指标。统计资料显示,我国铁路在2019年运输总换算周转量比2015年上升17%的情况下,铁路能耗总量只上升了3.64%;2019年国家铁路单位运输工作量综合能耗较2015年下降16.35%,铁路整体能效水平有所提高。

2. 铁路用能结构不断优化

铁路能源消耗类型主要包括电力、燃油、燃煤及液化石油气、天然气、外购热力等。2015—2019 年,由于既有线路电气化改造及新电气化线路开通,电力机车数量和承担的工作量明显提升,牵引用电量不断上升,电力消耗占总能耗的比例从 45% 左右上升至 60% 以上。由于内燃机车逐步被电力机车替代,油类消耗占比从 30% 左右下降至 23%。受"三供一业"改革、大气污染严格治理、燃煤设施设备技术改造、集中供暖等影响,燃煤锅炉数量大幅度下降,煤炭消耗占比 20% 左右下降至 3% 以内,用能结构得到大幅优化。

3. 二氧化碳排放总量和排放强度逐年降低

由于铁路运营里程和运输周转量持续增长,且电气化改造工作持续开展,电力消耗量逐年提升,已经成为最主要的能源品类,相应的油类和燃煤的消耗量随之降低,铁路的直接碳排放量(扣除净购入电力和热力隐含的二氧化碳排放量)逐年降低,相较 2015 年,2019 年二氧化碳排放总量和排放强度均降低 40% 左右。

二、我国铁路发展主要战略

2020 年 8 月,中国国家铁路集团有限公司(简称国铁集团)出台了《新时代交通强国铁路先行规划纲要》,提出从 2021 年到 21 世纪中叶分两个阶段推进的发展目标。

(一)总体目标

到 2035 年,将率先建成服务安全优质、保障坚强有力、实力国际领先的现代化铁路强国。基础设施规模质量、技术装备和科技创新能力、服务品质和产品供给水平世界领先;运输安全水平、经营管理水平、现代治理能力位居世界前列;绿色环保优势和综合交通骨干地位、服务保障和支撑引领作用、国际竞争力和影响力全面增强。

(1)现代化铁路网率先建成

铁路网内外互联互通、区际多路畅通、省会高效连通、地市快速通达、县域基本覆盖、枢纽衔接顺畅,网络设施智慧升级,有效供给能力充沛。全国铁路网 20 万公里左右,其中高铁 7 万公里左右。20 万人口以上城市实现铁路覆盖,其中 50 万人口以上城市高铁通达。

(2)创新引领技术自主先进

铁路自主创新能力和产业链现代化水平全面提升,铁路科技创新体系健全完善,关键核心技术装备自主可控、先进适用、安全高效,智能高铁率先建成,智慧铁路加快实现。

(3)运输服务供给品质一流

高效率的全程服务体系和高品质的产品供给体系更加完善,全国 1、2、3 小时高铁出行圈和全国 1、2、3 天快货物流圈全面形成,人享其行、物畅其流,安全优质、人民满意。

(4)铁路运输安全持续稳定

人防、物防、技防"三位一体"的安全保障体系健全有力,本质安全水平、安全预防及管控能力、应急处置及救援能力全面提升,高铁和旅客列车安全得到可靠保障,铁路交通事故率、死亡率大幅降低。

(5)运营效率效益更加优良

运输效率、资源配置效率、资本运营效率持续提升,市场规模、经营发展质量不断跃升,主要运输经济指标保持世界领先,主要经营效益指标位居世界前列,国铁资本做强做优做大,国铁集团成为世界一流企业。

(6)铁路治理体系健全高效

党对铁路的全面领导坚强有力,铁路管理体制机制更加健全,制度更加完备,人才队伍精良,市场环境优良,发展活力增强,国铁企业的行业主体作用突出,治理体系和治理能力实现现代化。

(7)绿色骨干优势充分发挥

铁路与其他交通运输方式实现深度融合、优势互补,铁路比较优势更好发挥,铁路的客货运输市场份额持续提升,在现代综合交通运输体系中的骨干作用和地位明显增强。

(8)支撑引领作用全面增强

铁路服务经济社会发展的作用更加显著,应对突发事件及自然灾害、完成急难险重任务、服务重大战略、维护国家安全的能力全面提升,铁路成为社会主义现代化建设的重要支撑。

(9)国际竞争力影响力跃升

中欧班列成为具有国际影响力的世界知名铁路物流品牌,中国成为全球铁路科技创新高地,铁路走出去的产业链和价值链向中高端聚集,中国铁路国际竞争力和影响力显著提升。

到 2050 年,全面建成更高水平的现代化铁路强国,全面服务和保障社会主义现代化强国建设。铁路服务供给和经营发展、支撑保障和先行引领、安全水平和现代治理能力迈上更高水平;智慧化和绿色化水平、科技创新能力和产业链水平、国际竞争力和影响力保持领先,制度优势更加突出。形成辐射功能强大的现代铁路产业体系,建成具有全球竞争力的世界一流铁路企业。中国铁路成为社会主义现代化强国和中华民族伟大复兴的重要标志和组成部分,成为世界铁路发展的重要推动者和全球铁路规则制定的重要参与者。

(二)主要任务

1. 建设发达完善的现代化铁路网

(1)构建现代高效的高速铁路网

贯通高速铁路主通道,优化提升高速铁路通道网络功能和级配结构。科学有序推进区域性高速铁路建设,扩大高速铁路网覆盖范围。适时推进既有高速铁路通道的平行线路建设,强化繁忙高速铁路主通道能力。建成以高速铁路主通道为骨架、区域性高速铁路衔接延伸的发达高速铁路网,构建快速综合交通网的主骨架。

(2)形成覆盖广泛的普速铁路网

建设川藏等进出藏、疆铁路,优化完善普铁主干线通道。加强地区开发性及沿边铁路建设,畅通铁路集疏运体系及路网"前后一公里"。实施既有线扩能改造,消除干线通道瓶颈,优化集装箱、快捷、重载等运输网,强化沿江等重点区域货运能力。建成以普铁主干线为骨架、区域性铁路延伸集散的现代化普速铁路网,形成干线综合交通网的主动脉。

(3)发展快捷融合的城际和市域铁路网

在经济发达、人口稠密的城镇化地区构建多层次、大容量、通勤式、一体化的快捷轨道网,打造城市群综合交通网的主骨干。城市群中心城市之间及与其他主要城市间发展城际铁路,服务快速通勤及商贸出行。都市圈超大、特大城市中心城区与郊区、周边城镇组团间发展快速市域(郊)铁路,服务公交化便捷通勤出行。

(4) 构筑一体衔接顺畅的现代综合枢纽

按照"零距离"换乘要求,建设以铁路客站为中心的综合客运枢纽,强化枢纽内外交通有机衔接,促进客站合理分工及互联互通,推进干线铁路、城际铁路、市域(郊)铁路和城市轨道交通"四网融合"及与机场高效衔接,实现方便快捷换乘。按照"无缝化"衔接要求,建设以铁路物流基地为中心的货运枢纽,完善货运枢纽集疏运体系、城市配送体系以及多式联运、换装转运体系,提升货运场站数字化、智能化水平,推动货运枢纽向现代综合物流枢纽转型。

2. 发展自主先进的技术装备体系

(1) 提升基础设施技术装备水平

提升基础设施全生命周期发展水平,推进设施数字化、智能化升级。完善无砟轨道结构体系和标准体系,优化服役性能品质,延长使用周期,提升无砟轨道紧急抢修、大修更换技术,推广应用自主先进的无砟轨道结构。推进工电技术装备标准化、简统化。自主研发新型智能列控系统、智能牵引供电系统、智能综合调度指挥系统以及新一代铁路移动通信系统。创新应用空天地一体化和智能化综合勘察设计装备技术。研发适应极复杂环境条件的超大、超深、超难工程建造装备技术,发展智慧工地等智能建造装备技术。

(2) 加强新型载运工具研发应用

加快复兴号系列化动车组研制,研究新一代高速动车组、智能动车组、城际及市域动车组、旅游新型列车,换代升级普速客车。研发高速货运动车组、3万吨级重载列车以及时速160公里及以上快捷货运、27吨及以上轴重重载货运、标准化集装化货运装备、新型冷链、驮背运输、跨境联运及特种货运等新型专用车辆。完善机车产品谱系,研制新一代电力、内燃、混合动力、新能源及多源制机车。研发应用智能大型养路机械、新型智能综合检测和综合作业装备以及智能检测监测、运营维护等技术。研发适应铁路走出去要求的系列载运装备及其运维体系。

(3) 以新型基础设施赋能智慧发展

加大5G通信网络、大数据、区块链、物联网等新型基础设施建设应用,丰富应用场景,延伸产业链条,统筹推进新一代移动通信专网建设,构建泛在先进、安全高效的现代铁路信息基础设施体系,打造中国铁路多活数据中心和人工智能平台,提升数据治理能力和共享应用水平。强化铁路网络和信息系统安全防护能力,确保网络信息安全。以推动新一代信息技术与铁路深度融合赋能赋智为牵引,打造现代智慧铁路系统。

3. 创新优质高效的运输服务供给

(1) 构建舒适快捷的客运服务体系

发展服务智慧工程,建设12306智慧服务信息系统,打造一站式全程畅行服务生态链,实现出行即服务。推进服务便捷工程,推行电子客票、刷脸进出站、无感支付、无感安检、验检合一和智能引导等便捷畅通服务,优化候乘及中转流程,完善无障碍出行服务体系。打造服务满意工程,增强服务供给的市场感知和即时响应能力,建立健全服务质量标准和评价指标体系。实施服务品牌工程,深入实施高铁服务品牌战略,提升一日往返、夕发朝至等品牌优势,叫响中国铁路服务品牌。

(2) 发展集约高效的货运物流体系

构建覆盖全国的铁路物流服务网络,加快人、货、车、场等全要素全过程数字化、网联化和高效匹配,发展无人智慧场站,推进货运装卸作业及物流仓储、装卸设备及配载智能化。深化"门到门"全程物流服务模式,大力发展铁路集装箱运输,提高专业物流发展水平,建设设施高效衔接、信息互联共享、装备标准统一、票据一单到底、快速换装转运的多式联运体系。发展"外集内配、绿色联运"现代绿色物流体系。完善95306货运服务信息系统,构建智慧公共信息服务平台,实现在线受理、跟踪查询、电子票据、结算办理、货物交付及客户管理等一站式服务。

(3)拓展服务新业态新模式新领域

深化铁路与旅游、文化等产业融合发展,创新旅游专列等定制产品。发展高铁+航空、高铁+共享汽车等联程联运服务,增设高铁无轨站。培育城际、市域(郊)新型市场,完善政府购买服务政策和市场化运营机制,扩大中短途客运市场规模。发展快捷货运和高铁快运,强化铁路运输和两端配送有机衔接,完善枢纽快运集散服务功能。依托12306、95306平台及铁路大数据中心,深化铁路网和互联网双网融合,发展铁路数字经济和网络经济。推动铁路与现代物流融合发展,发展互联网+高效物流,推动铁路货运向综合物流服务商转型。

4. 发挥节能环保的绿色铁路优势

(1)提高绿色铁路承运比重

构建以干线铁路、高速铁路和城际市域铁路为骨干与其他交通方式紧密衔接的大容量、集约化快速轨道客运系统,引导更多旅客选择铁路绿色出行,提高铁路承运比重。构建以铁路为主体的绿色低碳经济货运网络体系,推动大宗货物和中长途货物运输向铁路转移,引导适宜货源通过铁路运输,促进运输结构深度调整,降低社会物流成本。

(2)集约节约利用资源和能源

科学布局线路和枢纽设施,集约节约利用土地、通道、桥位、枢纽及水资源,推进场站及周边综合立体联动开发。推广应用新型节能材料、工艺、技术和装备。加强新旧设施更新利用,推广建筑施工材料、废旧材料等回收循环综合利用,推进建设渣土等资源化利用。优化铁路用能结构,提升能源综合使用效能。淘汰高耗低效技术装备。推广使用能源智能管控系统,利用自然采光和通风。

(3)强化生态保护和污染防治

践行生态选线选址理念,强化生态环保设计,依法绕避生态敏感区、脆弱区等国土空间。依法落实生态保护和水土保持措施,严守"三条"控制线,严格实施生态环境修复、地质环境治理恢复和土地复垦。推进铁路绿化工作,建设绿色铁路廊道。推进铁路清洁能源化、绿色低碳化。强化铁路节能环保监测管理,推进污染达标治理。有效防治铁路沿线噪声、振动。

5. 拓展互利共赢的开放合作空间

(1)打造互联互通铁路通道网络

积极推进与周边国家铁路基础设施互联互通,构建互联周边、联通亚欧、辐射"一带一路"的铁路国际运输大通道。加强与其他国家铁路规划建设对接,注重分类策施,推进重点项目共商共建共享。加快西部陆海新通道建设,高效衔接"一带一路",提升内联外通水平,助力陆海双向开放。

(2)完善国际铁路物流服务体系

围绕发挥中欧班列战略通道作用,开辟境外新通道,培育班列枢纽城市,合作建设境外枢纽节点,形成便捷高效的国际铁路联运网络。加强统一品牌建设,推进智慧便利大通关,打造丝路数字班列。优化班列运行线路,促进中转集结和集拼集运,完善境外经营网络,扩展稳定回程货源,统筹推进铁海联运,拓展供应链服务,提高班列发展质量效益。深化多层次多领域合作,建立统一规则体系,发挥中欧班列运输联合工作组作用,完善班列国际合作机制。

(3)深化铁路国际交流与合作

积极主办或参与高水平国际铁路交流活动,加强铁路国际交流互鉴和对外宣传。完善国铁集团在企业层面牵头铁路走出去工作机制。发挥中老铁路、雅万高铁"一带一路"标志性工程项目示范引领作用,推进铁路全方位高质量走出去。积极参与铁路国际组织重要活动,深化铁路国际规则和标准制定合作,不断增强在铁路国际组织中的话语权。加快中国铁路技术标准国际化,提升中国铁路品牌的国际影响力。

第二节 铁路牵引领域低碳实践

铁路作为终端用能部门,其能源消耗主要包括两大部分:一是由完成运输活动的各种运输工具直接消耗的能源,就是通常所说的列车牵引能耗;二是服务于列车运行的站、段、所的建筑能耗和设备能耗,统称为非牵引能耗。经过统计,铁路列车牵引能耗占整个铁路运输行业能耗的比例最高,铁路车牵引领域是铁路主要耗能领域,也是铁路推行低碳发展的主要技术领域之一。

一、机车永磁同步牵引系统

(一)技术简介

牵引传动系统是高速动车组实现机电能量转换的"心脏"单元,其性能在某种程度上决定列车的动力品质、能耗和控制特性,也影响着列车的经济性、舒适性与可靠性,因而是节能升级的关键系统。第一代世界轨道交通牵引系统是直流电动机牵引系统,第二代是起步于20世纪70年代的交流异步电动机牵引系统,也是当前的主流技术。永磁同步牵引系统是继直流电动机牵引系统、交流异步电动机牵引系统之后的新一代列车牵引系统。

永磁同步牵引系统由永磁同步电动机和主变流器等组成。与普通列车采用的交流异步电动机牵引系统相比,采用了永磁同步牵引系统的列车最大的优势是将效率更高、噪声更小、更节能环保的永磁电动机作为牵引动力,从根本上有助于实现低碳绿色出行。

永磁同步电动机相较于交流异步电动机有诸多优势。首先,永磁同步电动机的转子上安装有永磁铁,无需励磁电流,因此可以实现更高的功率因数和更低的定子铜耗。转子转速与旋转磁场同频,基本消除了转子铁耗和转子铜耗。因此永磁同步电动机的效率可高达97%以上。相比交流异步电动机牵引系统,永磁同步牵引系统的效率在全速度范围内均有一定提高。其次,与同等级的交流异步电动机相比,永磁同步电动机的体积和质量可以减小20%~30%,因此功率密度显著提高。在同等尺寸和质量的条件下,永磁同步电动机可以实现更大的转矩,因此可以实现直接驱动,取消了齿轮箱,具有提高传动系统效率、降低噪声、免除齿轮箱的维护成本等优点。此外,永磁同步电动机效率的显著提高意味着其自身发热的减少。特别是对于转子,永磁同步电动机的转子发热量较低,这有利于电动机的全封闭设计。全封闭电动机设计不仅免除了定期解体清扫电动机内部的维护工作,而且明显地降低了噪声。

(二)发展应用案例

自 2000 年以来,法国的阿尔斯通公司、加拿大的庞巴迪公司、德国的西门子公司、捷克的斯柯达公司、日本的东芝公司等先后将永磁同步牵引系统进行商业化应用。阿尔斯通公司研制的 AGV 高速列车最高速度可达 360 公里/小时,该车辆已于 2008 年下线,并帮助阿尔斯通公司创造了 574.8 公里/小时的世界铁路第一速度。

在国内以中车株洲电力机车研究所有限公司(简称中车株洲所)为代表,于 2012 年和 2014 年分别在地铁车辆上和动车组上对其永磁同步牵引系统进行考核。该系统目前已经在我国长沙、沈阳地铁线路列车牵引系统成功应用,中车株洲所已完成永磁同步电动机的高速动车组的装车和整车调试。

2014 年,永磁同步牵引系统在 CRH380A 动车组上得以试验应用,标志着我国动车牵引技术的重要突破。应用试验结果证明,永磁同步电动机效率可达 97%,该系统明显降低了高速动车组的牵引能耗。

相对于铁路领域,永磁同步牵引系统目前在我国地铁车辆中应用较为成熟,根据目前该系统在长沙、沈阳地铁线路的应用效果,初步估计采用该牵引系统节能效果在 10% 以上。

根据统计,牵引系统能耗约占铁路总能耗的 70% 左右,因此,改进和创新牵引系统是国内外铁路机车车辆发展的方向。机车永磁同步牵引系统的电动机功率质量比接近 1,电动机效率 97% 以上,与现有的交流异步电动机牵引系统相比,噪声可降低 3~7 分贝,节能效果一般在 10% 以上。随着相关技术的不断完善,永磁同步牵引系统未来在铁路机车牵引方面有着十分广阔的应用前景。

二、列车牵引供电系统制动能量回馈技术

(一)技术简介

列车牵引供电系统制动能量回馈技术也可称为列车再生制动能量回收利用技术,它是电力机车在制动时控制牵引电动机的输出转矩与电动机的转速方向相反,从而使牵引电动机处于发电状态,并将此时电动机产生的电能返送回接触网或者被其他牵引车辆吸收。不同于传统的动力制动把制动能量转化为热量浪费掉,采用该技术,在列车制动时可将原本用于车载或地面制动电阻上的列车制动能量回馈到 35 千伏/10 千伏等交流公用电网,供给交流公用电网中的其他牵引车辆或者其他用电设备使用,实现能量回收再利用。结合储能装置,反馈到电网的能量可以经客站的储能装置进行储存,需要时供给客站内耗能设备使用,因此该项技术的节能效果较为可观。

再生制动能量回馈技术主要包括能耗型、储能型和能馈型三种方式,其中储能型和能馈型的回馈方式应用最为广泛。储能型回馈技术包含电池储能、飞轮储能、超导储能和超级电容储能,该技术可以将再生制动能量进行存储,在需要的时候释放出来供机车设备或站内其他耗能

设备使用,充分提高了能量的循环利用效率,是近年来再生制动能量回馈技术研究的热点。而能馈型回馈技术包括直接回馈和独立站点回馈,既可以将能量直接回馈给邻近线路运行车辆,又可将能量反馈到低压10千伏电网供各站点设备使用。

随着交流牵引传动技术的进步与发展,再生制动技术在高速列车中得到普遍应用。高速列车再生制动时产生的电能按流动路径主要分为两种:一种是在牵引网内流动,如供给在同一供电臂中的其他列车使用;另一种是通过牵引变压器流入公用电网。此外,可发挥合理行车调度的功能,将再生制动能量优先用于牵引机车,再将剩余制动能量存储起来,最大限度地利用全部再生制动能量。此外,可以在牵引负荷取流高峰时将储存的再生能量进行释放,供线路上的牵引机车使用,有效减小牵引变压器的安装容量需求,降低电网峰值取能。

通过各种能量回收利用方案比较分析可知,地面存储为最优可行性方案,能够保证部分再生制动能量优先被牵引机车使用,发挥合理行车调度的效能,减小储能单元的功率和容量需求,而且可以降低牵引变压器安装容量、单供电臂负荷功率峰值和变电所最大需量,具有最佳综合效益。

(二)发展应用现状

目前,我国铁路列车制动时优先采用再生制动方式,牵引电动机转换为发电机运行,将制动减少的动能转换为电能返送至牵引网。在重载、长大坡道线路或铁路枢纽站所,列车再生制动能量甚至可达到牵引能量的10%~30%。然而,目前高铁再生制动能量利用率极低,若能提高再生制动能量利用率,高铁能耗问题将得到明显改善。

由于高铁的供电方式为交流供电制式,负荷功率高,波动性大,运行工况复杂,牵引/再生制动工况交替频繁,且具有与电力系统能量双向流通的特点,城轨交通系统中再生制动能量的储能利用和能量回馈利用技术与方法不适用于高速铁路。研究发现,单个再生制动过程再生制动能量较少,但总再生制动能量丰富,且主要由短时间大功率和长时间大功率两类典型再生制动过程产生。

随着对再生制动回馈相关技术研究的深入,列车再生制动能量回收利用系统应根据牵引负荷变化和沿线配电所负荷变化实时调整各部分设备运行方式和控制策略。将列车再生制动能量不仅应用于相同供电臂上牵引工况列车,同时更多地应用于沿线车站、动车所及通信和信号设备,大大提高能量回收利用效率。因此,应更多地研究应用储能、能量回馈系统相结合的再生制动能量回收利用系统,最大限度地提高能量利用效率和灵活性。

近年来,国内研究机构和学者对铁路再生制动牵引供电系统构造方法、变流器控制技术、储能系统组成技术和能量回馈系统控制方法进行了深入研究,并通过小型模拟实验装备验证了再生制动回收利用系统的节能效果和经济效果。

目前已有研究提出了适用于电气化铁路的再生制动能量储能和能量回馈利用方案。但现有的储能和能量回馈方案的研究仅关注方案的拓扑结构、工作原理及控制方法,并未涉及负荷特性、节能效果、经济性等关键因素的分析,无法评估方案的再生制动能量的利用效果。胡海涛等人针对不同牵引变电所负荷特性的差异,提出储能型和储能+能量回馈型两种再生制动能量利用方案,并制定相应的能量管理策略及控制方法。对所提方案进行节能效果和经济性分析,分析结果表明提出的方案能有效提高再生制动能量利用率,且具有明显的节能效果和经济性。最后,通过实验验证所提方案能量管理策略及控制方法的正确性和可行性。

以胡海涛等人在某牵引变电所应用"储能+能量回馈型"再生制动回收利用技术为例,设置储能系统充放电功率阈值30兆瓦,容量阈值300千瓦·时。设置储能系统和能量回馈系统后,牵引供电系统每天最大需量减少975.96千瓦,降低了2.05%。在电量节约方面,牵引变电所每天能节约15.22兆瓦·时电量,节电比例为3.54%。在铁路10kV配电系统负荷高峰时段牵引供电系统中没有再生制动能量产生,无法进行再生制动能量回馈,因此铁路10千伏配电系统最大需量没有降低。在电量节约方面,铁路10千伏配电系统每天能节约6.29兆瓦·时电量,同设置回馈系统前相比,节电比例为8.12%。应用该再生制动回馈系统总计每天可节电21.51兆瓦·时。

成本方面,该项目设置的30兆瓦、300千瓦·时的储能系统以及6兆瓦的能量回馈系统总成本为4100万元。其中超级电容和变流器的总价均超过千万元,分别达到1800万元和1770万元。设置储能系统和能量回馈系统后,牵引供电系统基本电费、电度电费和附加电费分别降低2.05%、3.54%和1.39%,年总电费节约比例为3.13%,共节约366.66万元。铁路10千伏配电系统电度电费和附加电费分别降低8.12%、4.54%,年总电费节约比例为6.83%,共节约133.63万元。根据全寿命周期的成本和收益可得出方案的总收益。由于方案的投资成本高达4100万元,因此成本回收期较长,在第9年时收回成本。方案在全寿命周期内实现盈利,总收益约为3460万元。

相对于传统的再生制动能量,储能型和储能+能量回馈型再生制动能量利用方案均能有效提高再生制动能量的利用率,具有良好的节能效果及经济性,对实现高速铁路的节能减支具有重大作用。

三、新能源动力型机车

(一)技术简介

新能源动力型机车是指采用太阳能、风能、氢能等新能源以及磁悬浮等作为牵引动力的新型机车。不同于现有的电力及内燃机车,新能源动力型机车牵引动力更加清洁和低碳,机车运行基本上不排放有害物质,在节约传统能源的同时有效减少了对环境的污染,实现了真正的低碳、绿色、环保、无污染。

(二)发展应用现状

面对日渐严峻的环境问题,世界上多个国家都在新能源动力型机车方面开展了大量研究和应用工作。其中,英国、意大利、德国、比利时、荷兰、法国、俄罗斯、日本等国家在新能源动力型机车研发应用方面相继研发出以太阳能、风能、氢燃料、天然气为动力的新型列车,为列车牵引及列车空调、照明等供电。

氢能源列车近年来逐渐成为国际上争相研究和推广的新型列车。其中,法国阿尔斯通公司已于2016年研制出世界首列氢燃料电池驱动列车。2018年9月17日,全球首列氢能源火车在德国投入使用。凭借燃烧性能好、发热值高、低噪声、零排放、零污染等优势,氢燃料机车具备良好的发展前景。我国目前也已在氢燃料机车领域开展了相关研究,2017年10月,中车唐山机车车辆有限公司研制的世界首列商用型氢燃料电池有轨电车全球首次商业运营。2019

年,世界首条商业运营的氢能源有轨电车在广东佛山正式上线。

高速磁悬浮列车是依靠磁悬浮力来推动的列车,通过轨道的磁力使之悬浮在空中,运行时无须接触地面,因此其只受来自空气的阻力。磁悬浮具有低能耗的特点,日本和德国的研究试验表明,在时速 300 公里时,磁悬浮列车每座位公里能耗比相同时速的高速轮轨列车降低 33%;在 500 公里的时速下,磁悬浮列车每座位公里能耗仅为飞机的三分之一。2016 年 5 月,我国自主设计、自主制造、自主施工、自主管理的磁悬浮工程在长沙投入使用,时速 100 公里,标志着我国成为继德国、日本、韩国后全球第四个掌握中低速磁悬浮技术的国家。2019 年 5 月,我国时速 600 公里高速磁悬浮试验样车在青岛下线,2021 年 7 月,我国时速 600 公里高速磁悬浮交通系统在青岛成功下线。

总体来说,我国在新能源动力型机车研究方面起步较晚。但近年来,我国在氢能源列车、磁浮列车研发领域逐渐发力,并取得了一定的领先地位。但在以太阳能、风能、天然气及蓄电池为动力的新能源机车研究方面仍缺乏试验性及产品化研究。

四、混合动力机车

(一)技术简介

混合动力机车是采用氢燃料电池、锂电池蓄电池及新能源驱动与传统燃油动力或电力驱动相结合的动力机车。混合动力机车可在功率需求不大时采用电池驱动列车运行,相比内燃机车,其节能环保效果明显;同时蓄电池可实现机车再生制动能量的回收,能源利用效率大大提高。混合动力机车打破了机车单一能源驱动的局限性,丰富了机车牵引动力能源的多样性,有效增强了机车牵引用能的灵活性和可靠性。此外,新能源动力的引入使得机车运行更加节能和低碳,对于部分采用内燃机车的线路区域可以有效减少柴油消耗对环境的影响,有效提高机车节能环保效果。

按照动力来源不同进行组合,目前的混合动力机车可分为如下形式:内燃机 & 接触网、内燃机 & 蓄电池、接触网 & 蓄电池、内燃机 & 燃料电池、燃料电池 & 蓄电池。

内燃机 & 接触网混合动力机车:在原有柴油发电动机组基础上,增加接触网受电的电力牵引装置。在便于从接触网受电时,采用接触网的电力作为牵引动力;而在接触网无法供电或进入非电气化铁道时,则采用内燃机牵引。

内燃机 & 蓄电池混合动力机车:在柴油发电动机组基础上,增加蓄电池作为辅助动力。依据功率需求,可以将其中一类作为主牵引动力,另一类作为辅助动力。蓄电池也可以用于回收再生制动能量。

接触网 & 蓄电池混合动力机车:在常规电力牵引的基础上,增加一定容量的蓄电池作为储能单元。通常采用接触网电力作为牵引动力;当接触网无法供电或进入非电气化铁道时,则采用蓄电池的电力进行牵引。蓄电池同样可以回收再生制动能量。

内燃机 & 燃料电池混合动力机车:在柴油发电动机组基础上,增加燃料电池作为辅助动力。依据功率需求,可以将其中一类作为主牵引动力,另一类作为辅助动力。

燃料电池 & 蓄电池混合动力机车:在燃料电池基础上,增加蓄电池作为辅助动力。蓄电池可回收再生制动能源。燃料电池 & 蓄电池混合动力机车被认为是具有广阔前景的一类新能源机车,其结构原理图如图3-1所示。

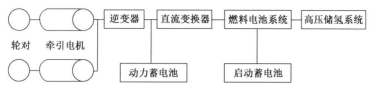

图3-1 燃料电池&蓄电池混合动力机车的结构原理图

混合动力机车由混合动力传动装置提供牵引动力。混合动力传动装置从两个独立的车载能源获取牵引力。其中一个能源装置是传统的燃油箱,另一个装置根据不同的限制条件(功率、可靠性、寿命期成本等)选取。在装有监测、控制、冷却装置等必要外围设备的机车上,混合动力传动装置至少可以用作附加能源。采用这种方案通常需要降低柴油机功率并相应地缩小柴油机尺寸,这是因为无法通过其他方式获得额外的安装空间,而且也不能超出机车的允许质量。

混合动力列车一般启动时由蓄电池带动,正常行驶时主要由内燃机发电提供电力,上坡等情况下蓄电池提供电力协助加速,下坡、减速等情况下电力可回馈给蓄电池。没有受电弓,一般也无须充电,该种类型列车可节约燃料并(在起步、加速和爬坡时)提高输出功率。

混合动力机车当前的一项关键技术是混合动力的能量管理及分配。在满足车辆动力需求的前提下,获得最高的总体效率,降低燃料的消耗。其核心在于发电动机及辅助能源的功率分配,确保车辆动力的同时优化各单元的性能。与燃料电池机车相似,混合动力机车也具有基建成本低、运行可靠性高、节能减排等优势。

(二)发展应用现状

柴油内燃机车目前仍旧在美国、澳大利亚、德国等多个国家广泛应用,此类机车运行时不仅消耗大量燃料,而且产生废气。根据德国航空航天中心的研究,采用混合动力推进系统的列车在德国具有巨大的市场潜力,并可能在20年内取代德国大部分的柴油内燃机车。目前,柴油内燃机车在德国400多条区域铁路线上运行,研究表明,到2038年,德国将拥有多达2500列混合动力列车的市场潜力。

英国机车制造商开发的蓄电池牵引系统可在7分钟内为其230级动车组的蓄电池充满电,充满电后的运行里程可达100公里,该列车通过自动连接到轨道上的受电弓获取电力,并使用了一种能够承受充电过程中高热量的碳陶瓷材料。

2010年11月,中国南车集团资阳机车有限公司牵头研制的国内首台$CKD_{6E}5000$型混合动力内燃调车机车成功下线。该机车混合动力系统采用串联方式,采用600千瓦的柴油机和短时功率为250千伏的磷酸铁锂蓄电池组作为动力。机车主传动系统采用交—直—交传动,装有4台牵引电动机,每台牵引电动机与牵引变流器模块一一对应采用轴控方式进行独立控制。辅助交流传动系统与主传动系统共用中间直流电压,在国内内燃机车设计中属于首创。$CKD_{6E}5000$型机车通过将机车机械制动力与交流牵引电动机发电电流及功率控制相结合,实现了制动能量的回收,进一步减少了燃油的消耗和排放。根据混合工况的不同,机车能节省30%~50%的燃油,并减少30%~50%的废气排放。

继 CKD$_{6E}$5000 机车后,中国南车集团资阳机车有限公司 2012 年开发研制了功率等级 2000~2500 千瓦的大功率混合动力交流传动调车机车 HXN6,是目前世界上功率最大(2200 千瓦)、牵引动力最强的油电混合动力内燃机车。其配备 1250 千瓦的柴油发电动机组和 1100 千瓦·时的大容量动力蓄电池组,采用主辅共中间直流环节的交流传动系统;机车可采用动力蓄电池组单独驱动、柴油发电动机组单独驱动和二者共同驱动共 3 种工况。由于配备了大容量蓄电池组,仅由蓄电池组就可以完成绝大部分调车作业,柴油机可以不工作,在柴油机和动力电池混合供电情况下,最大轮周功率可达 2800 千瓦。机车具有动力制动能量回收功能,机车制动时采用电制动优先原则,尽可能多回收能量,为动力电池充电,达到节能的目的。机车已经完成了寒冷地区和高温地区运用考核试验,结果表明,在同等作业条件下,HXN6 型机车对比 HXN5 型机车、DF4C 型机车节约燃油并降低废气排放 40% 以上。同等条件下,调车编组作业期间,比 HXN3B 型机车节油并降低废气排放 30% 左右,减少柴油机 80% 噪声时间;推峰作业期间比 HXN5B 型机车节油并降低废气排放 20% 以上,并减少柴油机 75% 噪声时间。

虽然我国在混合动力机车研究方面起步较晚,但近年来,我国在油电混合动力机车研发领域逐渐发力,研发出时速 100 公里的调车机车并出口德国。

由于实现轨道电气化耗资巨大且耗时,而混合动力有轨电车可以从现有的架空线或从电池中获得动力,而无须接触线,因此混合动力推进系统是一种低排放的有效替代方案。混合动力推进系统的使用,不仅取决于距离和电气化程度,还取决于投资和维护成本。目前有电池支持的混合动力列车的续航里程长达 100 公里,因此它们特别适合易于电气化或已经拥有架空电力线的线路。在没有架空线的长距离线路,以及只有少量架空线的线路上,燃料电池是更好的选择。如果该地区的新能源制氢成本经济性较好,那么燃料电池就极为适合。

五、电气化铁路 220 千伏节能型卷铁芯牵引变压器

(一)技术简介

电气化铁路 220 千伏节能型卷铁芯牵引变压器采用卷铁芯制造工艺,变压器铁芯采用硅钢片带料连续卷制成封闭形铁芯并经高压退火消除应力而成,相对于传统叠铁芯变压器,其空载损耗、噪声有较大幅度降低,同时具有过负荷能力、短路承受能力强等特点。

电气化铁路 220 千伏节能型卷铁芯牵引变压器的关键技术是卷铁芯制造工艺。大中型卷铁芯变压器和小型卷铁芯变压器有很大差异。铁芯需要增加散热油道,这给铁芯卷绕、退火、绑扎带来很大困难,需要对铁芯油道的材料、结构和铁芯的卷绕方式进行研究。由于铁芯体积大幅增加,为保证铁芯卷制、线圈绕制、铁芯退火等生产流程质量,必须深入研究大型卷铁芯变压器的制造工艺。器身结构对变压器的电气性能和抗突发短路能力至关重要,如何配合卷铁芯的形状来设计绝缘结构和压紧结构是器身结构研究的关键。

(二)发展应用现状

2015 年 2 月,该变压器在山西中南部铁路通道王家庄牵引变电所投入运行,自投入运行以来,质量可靠,运行正常,噪声低,实测为 47 分贝;损耗低,较常规变压器每天节约用电逾 500 千瓦·时,全年节电近 20 万千瓦·时,节电效果显著。

目前国内外已经能批量生产 35 千伏及 6300 千伏·安以下的配电变压器,但 110 千伏以

上大型电力变压器及牵引变压器受工装设备技术水平所限,制造难度较大,在电气化铁路 220 千伏节能型卷铁芯牵引变压器研制之前国内外均为空白。根据变压器原理可知,变压器容量越大,同等时间耗能越多。目前铁路 220 千伏牵引变电所数量众多,牵引变压器产生的能耗不容小觑。

该变压器相比传统叠铁芯没有接缝,空载损耗和空载电流大幅降低,每天节约用电 500 多千瓦·时,全年节电近 20 万千瓦·时,节电效果明显,同时在低噪声和抗短路能力等方面性能也得到大幅提升。该产品可在新建线路和既有线改造工程 220 千伏牵引变电所中采用。推广应用后将为电气化铁路运行节约大量电能,具有广阔的市场前景。

第三节　铁路非牵引领域低碳实践

随着近年来高速铁路的飞速发展,铁路非牵引领域能耗总量和比例不断提升。经过统计,铁路非牵引领域的能耗主要集中在铁路大型客站及站段的建筑能耗,包括铁路建筑内空调、照明、供暖、围护结构等主要能耗方面。铁路非牵引领域的节能降碳技术措施便是针对以上各个领域实行的,主要包括通过采用光伏发电系统等新能源技术提高铁路新能源发电自用比例,应用铁路客站能源管控系统实现能源的综合管理和主要耗能设备的节能控制;应用二氧化碳空气源热泵替代传统的燃煤燃油锅炉;对建筑围护结构进行保温隔热改造;推广应用 LED 照明灯具和智能照明控制系统等。

一、推广应用光伏发电系统,提高铁路新能源发电自用比例

我国铁路对新能源技术的应用目前还主要集中于光伏发电技术领域,表现在铁路部分客站和物流基地建设的光伏发电系统。如今,光伏等新能源发电技术已经是实现碳达峰和碳中和目标的主要技术措施。

(一)光伏发电系统的主要应用模式

目前光伏发电系统的应用模式,主要分为离网式、并网式、混合式三种,各自系统组成如下。

1. 离网式光伏发电系统

离网式光伏发电系统为独立光伏发电系统,不与电网相连,适用于无电网边远地区。太阳能电池组件是系统唯一的能量来源。整个系统由光伏阵列、控制器、蓄电池、逆变器等部分组成。光伏阵列是系统的基本组成部分,其作用是将太阳能直接转化为直流电,通常只在白天有太阳光照的时候输出能量。蓄电池的主要作用是存储电能,以便在夜间或者光照不足时保证负载正常用电。当光伏阵列发出的电能超过负载需求时,多余能量可存储在蓄电池中;当光伏阵列发出的电能不能满足负载需求时,蓄电池作为补充电源向负载供电。控制器主要实现光伏电池的控制和蓄电池的能量管理。逆变器的作用是将直流电逆变为与交流负载相匹配的交流电。在铁路上一些远离电网的山区和沿线部分路灯及信号灯会采用离网式光伏发电系统。离网式光伏发电系统运行流程图如图 3-2 所示。

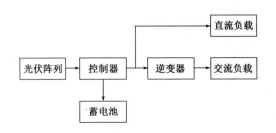

图 3-2　离网式光伏发电系统运行流程图

2. 并网式光伏发电系统

并网式光伏发电系统是指通过并网逆变器与公用电网连接组成的系统。并网式光伏发电系统一般由光伏阵列、逆变器、控制器和电网等部分组成。其中光伏阵列是系统的动力端,将太阳能转化为电能,逆变器将光伏阵列所发出的直流电逆变成正弦电流并入电网或者向交流负载供电;控制器实现光伏阵列最大功率点跟踪、逆变器并网电流输出。并网式光伏发电系统分为集中式(大型,一般都是国家级电站)和分散式(小型,常见为光伏建筑一体化系统)两种。并网式光伏发电系统运行流程图如图 3-3 所示。

图 3-3　并网式光伏发电系统运行流程图

3. 混合式光伏发电系统

混合式光伏发电系统将一种或者多种发电方式同时引入光伏系统中。其除了使用光伏阵列外,还增加了发电动机组作为备用电源。它综合了各种发电技术的优点,同时避免了各自的缺点。当光伏阵列不能满足负载用电需求时,启动发电动机组给负载供电。发电动机组还可以通过整流给蓄电池供电,所以采用发电动机组作为备用电源,能够满足用户的不同用电需求,大大降低负载缺电率。混合式光伏发电系统运行流程图如图 3-4 所示。

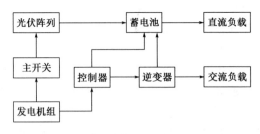

图 3-4　混合式光伏发电系统运行流程图

根据不同应用场所可将以上三种光伏发电系统分为小功率(1 兆瓦以下)和大功率容量(1 兆瓦及以上)系统。目前我国铁路主要应用并网式光伏发电系统。该系统在使用过程中根据不同场景还需配备直流配电柜、交流配电柜、升压变压器等配套设备。当白天日照充足时,光伏系统发出的电用于铁路自身耗能设备用电,节约高昂的商业电费,多余的电量反馈给电网获取收益,不足的电量由电网补充,同时获取一定的地方补贴,在满足铁路用电安全的同时,保证了光伏系统应用的最大效益。

(二)铁路应用光伏发电系统现状

从20世纪80年代开始,我国铁路采用太阳能光伏发电系统为铁路沿线不易接入电网的信号灯、通基站和值班室提供电力。随着光伏发电技术的不断成熟和应用的增加,在铁路运输企业中的应用范围也进一步扩大。2008年北京奥运会建设过程中,北京南站和青岛火车站安装了大量光伏发电系统;此后,武汉火车站、杭州东站、上海虹桥站、南京南站、广州南站等相继部署了光伏发电系统,青藏铁路沿线设计并安装了35座千瓦级无人值守的光伏发电站,秦沈客运专线沿线安装光伏发电系统。除了铁路客站以外,物流基地、铁路党校、动车段等相继建设和应用了光伏发电系统,根据应用结果发现,该系统的节能降碳效果良好,减少了该区域二氧化碳排放。

1. 建设模式

经过对全国不同区域铁路局集团的调研,目前光伏发电系统在铁路的建设情况按建设主体主要分为两类:一类是由政府或非铁路运输企业投资建设的,另一类是由铁路运输企业或其控股的企业投资建设的。铁路运输企业或其控股的企业投资建设的光伏发电系统一般采用自发自用、余电上网的方式。政府或非铁路运输企业投资建设的光伏发电系统一般采用租用站房、全额并网的方式。但由于经济效益并不理想,近年来,政府或非铁路运输企业投资建设的光伏发电系统也逐渐采用自发自用、余电上网的方式进行建设和运营。

目前我国铁路建设的光伏发电系统多采用光伏建筑一体化中的BAPV(附着在建筑上的光伏系统)安装型方式,将光伏板铺设于客站雨棚或建筑屋顶。采用的光伏电池组件主要为多晶硅电池,也有单晶硅、非晶硅和薄膜电池组件。并网方式有高压并网和低压并网两种,高压并网采用升压变压器升至10千伏并入电网,低压并网通过客站变配电所的380伏电压并入电网。

2. 应用经济效益分析

由政府或非铁路运输企业投资建设的光伏发电系统应用于北京南站、天津西站、上海虹桥站、杭州东站、武汉火车站、广州动车段等。这些光伏发电系统按建设时间分为两部分:一部分是2008—2013年建成的,这部分光伏系统大多起到示范作用,经济效益较差,投资和成本回收不匹配,大多难以回收成本。另一部分是近年来建成的,如广州动车段,不仅建设成本大大降低,还享受了国家光伏补贴。此外,这部分建设的光伏发电系统发出的电用于车站使用,成本有所下降,经济效益有所提升。

由铁路运输企业主导投资建设的光伏发电系统应用于上海铁路局党校、长兴综合物流园区等,这些光伏发电系统建设时间较晚,技术相对成熟,光伏发电效率较高,光伏系统造价较低,节能经济效益比较明显。自发自用、余电上网的方式有明显的经济效益,铁路运输企业采用这种方式在获得国家和地方补贴的同时,除了能节约高昂的商业用电费用外,还能将多余的电卖给电网获取一定的收益。尽管近几年国家取消了光伏上网补贴,但自用电仍旧具有很好的经济效益,因此采用自发自用、余电上网的运营方式是十分划算的。但是,目前铁路光伏发电系统的整体发电自用比例仍旧不够高,在未来铁路应用中需要进一步提升。

(三)铁路应用光伏发电系统前景

目前,光伏发电技术已相对成熟,在多个公共建筑、园区等均有所应用且取得了良好的节能效果,因此,将光伏发出的电应用于铁路客站等场所已经不存在太多的技术问题。随着光伏电池的转换效率不断提升和生产成本的逐年降低,以及电力电子技术的发展,现有的光伏发电质量完全能够满足国家电网的并网消纳要求,这些为光伏发电系统在铁路的应用提供了良好的基础条件。随着国家碳达峰碳中和目标的提出,在铁路绿色发展和提质增效的大前提下,光伏发电技术在铁路有着良好的应用前景。

由于铁路行业光伏发电应用项目开发相对较晚,目前仅用于少数高铁车站和青藏铁路沿线,其他方面的开发基本没有展开,铁路运输企业中大部分能用于安装光伏发电设备的空间资源(土地和屋顶)没有被利用起来,将来开发利用的潜力非常可观。尤其是像青藏铁路沿线和西北的广大区域,光照十分充足,光伏应用前景更为广阔。铁路有大量大型场站,如高铁车站、大型客货车站、物流中心、车辆检修基地等;铁路沿线站区、铁路系统生活区,都有大量屋顶可以用来建设光伏发电系统。此外,铁路路网规模的不断扩大,必然带来能源消耗量的增加。铁路应用光伏发电系统,除了满足自身用电需求节约大量电费外,还可以通过余电上网的方式获取利润,产生良好的经济效益,在节能减排的同时对铁路的提质增效起到重要作用。另外,应用光伏发电系统还有利于提高铁路新能源发电应用比例,优化铁路能源消费体系。在国家碳达峰碳中和战略和铁路绿色发展的内在需求下,随着电力电子和电网技术的发展,光伏发电质量进一步提升,光伏发电技术在铁路中的推广应用前景将更加广阔。

(四)铁路推广应用光伏发电系统建议

目前,光伏发电系统在铁路部署的主要方式为安装于站台雨棚和站房屋顶之上,但这种安装方式存在安全隐患和后期不易维修、更换等问题,建议有条件的安装在空余站场地面或单独房屋屋顶,后期可尝试利用铁路各站段、物流基地等场所的建筑或空地安装光伏发电系统,提高土地资源利用率。

对于未来铁路光伏发电系统运营模式,自发自用、余电上网的方式仍旧是铁路运输企业应用光伏发电系统最合理的方式,此种模式下用户获得的经济效益最大,投资回收期最短,且用户的自用比例越高,经济性越好。因此,建议铁路站房等区域采用分布式光伏发电系统,上网模式采用"自发自用、余电上网",并根据地域限制、投资规模和站房实际用电量需求设计光伏发电系统安装容量,尽可能保证站房用电占光伏发电系统发出的电的比例越高越好。此外,对于铁路,建议安装带有远程自动监测功能的光伏发电系统,方便用户实时掌握光伏发电系统发电及用电情况,及时发现系统损坏情况,实现系统诊断、定位和预警功能,提高光伏发电系统的安全性、可靠性和系统发电效率。

为了更好地吸收和消纳光伏发电系统产生的电,还可结合储能和电动汽车充放电系统,组成智能微电网系统,实现站内用电资源的最优化调配。

二、推广应用铁路客站能源管控系统

(一)技术简介

铁路客站能源管控系统可满足管理者通过一个页面掌握整个客站的能源消耗情况及需

求。不同于单一的设备节能管理系统,该系统通过融合各能耗子系统,实现对能源消耗的精细化管理系统,包括对客站内各类能源消耗系统的日常实时监控、能耗分析、重点用能设备自动控制和远程控制等,帮助客站管理者制订科学合理的考核、评价管理制度,提高整个客站能源管理的数字化、科学化和智能化水平。

铁路客站能源管控系统由现场设备层、数据采集层、网络通信层、系统管理层组成。其中,现场设备层位于系统最底层,包括空调暖通、电梯、照明等客站内各类用能设备。数据采集层由数据采集终端、智能控制器、各类采集仪表和传感器组成,其中,数据采集终端负责实时采集各类能源监测仪表的用量数据,智能控制器负责传达控制中心对现场用能设备的控制指令。网络通信层主要完成现场设备与主控服务器之间的网络通信连接、数据交换、通信协议转换,提高系统的实时性、兼容性和扩充性。系统管理层是整个系统的决策层和展示层,用户可以通过互联网远程访问系统网页,实时监测和查看客站内各类负荷的能耗情况。用户也可以通过智能手机、iPad 等移动设备随时随地对空调、照明等相关负载进行远程控制和智能控制。

铁路客站能源管控系统架构搭建基于云计算技术,具有多用户、分布式管理,海量数据存储,辅助节能管理、决策等特点,对建筑内的供配电、供暖、空调(新风)、照明等系统和光伏等可再生能源发电系统的使用状况进行实时监测、数据统计分析、辅助决策、分散控制,以满足铁路节能管理工作需求为出发点。通过云服务的模式为建筑物提供能效分析,发现能耗漏洞、优化能源使用控制策略,进而提高建筑物内的设备管理、能源使用和智能控制水平,在不牺牲人员舒适度的前提下,节能降耗,延长设备使用寿命,为智慧建筑提供基础平台。

铁路客站能源管控系统以能源管理和节能决策为目标,实时采集客站内各类耗能设备系统的运行信息与能耗相关的数据,通过分析、控制和管理等手段,优化用能,消除能源浪费,提高客站运营管理的效率与服务质量,实现客站能源消耗的最低成本控制。

(二)发展应用现状

铁路客站能源管控系统从 2013 年进行试点推广应用,在桂林站、上海虹桥、北京北站、长沙南站、武汉动车段以及京雄、京张等多个客站进行了推广应用。应用过程中,铁路客站能源管控系统除对客站内各类用能设备进行能耗数据采集和监测外,还能根据环境变化实现对重点用能设备的自动控制,如根据室内温湿度变化实时调整空调系统的开关和风量大小,保证舒适的候车环境。系统具有分项计量、能效分析、节能诊断、报警管理、报表生成、自动控制等多种功能。在应用该技术时发现,大部分系统均取得了较为理想的节能效果,将传统的能源管理升级为现代信息化、远程化和自动化管理,有效提高了客站综合能源利用效率。

三、推广应用二氧化碳空气源热泵技术

(一)技术简介

空气源,又称空气能,即空气中所蕴含的低品位热能。空气源热泵热水器实质上是利用逆卡诺循环的制冷原理,通过从周围环境中获取低品位热能,经过电力提升温度后输出到冷凝端,产生可被人们所用的较高品位热能的设备。制冷剂的能量传递特点,使制冷剂在压缩机的作用下循环工作。制冷剂在蒸发器中不断地被蒸发而吸收空气(或水)中的热能,同时又不断地在冷凝器中释放热量从而使制冷剂循环工作,最大限度地减少热传递所需的用电量,达到高

效节能的目的。

二氧化碳空气源热泵技术以二氧化碳为传热介质,低压低温的二氧化碳气体经压缩机加压后达到超临界状态,高压高温气体经过专用冷凝器加热冷水(转移高品位能量),冷却后的二氧化碳气体经膨胀装置减压成液态或二相态,进入蒸发器吸收热量(获取低品位能量),蒸发后的二氧化碳气体再次进入压缩机被压缩成高温高压气体(成为高品位能量),从而实现热力学循环。

(二)发展应用现状

2013年以来,二氧化碳空气源热泵技术先后在中国铁路北京局集团有限公司、中国铁路沈阳局集团有限公司等多个站点进行了节能改造工程应用,并取得了十分理想的节能环保效果。二氧化碳空气源热泵技术已经成为北方站区供暖方式改造和新建项目供暖方式选择的主要技术措施。

经过对多个项目应用的后期评估,改造后的项目运行平稳,冬季采暖能耗和运营成本大幅下降,污染物实现零排放,职工的生产、生活条件得以改善,取得了比较显著的经济和社会效益。

以2016年沈阳铁路局大连地区部分生产房屋采用二氧化碳空气源热泵技术替代原有的燃油锅炉改造项目为例,根据一个供暖季的运营结果显示,项目改造后一个采暖期能源消耗量共81.2吨标准煤,比改造前节约466.9吨标准煤,减少二氧化碳排放212.2万吨,节能率为84.1%。运营费用共102.08万元,比改造前节约414.42万元,静态投资回收期为4.08年。每年可减少二氧化硫排放1791千克,减少氮氧化物排放1314.59千克,减少烟尘排放36106千克。

(三)未来发展建议

近年来,随着国家对节能环保和生态文明的日益重视,国铁集团采取多种节能环保技术措施控制和减少温室气体和污染物排放,促进铁路运输、生产、建设与生态环境协调发展。在北方多个铁路局,冬季采暖是我国主要的能源消耗形式之一,燃煤、燃油锅炉在铁路多个站段广泛使用。与此同时,采暖锅炉是二氧化硫和氮氧化物等大气污染物和温室气体二氧化碳的重要排放源,同时也是北方雾霾天气的重要诱因之一。因此,对传统的采暖锅炉进行改造成为改善我国北方铁路气候环境和实现铁路低碳发展的必要措施。

我国铁路沿线分布着大量的房屋建筑,具有功能繁多、工艺要求高、空间复杂、人员流动量大的特点,且很多不具备引入市政热力集中供暖的条件,大多采用燃煤、燃油锅炉的形式进行采暖。在各种锅炉采暖替代技术中,二氧化碳空气源热泵技术具有效率高、无毒环保等诸多优势,是国家大力发展的新技术之一。

我国铁路营业里程长,涉及地域广阔,自然环境温度变化大,单体建筑数量多。绝大多数建筑都需要冬季供暖、夏季制冷,几乎所有铁路建筑都有生活热水需求,此外,机车、车辆配件在维修中还有采用高温热水清洗的需求。因此,自2012年始,国铁集团先后在中国铁路沈阳局集团有限公司、中国铁路哈尔滨局集团有限公司等多个站点推广二氧化碳空气源热泵的供暖试点工作。经过后期供暖期评估测试,该项技术应用的节能率均在30%以上。由此可看出,二氧化碳空气源热泵技术不仅能满足供暖需求,提供舒适的工作环境,而且节能环保效果显著。

随着我国对生态环境的日益重视,未来可在我国北方各铁路局集团公司中小站区继续推动二氧化碳空气源热泵技术替代燃煤燃油锅炉。除了进行供暖改造以外,对于铁路新建建筑,也可推广应用二氧化碳空气源热泵技术,在末端采用风机盘管,满足冬季供暖、夏季制冷需求,在保证更加舒适的使用环境的同时减少一次性投资。因此,不管是既有供暖工程改造,还是新建建筑供暖方式设计,结合节能、环保和降碳等方面,二氧化碳空气源热泵技术都是铁路建筑冬季采暖方式的良好选择之一。

四、持续推进铁路建筑围护结构改造

(一)技术简介

围护结构是室内和室外的物理界限,是多种功能的集合体。围护结构采用新材料、新构造和新技术,对降低建筑能耗具有重要意义,是铁路非牵引领域节能的重要途径。

铁路建筑围护结构改造技术主要是对北方各铁路局集团公司的既有建筑进行围护结构改造,通过对门窗、外墙以及屋面的节能改造,强化既有建筑的保温隔热效果,提高气密性和围护结构热工性能,减少建筑冷热负荷,降低供暖能耗,改善职工生产、生活环境。

(二)发展应用现状

"十三五"期间,中国铁路哈尔滨局集团有限公司、中国铁路沈阳局集团有限公司、中国铁路呼和浩特局集团有限公司等对部分年代久远、没有加装保温措施的既有建筑围护结构进行了节能改造,进一步强化了建筑的保温隔热效果,提高了门窗等结构的气密性,从而提高了围护结构热工性能,减少了建筑冷热负荷,进而降低了供暖能耗。

目前,铁路新建建筑的围护结构均有保温设计,但是大部分老旧建筑由于设计年代久远,无保温隔热措施,冬季室内供暖热量通过门窗、墙和屋面散失很多,造成房间温度下降,热负荷增加及供暖能耗的增加;有些地方甚至存在破损,冷风渗入,造成不必要的供暖能耗损失。

虽然近年来我国北方的铁路局集团有限公司对部分年代久远的房屋进行了墙体保温等围护结构改造,但仍有部分房屋未完全进行改造。随着建筑新保温材料和保温隔热技术的发展,一些新型保温隔热材料如功能性纳米隔热材料等具有十分良好的节能效果。功能性纳米隔热材料有着超强的隔热效果,可对太阳光进行高效反射并有效阻止热量的传导,保持建筑屋内及设备内部温度。我国大部分区域夏季气候炎热,功能性纳米隔热材料也能有效减少因隔热保温而产生的能源消耗,降低设备运行安全隐患,延长设备使用寿命。由此可见,未来采用功能性纳米隔热材料等的建筑围护结构改造技术仍然大有可为。

随着我国铁路客流量的增长,部分客站用能负荷需求剧增,加上大部分铁路站房外墙结构均为玻璃幕墙,保温隔热效果并不理想,空调用电负荷增加。因此,开展适用于铁路客站的新型保温隔热材料研究和利用对于降低铁路客站用能负荷,从而减少二氧化碳排放量具有十分重要的意义。

五、继续推广绿色照明技术

(一)技术简介

绿色照明技术是指通过科学的照明设计,采用效率高、寿命长、安全和性能稳定的照明电器产品及科学合理的照明控制技术来改善和提高人们工作、学习的条件和质量。

(二)发展应用现状

照明系统能耗是铁路运输企业非牵引能耗中重要的组成部分。绿色照明技术在铁路的应用主要体现在推广使用LED照明灯具。LED光源具有能效水平高、寿命长、实用性和可操作性较强等特点。随着LED技术的不断发展,LED照明灯具的成本逐步降低,成本回收期也逐年缩短,经济性越来越显著,LED照明灯具是近年来铁路实施绿色照明工程的重要内容。

近年来,国铁集团下属18个铁路局集团公司积极开展照明节能技术改造工程,在铁路多个站段推广LED的照明节能改造工程,取得了较为可观的节能效果。

虽然LED照明灯具的价格比传统灯具要高,但其寿命更长,效率更高,节能效果十分明显。根据近几年LED照明灯具节能改造工程效果,大部分改造工程的经济回收期都在5年以内,节能效果十分明显。随着节能灯具、智能照明控制技术等绿色照明技术的发展,绿色照明技术在新建铁路建设项目沿线及既有建筑照明控制等方面仍拥有良好的发展应用前景。

随着我国铁路既有建筑所用灯具节能改造的逐渐完善,我国铁路大部分建筑的照明灯具均更换为LED照明灯具。与此同时,大部分照明灯具仍采用传统的人工开关控制,存在一定的照明浪费现象。在此基础上,应加强对照明系统的智能控制,重点开展对大型铁路客站及办公建筑的智能照明控制技术应用。在新建站段设计智能照明控制系统,从源头避免照明能源浪费;对原有具备条件的场所进行改造,采用科学的智能照明控制系统对大型客站和站段的照明系统进行分区域、精准化、智能化控制,对公共区域进行人体感应智能照明控制,并实现根据照度和人体感应的多重控制功能,最大限度地减少照明浪费,节约照明用能。

第四节 铁路运输管理低碳实践

除了铁路牵引和非牵引领域的节能降碳措施之外,优化铁路运输组织结构、提高铁路客运组织运输效率和提升列车节能驾驶技术等,对于减少铁路能源消耗、提高资源能源利用效率也起到了重要作用。

一、铁路运输组织结构优化方式研究

(一)优化铁路物流运输结构

货物运输最重要的是提高运输效率,应改变传统货物运输方式,大力发展重载货物和大宗货物运输,根据不同货物特点提供不同的运输解决方案,充分提高各类货物运输的效率。研究大宗货物运输和小件成批货物运输等不同运输方式的优越性,推广更加高效便利的列车编组方式和运输方式;研究多式联运的运输方案,提高货物综合运输效率;探索直达货物运输系统的科学性和有效性;尝试调整运输费用和考核激励体系保证列车运输组织的最大效率和合理分配,降低运营成本;结合物联网、大数据、人工智能、北斗、5G等新一代信息技术,建立科学高效的运输组织信息化系统,实现运输组织的科学调度,发展现代化物流运输体系。

持续提升铁路中长距离大宗货物运输比重,发挥铁路在综合运输网中的骨干作用。建设双层集装箱铁路运输通道,构建多式联运的货物运输体系,不断优化铁路运输组织模式,提升

铁路货运服务水平。开发铁路货运班列、点到点货运列车、大宗货物直达列车等多频次、多样化班列产品,构建快捷货运班列网络。进一步拓展高铁站场货运服务功能,完善货运配套设施。全方位经营开发铁路车站资产,以提高企业经济效益和优化资源利用。

深化铁路市场化改革和货运组织改革,发展重载货物、大宗货物运输和联运装备,完善联运规则,推动铁路运输有效融入联运服务,发展铁路全程物流和总包物流。加强与水路、公路运输企业及物流企业的资本融合和运输组织合作,畅通信息沟通协调机制,增强货源承揽,着力构建设施高效衔接、快速转运、信息互联共享、装备标准专业、服务一体对接的多式联运组织体系。重点发展铁水联运等为主的多式联运体系。依托物流大通道,在重要节点规划布局和建设一批具有多式联运服务功能的物流枢纽,完善不同运输方式之间的衔接和转运设施,推进公、铁、水、航等基础设施"最后一公里"的衔接。

利用"一带一路"倡议提升铁路国际运量,增加国际货运列车,积极开拓东亚、西亚、中亚等国家的货运市场。

(二)持续提高铁路客运组织运输效率

客运方面,近些年我国高速铁路里程逐年上升,路网规模不断扩大,路网结构不断优化,很好地满足了居民出行需求。快速、高效、安全的高速铁路早已成为交通运输体系中最重要的组成部分。科学合理的客运方案和开行计划十分必要,可以有效降低客运能耗,实现客运组织效率的最大化。研究物联网、大数据、人工智能等新一代信息技术与运输组织结构优化的有效结合,为了更好地制订科学的客运组织计划,有必要开展客流大数据分析研究,建立客流及运输组织优化模型,研究科学智能的运输组织调度系统,根据春运、暑运、节假日及平时等不同时期客流特点,研究安排科学、合理的运输方案,结合综合能耗大数据分析,优化旅客运输线路和车辆组织,提高旅客列车客座率,在保证正常运输能力的前提下降低空车率,降低旅客运行能耗。

加强铁路局集团公司、车站、港口之间的协调和配合,减少间隔时间造成的能源浪费。做好路网能力统筹,强化运力供给保障。在运力配置优化上实施"一季一图",根据铁路客货运输季节性运输高峰的特点,精细制定客货列车开行方案,按季度实施不同的调整列车运行图。在客运结构优化上统筹列车开行,探索普客列车实行"一日一图",完善旅客列车开行评价和通报制度,优化班列运力配置。

加大运输挖潜力度,强化调度指挥保障。充分用好客运票据电子化大数据,着力提升调度(日)班计划编制质量。从阶段计划开始,完善车辆、车流、机车、列车信息共享机制,研发推广车流自动推算和计划自动编制功能,从而推进主要支点站间的车流高效接续。

切实推进客运提质计划,强化重点运输保障。优化主要枢纽客运站合理分工。根据客流特点合理安排空车和重车比例,优化旅客列车开行方案。推进客运提质计划,优化主要客运站点的合理分工。

研究科学自动化的运输组织信息系统,统筹优化各类模式下的运输方案。根据客货流特点合理规划铁路线路和运输组织模式,实现铁路运输线路利用最大化和车辆利用最大化。

开展运输布局优化和运输流分配优化研究,根据客货流特点合理规划运输线路和车站布局,实现线路利用效率最大化。合理安排高速列车和普速列车开行比例,构建科学高效的调度指挥系统,推动运输组织结构优化升级。通过提升运输能力和提供优质客运产品,进一步提升高速铁路的旅客承运比重,增加旅客运输的市场占有率。

二、列车节能驾驶技术研究

(一)研究意义

列车的准点、节能、环保和低碳是衡量铁路能否为世界一流铁路的重要指标。由于铁路列车运行具有特殊性,影响列车节能的因素众多,但当列车的运行交路、列车编组、运行图、限速、列车基本参数等因素确定之后,优化列车的操纵方式就是列车降低能耗的最有效方式。驾驶员是列车的直接操纵者,驾驶员的驾驶水平高低直接影响列车能耗的大小,在同一条线路同样列车参数情况下,不同驾驶员驾驶的能耗有很大的差别。结合优秀驾驶员的驾驶经验,基于主动节能的列车控制优化系统,来指导甚至替代驾驶员操作,可以普遍提高驾驶员水平,显著节能,同时列车节能优化驾驶对于解放人力、减小污染、提高列车准点率和安全性等方面有着重要的作用和意义。

列车的节能优化驾驶问题往往具有高维度、非线性、求解组合复杂多变的特点,同时在列车运行过程中,也会有诸多因素影响列车的能耗。其中,人为因素和附加因素一般是不可控的,运行线路、列车属性、列车状态、列车编组是可确定因素。列车节能优化驾驶的目标就是在上述因素的约束下计算出最节能的列车驾驶方式。

列车的节能驾驶技术研究就是研究列车在各种运行条件下运行驾驶轨迹和列车能耗之间的关系,通过科学的算法和模型建立最优的驾驶控制策略并开发相应的节能驾驶控制系统,降低列车驾驶能耗。综合列车能耗影响因素,铁路列车节能优化驾驶问题是一个多目标优化问题,需要考虑众多复杂的约束条件,而且数据常常是高度非线性的,操纵挡位在任意时刻的组合变化情况多,是一个非线性有复杂约束的动态最优化问题。线路数据和列车数据是高维度的自然数据,这也意味着整个优化的搜索空间巨大,并且有必要对特征进行降维处理。另外,操纵序列节点间的关联性比较大(不满足无后效性),计算当前操纵挡位需要全面考虑前后操纵挡位,因此列车节能优化驾驶问题需要在规定的较短时间内求得优化挡位序列的最优解,获得列车最优的驾驶策略。结合节能策略生成列车运行速度优化控制曲线,指导列车操作员控车,能实现列车安全准点运行,降低列车运营成本,提高经济效益。

(二)应用现状

目前,法国、德国、美国等国家在节能驾驶方面已经研发出相应的列车驾驶控制系统并进行了应用,包括列车节能驾驶监测控制系统和列车无人驾驶系统。美国的机车运行优化系统和机车能源管理系统也取得了良好的节能效果,并在利用先进的计算机技术降低列车的驾驶能耗方面取得一定的领先地位。

我国对列车节能驾驶技术研究也十分重视,相关研究人员近年来进行了一系列列车节能驾驶技术的理论模型研究,包括粒子群算法、深度学习、强化学习、神经网络等在内的智能算法对节能驾驶模型不断优化,将人工智能技术应用于列车自动驾驶技术领域,提出了安全、节能、舒适、智能的列车驾驶控制方法,能够适应复杂多样的列车运行环境和线路条件,结合优秀丰富的驾驶经验,有效地减少列车牵引能耗。在列车自动驾驶技术应用方面,我国2019年年底开通的京张铁路正式实现了高速铁路的无人驾驶,成为智慧京张的重要标志之一。随着我国大数据、人工智能、机器学习等智能化技术的发展,人工智能等智能算法对于提升我国列车自动驾驶技术水平十分重要,是未来我国列车节能驾驶技术研究的重要方向。

第四章 公 路

第一节 我国公路发展现状及要求

一、我国公路发展现状及目标

（一）发展现状

公路作为最基础、最广泛的交通基础设施，是衔接其他各种运输方式和发挥综合交通网络整体效率的主要支撑，在综合交通运输体系中具有不可替代的作用。改革开放40多年来，我国公路交通运输发展取得了历史性成就，网络不断完善，结构不断优化，基本形成了以高速公路为骨架、国省干线公路为脉络、农村公路为基础的全国公路网，发展水平显著提升。根据《2022年交通运输行业发展统计公报》我国公路总体发展情况如下：

1.基础设施

2022年全国公路总里程535.48万公里，公路密度55.78公里/百平方公里，公路养护里程535.03万公里，占公路总里程99.9%。

2.运输装备

2022年年末全国拥有公路营运汽车1222.08万辆。拥有载客汽车55.42万辆、1647.24万客位；拥有载货汽车1166.66万辆、16967.33万吨位。

3.运输服务

2022年完成营业性客运量35.46亿人，完成旅客周转量2407.54亿人公里。完成营业性货运量371.19亿吨，完成货物周转量68958.04亿吨公里。

上述数据来自《2022年交通运输行业发展统计公报》。

2019年，我国交通运输领域碳排放总量11亿吨左右，其中公路占74%，是主要贡献者。

（二）发展目标

1.《国家综合立体交通网规划纲要》的要求

根据《国家综合立体交通网规划纲要》，到2035年，国家综合立体交通网实体线网总规模合计70万公里左右（不含国际陆路通道境外段、空中及海上航路、邮路里程），其中公路46万公里左右，占66%。国家高速公路网16万公里左右，由7条首都放射性、11条纵线、18条横线及若干条地区环线、都市圈环线、城市绕城环线、联络线、并行线组成；普通国道网30万公里左右，由12条首都放射线、47条纵线、60条横线及若干联络线组成。《国家综合立体交通网规划纲要》为新阶段国家公路网发展指明了方向，要求公路践行绿色发展理念，构建生态文明体系,促进公路交通运输与自然和谐发展。

2.《公路"十四五"发展规划》的目标要求

《公路"十四五"发展规划》进一步细化了《国家综合立体交通网规划纲要》对我国公路发展的要求,其发展目标如下:到2025年,安全、便捷、高效、绿色、经济的现代化公路交通运输体系建设取得重大进展,高质量发展迈出坚实步伐,设施供给更优质、运输服务更高效、路网运行更安全、转型发展更有力、行业治理更完善,有力支撑交通强国建设,高水平适应经济高质量发展要求,满足人民美好生活需要。

设施供给更优质。高速公路通达城区人口10万以上市县,基本实现"71118"国家高速公路主线贯通,普通国道等外及待贯通路段基本消除,东中部地区普通国道基本达到二级及以上公路标准,西部地区普通国道二级及以上公路比重达70%,沿边沿海国道技术等级结构显著改善,乡镇通三级及以上公路、较大人口规模自然村(组)通硬化路比例均达到85%以上,路网结构进一步优化,网络覆盖更加广泛。

运输服务更高效。路况水平进一步改善,高速公路优等路率保持在90%以上,普通国道、普通省道优良路率分别达到85%和80%以上,农村公路优良中等路率达到85%以上。城乡交通运输一体化发展水平进一步提高。"一站式"旅客出行得到广泛应用,旅客出行体验显著改善。多式联运加快推广,"一单制"服务方式积极推进,内外联通、安全高效的物流网络加快形成。出行信息发布更加及时精准高效,信息发布方式更加丰富多样,公路出行信息服务水平大幅提高。

路网运行更安全。设施安全防护水平进一步提高,高速公路一、二类桥梁比例达到95%,普通国省干线公路一、二类桥梁比例达到90%,国省干线公路新发现四、五类桥梁(隧道)处治率达100%,到2023年底和2025年底,分阶段完成国省干线公路和农村公路2020年底存量四、五类桥梁(隧道)改造。道路运输较大及以上等级行车事故万车死亡人数下降率达20%。路网运行监测覆盖范围更加广泛,公路交通应急救援体系基本建成。

转型发展更有力。公路交通数字化、智能化水平显著提升,传统基础设施建设与"新基建"融合创新发展取得突破,基础设施和运载装备全要素、全周期的数字化升级迈出新步伐,全程电子化出行服务体系基本形成。绿色交通发展取得显著成效,资源集约节约利用水平明显提升,先进适用的新能源和清洁能源装备全面推广,公路交通运输领域碳排放强度和污染物排放强度明显下降。

行业治理更完善。行业管理体制机制进一步完善,法律法规、标准规范更加健全。"放管服"改革深入推进,事中事后监管能力持续增强,信用体系建设进一步深化。信息系统安全防护水平进一步提升。人才发展环境更加优化,公路交通人才队伍更加精良专业。人民群众对公路交通运输服务的满意度显著提高。

展望2035年,基本建成安全、便捷、高效、绿色、经济的现代化公路交通运输体系,基础设施网络趋于完善,运输服务质量效率全面提升,先进科学技术深度赋能公路交通发展,平安、绿色、共享交通发展水平和行业治理能力明显提高,人民满意度大幅提升,支撑"全国123出行交通圈""全球123快货物流圈"和国家现代化建设能力显著增强。

二、我国绿色公路发展的要求

为推动公路绿色发展,交通运输部相继出台了《公路、水路交通实施〈中华人民共和国节约能源法〉办法》《资源节约型环境友好型水路公路交通发展政策》《公路水路交通节能中长期规划纲要》《道路运输车辆燃料消耗量检测和监督管理办法》等一系列文件。以下通过对《关于实施绿色公路建设的指导意见》(交办公路〔2016〕93号)的介绍,阐述我国对绿色公路的主要要求。

(一)统筹资源利用,实现集约节约

1. 集约利用通道资源

按照"统筹规划、合理布局、集约高效"原则,统筹利用运输通道资源。鼓励公路与铁路、高速公路与普通公路共用线位。改扩建公路要充分发挥原通道资源作用,安全利用原有设施。

2. 严格保护土地资源

积极推进取土、弃土与改地、造地、复垦综合施措,高效利用沿线土地。因地制宜采用低路堤和浅路堑方案,保护土地资源。

3. 积极应用节能技术和清洁能源

加强隧道等设施节能设计,推进节能通风与采光等技术应用。推广应用供配电系统节能技术、LED节能灯具、照明智能控制系统、温拌沥青技术和冷补养护技术等新技术与新设备。加快淘汰高能耗、高排放的老旧工程机械。因地制宜推广太阳能、风能、地热能、天然气等清洁能源应用。

(二)加强生态保护,注重自然和谐

1. 推行生态环保设计

加强生态选线,依法避绕自然保护区、水源地保护区等生态环境敏感区。推行生态环保设计和生态防护技术,重点加强对自然地貌、原生植被、表土资源、湿地生态、野生动物等方面的保护。增强公路排水系统对路面和桥面径流的消纳与净化功能。

2. 严格施工环境保护

加强施工过程中的植被与表土资源保护和利用,落实环境保护、水土保持要求,做好临时用地的生态恢复。完善施工现场和驻地的污水垃圾收集处理措施,加强施工扬尘与噪声监管,推进公路施工、养护作业机械尾气处理。在环境敏感区域施工,应制定生态环保施工专项方案,严格落实环保措施,降低施工对环境的影响。

3. 加强运营期环境管理

加强各类环保设施的维护与运行管理,探索推行环境管理的市场服务机制,确保排放达标。全面推进沿线附属设施污水处理和利用,实现垃圾分类收集和无害化处置。强化穿越敏感水体路段的径流收集与处置。

(三)着眼周期成本,强化建养并重

1. 突出全寿命周期成本理念

将公路运营和维护纳入工程设计与建设一并考虑,突出全寿命,强调系统性,强化结构设计与养护设施的统一。推进钢结构桥梁的应用,发挥其在全寿命周期成本方面的比较优势。

积极应用高性能混凝土,保证结构使用寿命,有效降低公路运营养护成本。

2. 全面实施标准化施工

建立标准化施工长效机制,实现工地标准化、工艺标准化和管理标准化。鼓励工程构件生产工厂化与现场施工装配化,注重工程质量,提高工程耐久性,实现工程内外品质的全面提升。

3. 提高养护便利化水平

以科学养护为统领,注重公路设计与建设的前瞻性,统筹考虑后期养护管理的功能性需要,合理设置检修通道,做到可达、可检、可修、可换,提高日常检测维修工作的便利性与安全性。

(四)实施创新驱动,实现科学高效

1. 加强绿色公路技术研究

大力开展绿色公路关键技术研发,加快研究湿地保护、动物通道设置、能源高效利用及节能减排、路域生态防护与修复、公路碳汇建设等新技术,开展绿色公路国际技术合作与交流,助力绿色公路发展。

2. 大力推进建设管理信息化

基于"互联网+"理念,加快云计算、大数据等现代信息技术应用,有效提升建设管理智能化水平。逐步建立智能联网联控的公路建设信息化管理系统,推进质量检验检测数据实时互通共享技术,促进信息技术在公路建设管理中的应用。

3. 总结推广建设管理新经验

鼓励应用建筑信息模型(BIM)新技术,探索应用健康、安全和环境三位一体(HSE)管理体系,积极推广合同能源管理,稳步推进建设与运营期能耗在线监测管理。鼓励代建制、设计施工总承包等管理模式的创新与应用,营造绿色公路建设市场发展环境。

4. 探索设置多元化服务设施

结合社会发展和消费升级,充分利用公路养护工区、场站等用地,科学设置服务区、停车场,探索增设观景台、汽车露营地、旅游服务站等特色设施,为公众个性化出行提供便利。鼓励在公路服务区内设置加气站和新能源汽车充电桩,积极做好相关设备安装的配合工作,为节能减排创造条件。

5. 丰富公路综合服务方式

继续推进高速公路联网不停车收费与服务系统(ETC)建设,扩大ETC覆盖范围,提高路网整体通过能力;鼓励拓展ETC技术应用业务,逐步实现ETC在通行、停车、加油、维修、检测等环节的深度应用。利用短信平台、门户网站、微信、微博等新媒体手段,构建公益服务与个性化定制服务相结合的公路出行信息服务体系。

(五)完善标准规范,推动示范引领

1. 制定绿色公路标准规范

充分总结公路建设经验,修订绿色公路建设相关标准规范,出台《绿色公路建设技术指南》,完善建立绿色公路建设评价指标体系,明确技术要求,全面指导绿色公路建设。鼓励各地制定具有当地区域特色的绿色公路评价标准。

2. 开展五大专项行动

组织实施"零弃方、少借方""实施改扩建工程绿色升级""积极应用建筑信息模型(BIM)新技术""推进绿色服务区建设""拓展公路旅游功能"等五大专项行动,以行动促转型,以行动促落实,推进工程无痕化、智能化建设,实现工程填挖方的有效统筹,加强改扩建工程的资源节约与循环利用,推行服务区污水治理、建筑节能、清洁能源、垃圾处理等新技术应用,因地制宜拓展完善公路服务和旅游功能,推进绿色公路建设的全面实施。

3. 打造示范工程

以绿色公路建设专项行动为依托,继续推进试点示范,打造公路建设新亮点。各省级交通运输主管部门应结合已有工作创建 1~2 个绿色公路示范工程,丰富绿色公路新内涵,强化绿色公路设计、建设、运营等各环节的指导,组织开展绿色公路建设专项技术咨询,及时总结经验,以点带面,实现全行业绿色公路快速发展。

第二节　公路基础设施低碳实践

"十四五"期公路基础设施低碳发展措施主要包括:以构建现代化高质量综合立体交通网络为导向,加强公路与其他运输方式的衔接,协调推进公路快速网、干线网和基础网建设。以沿边沿海公路、出疆入藏骨干通道、西部陆海新通道、革命老区公路等为重点,着力提升通道能力,优化路网结构,扩大覆盖范围,全面提升公路基础设施供给能力和质量。以提升路况水平为导向,加大养护实施力度,加快建成可靠耐久的供给体系、规范高效的管理体系、绿色适用的技术体系和长效稳定的保障体系,全面提升公路养护效能,深入推进公路养护高质量发展等方面。《"十四五"现代综合交通运输体系发展规划》《综合运输服务"十四五"发展规划》《交通运输领域新型基础设施建设行动方案(2021—2025 年)》《公路"十四五"发展规划》等文件已做出了详细的规定。

公路基础设施建设阶段需要大量的沥青、钢材、水泥、石料等材料,原材料的生产、运输会产生大量的碳排放,同时,施工阶段是机械设备使用最集中的阶段,挖掘、装载、摊铺、碾压等所用施工机械和运输车辆也会产生大量的二氧化碳气体。公路基础设施建设期是公路节能减排的重点阶段,因此,本节重点介绍公路基础设施建设过程中的低碳发展措施和实践案例。

一、推进信息技术的应用,助力全生命周期智慧减碳

《交通运输领域新型基础设施建设行动方案(2021—2025 年)》提出,立足新发展阶段,贯彻新发展理念,构建新发展格局,以推动交通运输高质量发展为主题,以加快建设交通强国为总目标,坚持创新驱动、智慧发展,以数字化、网络化、智能化为主线,组织推动一批交通新基建重点工程,包括推动公路感知网络与公路基础设施建设养护工程同步规划、同步实施,提升公路基础设施全要素、全周期数字化水平。现代信息技术在公路基础设施规划、设计、施工、运营和养护全过程、降低全生命周期能耗和碳排放的作用将越来越大。

（一）前期研究和设计阶段现代信息技术应用

交通运输行业非常重视公路建设项目前期研究和设计阶段现代信息技术的应用，开展了多样化的试点工作。在公路工程前期勘测、选线、选址和方案设计中充分利用大数据、云计算、5G等新技术，科学选线、布线，避让基本农田，禁止耕地超占，减少土地分割。因地制宜采用低路基、以桥代路、以隧代路等措施，减少土地资源、砂石料资源的使用量，减少公路工程碳排放。

1. BIM+GIS 技术应用

建筑信息模型（Building Information Modeling，BIM）技术是21世纪建筑行业的一门新兴技术。近年来，随着我国交通基础设施建设对数字化、信息化的需求越来越迫切，各地积极开展BIM技术研发与应用工作，交通运输部也通过认定行业研发中心、实施交通运输科技示范工程等方式，推动BIM技术发展与应用。在行业共同推动下，BIM技术在交通重大工程建设中得到越来越多的应用，对提升交通基础设施建设品质和安全水平发挥了积极作用。

江西省交通运输厅将祁婺项目列为试点，全面开展BIM+GIS（Geographic Information System，地理信息系统）技术应用。G0321德州至上饶高速公路赣皖界至婺源段新建工程项目是国家高速公路网中的重要组成部分，全线长40.7公里，桥隧占比高达53%，沿线地形地质复杂，生态敏感点多，旅游景点密布。为高质量、高标准地做好工程的前期设计工作，工程应用了BIM技术。

（1）基于北斗高精点云的GIS场景构建

利用北斗和GIS技术，建立了高精度地形三维数字化成果，针对高边坡及隧道地段建立了高精度三维地质模型，为高品质设计提供了数字化周边环境基础数据。

（2）钢混组合梁BIM设计及应用

建立钢混组合梁BIM设计、分析和模拟施工的标准应用流程，以族库管理平台为协同基础，实现三维协同设计，建立钢混组合梁BIM模型，辅助二维出图和工程量计算。开展有限元分析，辅助桥梁结构计算。应用BIM进行施工组织模拟，直观、精确地反映施工工序流程。

（3）基于BIM的隧道工程模型

项目隧道工程量较大，结合GIS和自主开发的插件实现从方案比选、隧道设计到模型交付的全过程正向设计。建立洞门、洞身、支护、防排水系统及内装等参数化族库，通过修改参数表即可自动修改模型和工程图。

（4）基于BIM模型的图纸优化审核

通过BIM技术进行了方案比选、净空核查、利用地质倾斜摄影辅助桥梁桩基设计等，实现多专业的协同，提前修改设计18项。

推进BIM与交通融合，是加快交通强国建设的重要任务之一。推进BIM技术研发与应用，加快推进数据资源赋能交通发展，对于提升交通运输智慧发展水平，支撑打造"四个一流"，推动交通运输高质量发展具有重要意义。交通运输行业要按照党中央关于实现高水平科技自立自强的要求，围绕BIM基础软件和应用软件、支持多类型用户参与的编码体系等开展自主研发，不断提高BIM技术创新链条的自主化研发能力和水平。

2. 高分辨率卫星数字化勘察设计技术

利用卫星图像分辨率高、无疆界、覆盖范围广、姿态稳定等优势,基于图像自动匹配、控制及加密技术,实现困难复杂地区卫星图像的精确空间定位;基于精确定位的高分辨率卫星图像及立体测图技术,生成工程项目所需的数字高程模型、数字正射影像图、数字线划地图;基于高分辨率卫星图像、多光谱图像及数字高程模型,实现地震次生灾害与不良地质遥感量化分析及地形、地质选线。在此基础上,形成一套复杂地区高分辨率卫星与公路工可阶段、初测阶段紧密集成的协同设计模式。高分辨率卫星数字化勘察设计技术流程图如图4-1所示。

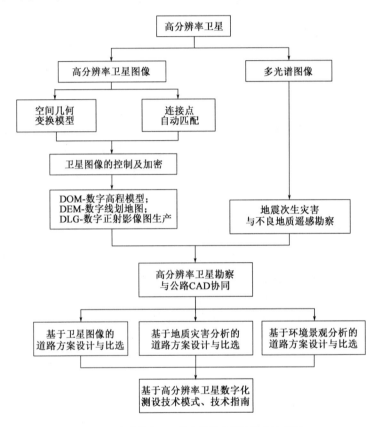

图4-1 高分辨率卫星数字化勘察设计技术流程图

该技术已在西藏、青海、新疆、河南等多地国家重点高速公路建设,并在孟加拉、牙买加等海外项目进行了成功应用示范,应用总里程超过4000公里,取得了良好的应用效果。该技术为相关工程的公路勘察设计可行性研究、初测阶段、详测阶段提供了可靠、翔实的基础地形、地质、景观资料,解决了人工野外难以获得工程所需区域基础信息的难题,不仅填补了区域基础资料空白,优化了路线设计方案,而且减少野外工作量50%以上,提高整体勘察设计效率1倍以上。

(二)公路施工阶段现代信息技术应用

在公路施工阶段,积极引入现代信息技术。科学布设公路施工临时便道、驻地、预制场、拌和站等,做到充分利用,减少重复建设。推进公路施工的智慧化水平,提高公路施工管理水平,推进智慧工地的建设,利用现代信息技术,提高公路施工效率,降低碳排放。

1. 施工阶段 BIM 应用情况

G0321 德州至上饶高速公路赣皖界至婺源段新建工程项目施工阶段研发了 BIM 数字化建管平台,根据设计阶段提交的 BIM 设计成果,以平台功能为主线,结合项目特点,确定施工阶段 BIM 技术应用点,为提升施工质量和管理水平提供新的技术手段。

(1) 临建场地规划选址

山区高速地形复杂,对临建场地、取弃土场等选址要求高,对临建场地规划选址方面开展 BIM 应用,由计算机直接呈现实景地形模型,将基本农田、生态公益林等红线图斑加载于 GIS 上,实现合理规划临建场地选址和设计。引用该项技术,减少了选址时间,节约征地 1.54 公顷(23 亩),减少土石方运输量约 5.2 万立方米,碳减排效益显著。

(2) 复杂施工方案的 4D 工艺交底

利用 BIM 模型细化和完善施工方案,开展施工 4D 模拟,减少返工。在 BIM 数字化建管平台上加载现场监控数据,结合施工监控指导施工,实现施工过程的可视化和施工方案的优化。

(3) 无人机倾斜摄影辅助土方测量

利用基于无人机的倾斜摄影技术精准还原地形实时状况,通过对设计地形进行空间运算,建立该技术的实施流程与方法,准确计算出挖填土方工程量。

(4) 基于北斗卫星技术的智慧工地

进行了基于北斗卫星技术的智慧工地应用探索,尤其是针对隧道施工进行人车精确定位,利用北斗卫星技术协助现场施工放样,提高测量精度。结合智慧工地,内置北斗芯片,通过北斗卫星定位,识别车辆位置及车辆轨迹,对施工车辆进行管控,提高定位精度。

(5) 数字化综合建管平台应用

搭建数字化综合建管平台,各系统平台数据自动实时对接,所有质检资料和计量资料全部 CA 数字证书签证实现电子化,实现了质量自动评定、自动计量、自动材料调差,辅助全方位动态化监管。

2. "无人驾驶集群智能化施工" 技术

无人驾驶集群系统主要由感知模块、路径规划与决策模块、局域网通信模块、控制执行模块、后台监测模块等五大部分组成。综合利用高精度北斗卫星定位技术、惯性导航技术、障碍物识别技术,为设备提供行驶路径引导与控制信号,控制设备各工作系统动作,完成既定的行驶、转向、工作装置作业等任务。同时,利用工业物联网等技术手段,将数据实时回传至服务平台,利用大数据分析,结合作业任务,提供实时监控、数据展现、远程控制、压实管理、统计报表等功能。

京德高速在沥青中面层施工中,首次使用"无人驾驶集群智能化施工"技术(图 4-2),这套无人驾驶道路施工设备上搭载了北斗卫星定位系统,可以根据环境参数规划出最优作业路径,实现自动预警、紧急停车、自动避障等安全防护,机械施工精确控制在 2~3 厘米,较人工作业准确度提高了 50%。该项技术也是首次在雄安新区对外骨干路网沥青面层施工中得到应用,目前为全国最大规模。

图 4-2　京德高速无人驾驶集群智能化施工铺设"永久路面"
（图片来源：https：//xw.qq.com/cmsid/20210515A076U300）

该机械集群采用梯队式作业，按照作业工艺流程分为一个摊铺梯队和初压、复压、终压三个碾压梯队。机械设备总体配置 2 台摊铺机，3 台双钢轮压路机（初压、静压 3 遍），3 台胶轮压路机（复压、振压 8 遍），1 台双钢轮压路机（终压、静压 1 遍）。施工时根据路面摊铺宽度、压路机车身宽度、预留安全距离、车身错距、碾压遍数等参数，通过预先设定的算法程序和控制策略生成最优规划路径，实现对车辆行驶轨迹及运行状态的精确监测，并向机载控制系统输出控制指令，自主操控压路机，实现整个机群的无人作业（图 4-3）。

图 4-3　京德高速无人驾驶集群智能化施工现场
（图片来源：http：//www.hebtig.com/News/Info/69/284401.html）

"无人驾驶集群智能化施工"技术节省成本、高效作业，在实现智能避障的同时，可实时跟踪集群碾压轨迹和压路机碾压距，无人驾驶集群应用减少三分之二的现场人员，同时有效地减少了质量成本、检测成本、后期维护成本和生态成本等各项投入。

3. 智慧工地

智慧工地是指运用信息化手段，通过三维设计平台对工程项目进行精确设计和施工模拟，围绕施工过程管理,建立互联协同、智能生产、科学管理的施工项目信息化生态圈,并将此数据在虚拟环境下与物联网采集到的工程信息进行数据挖掘分析,提供过程趋势预测及专家预案,实现工程施工可视化智能管理,以提高工程管理信息化水平,从而逐步实现绿色建造和生态建造。

江苏省交通运输厅依托 344 国道淮河大桥改造工程、420 省道金湖段建设工程、126 省道南京段改扩建工程,开展了"一路一桥一隧"智慧工地试点示范工程的建设应用,从人员管理、物料管理、质量管理、安全管理、生态环保、BIM 管理等方面,构建江苏国省干线智慧工地建设框架,实现参建单位工程管理互联协同,利用项目管理整体提升效率,同时实现节能减碳的目标。

2021 年起浙江开展智慧工地三年专项行动,以"数字化、智能化、智慧化"为目标,确保新开工高速公路 100% 开展智慧工地建设,实现高速公路、国省干线公路重要结构物质量安全智慧化管理全覆盖。浙江还制定了《交通强国试点任务打造平安百年品质工程实施方案》,计划以工地智慧化为突破口,进一步提升交通工程的建设品质和管理手段。建设智慧工地的具体任务包括全面应用水泥搅拌桩、拌和楼、预应力张拉压浆物联网监控系统,实现施工数据实时追踪;大力推广具有数字化和物联网功能的先进建造设备和大型隧道掘进、整跨吊运安装等施工装备,提升各类施工机具的智能化水平;推行标准化生产、工厂化加工、菜单式配送,推动混凝土预制构件、钢结构构件智能化生产,全面推广应用智慧梁场、智慧隧道等施工管理系统。

智慧工地通过全面提高公路工程项目生产效率、管理效率和决策能力,达到节能减排的目的,这对于支撑交通运输高质量发展具有重要意义。

(三)运营阶段现代信息技术应用

《综合运输服务"十四五"发展规划》提出打造数字智能的智慧运输服务体系。加强大数据、云计算、人工智能、区块链、物联网等在运输服务领域的应用,加速交通基础设施网、运输服务网、能源网与信息网络融合发展,推进数据资源赋能运输服务发展。

1. ETC

(1)ETC 推广与应用

电子不停车收费(Electronic Toll Collection,ETC)系统,是国际上努力推广并得到迅速发展的一种道路、桥梁、隧道自动收费系统。车主只要在车窗上安装感应卡,车辆通过收费站时无须停车,电子不停车收费系统将完成车辆自动识别和收费数据处理。传统人工收费(Manual Toll Collection, MTC)方式需要车辆完成减速、怠速排队、缴费、打印通行票据、找零、加速离开的运行过程,而安装 ETC 系统的车辆通过道口(图4-4)并完成缴费每车耗时不到 2 秒,其收费通道的通行能力是传统人工收费的 5~10 倍。相关专业部门对使用 ETC 系统和 MTC 系统的车辆在通过收费站前后 300 米有效区域间产生的单车油耗和碳排放进行了细致的测算和对比,结果显示,ETC 单车油耗比 MTC 车辆节约 50%,一氧化碳、二氧化碳排放分别减少 71.3%、48.9%。此外,使用 MTC 的车道每小时的通行能力最多约为 200 辆,而使用 ETC 的车道每小时的通行能力达到 900 辆,提高了 3 倍多,道口拥堵现象明显改善。

图 4-4　ETC 专用车道

（图片来源：https：//www.it-bound.com/archives/70857）

除了高速公路 ETC 外，交通运输部还指导各地积极推动 ETC 在机场、高铁站、大学校园、港口、物流园区等大型停车场的应用。2019 年，全国建设完成了 24588 套 ETC 门架系统，改造完成了 48211 条 ETC 车道、11401 套高速公路不停车称重检测系统；ETC 推广发行了 1.23 亿户，累计用户达到 2.04 亿户。数据显示，全国高速公路入口客车 ETC 平均使用率达到 69.99%，出口客车 ETC 平均使用率达到 69.44%。其中，广东车辆 ETC 累计发行量已突破 1800 万，排名全国第一。

根据《交通运输部关于印发〈加快推进高速公路电子不停车快捷收费应用服务实施方案〉的通知》（发改基础〔2019〕935 号），高速公路收费站 ETC 全覆盖，ETC 车道成为主要收费车道，货车实现不停车收费，高速公路不停车快捷收费率达到 90% 以上，所有人工收费车道支持移动支付等电子支付方式。根据《中国可持续交通发展报告》，截至 2020 年年底，我国 ETC 用户累计达 2.25 亿户，仅因 ETC 减少车辆启停，日均节省燃油 730.4 吨，减少一氧化碳排放 217.2 吨、氮氧化物排放 1.7 吨、碳氢化合物排放 5.8 吨。年可减少能源消费 2.4 亿升，减少二氧化碳排放量超过 65 万吨。

（2）取消高速公路省界收费站

深化收费公路制度改革，取消高速公路省界收费站，是关系人民群众切身利益的民生工程，是行业节能减排工作的重要举措。

2018 年 12 月底，作为试点，鲁苏之间、川渝之间的十五个省界收费站被统一撤销。过去在省界收费站进行收费的方式，改为在高速出口缴费以及 ETC 电子收费。撤站后在正常通行情况下，客车平均通过省界的时间由原来的 15 秒减少为 2 秒，下降了约 86.7%。货车通过省界的时间由原来的 29 秒减少为 3 秒，下降了约 89.7%。撤销省界收费站实行 ETC 电子收费，每天可以节约燃油 1100 吨，减少氮氧化物排放 2.59 万吨，同时一氧化碳的排放量每天会减少 300 吨。从四川重庆和江苏山东试点建设的情况来看，取消省界收费站之后通行流量明显提升了 10%~15%，有利于区域经济快速沟通和发展。

2019 年 5 月，国务院办公厅印发了《深化收费公路制度改革取消高速公路省界收费站实施方案》（国办发〔2019〕23 号），从 2020 年 1 月 1 日零时起，全国 29 个联网省份的

487个省界收费站全部取消。取消高速公路省界收费站以后,全国高速公路"一张网"将有效提高综合交通运输体系运转效率,缓解拥堵,改善人民群众出行体验,助力节能减排,降本增效。

2. 智慧灯杆

京雄高速全线设置了3700余根智慧灯杆(图4-5)。这种智慧灯杆以照明灯杆为基础,整合了能见度检测仪、边缘计算设备、智慧专用摄像机、路面状态检测器等新型智能设备,利用北斗高精度定位、高精度数字地图、可变信息标志、车路通信系统等,可以提供车路通信、高精度导航、合流区预警等服务,具备智能感知、智慧照明、节能降耗、"一杆多用"的功能。

图4-5 京雄高速智慧灯杆

(图片来源:https://baijiahao.baidu.com/s?id=1699742829774438293&wfr=spider&for=pc)

智慧灯杆可以根据天气和车流量状况自动调节色温,既能够保障行车安全,又能有效降低能耗。它通过传感器技术能够自动适应环境条件,识别环境光照度、车流量等数据,判断灯具照明模式。当环境光足够明亮时,能够自动降低灯光亮度,当夜间车流量较小时,照明亮度自动调至节能状态,从而降低能量消耗,有效减少碳排放,实现全线照明"车来灯亮、车走灯暗"的效果。

3. 智慧低碳环保高速公路

中交资产管理有限公司在交通运输部与工业和信息化部的指导下,与相关企业和科研院所合作,在石渝高速公路涪陵至丰都段推动"车路协同"项目落地实施,打造当时全国规模最大、路线最长、路况最复杂、场景最全的集智慧高速公路基础设施和智慧云控平台于一体的新型高速公路。

该项目已于2020年9月正式运行,成为重庆市智慧交通车路协同示范项目。自运行以来,项目持续推动智慧车载OBU(车载电子标签)安装,推动用户数量上升,以此为基础开展规模测试,用于提升车路协同系统的稳定性、准确性,为用户提供更好的出行体验。根据现有的数据测算,"车路协同"的应用显著降低了事故发生率,加强了道路安全保障能力,提升了道路运营管理效率,降低了碳排放。

贵州道安高速公路和贵瓮高速公路是贯穿黔北至黔中的长距离大通道,全长300多公里,途经多个自然保护区、风景名胜区、国家湿地公园,经过2个饮用水水源保护区,对水资源保护的要求极高。中交资产管理有限公司采取了一系列举措保护环境,建设桥面径流监控应急处理系统,确保周边居民饮水安全;在湄潭东服务区打造了节能环保与循环经济示范项目,服务区的污水可通过预处理和人工湿地系统深度处理后循环再利用。

4.江苏绿色低碳智慧公路

近年来,江苏立足交通强国建设先行区的定位,积极探索推进智慧公路建设,依托342省道无锡段、524国道常熟段、沪宁高速公路等布局一批智慧公路试点,围绕"全要素感知、全方位服务、全天候通行、全过程管控、全数字运营",推动人、车、基础设施、环境等要素协同运行,用科技的力量让群众出行更美好。

作为首批新一代国家交通控制网先行省份,2020年4月初,江苏省交通运输厅与中国移动、中国联通、中国电信和中国铁塔股份有限公司签订战略协议,共同推进5G通信技术在交通运输行业的应用。2020年,江苏已建成通信网、道路网、能源网"3张网"和指挥控制中心、云数据中心"2个中心",开发了新一代国家交通控制网实体原型系统,搭建完成16种测试标准工况场景及8种新型C-V2X场景。江苏已启动智慧高速公路应用技术研究与工程示范重大专项建设,积极推进八大专题研究,计划通过匝道流量控制、动态可变车道级限速控制、应急车道控制等措施,在保证道路行车安全的前提下,提高部分路段通行能力和通行效率,降低碳排放;利用机器学习算法、边缘计算的方式建立高速公路车辆危险驾驶行为库,在事故未发生时提前干预,促使路段交通事故下降。

(四)养护阶段现代信息技术应用

在养护过程中,通过利用现代信息技术,基于"互联网+"理念,加快云计算、大数据等现代信息技术应用,推进质量检验检测数据实时互通共享技术,促进信息技术在公路养护管理中的应用,有效提升公路养护管理的智能化水平,提高公路养护的精准性和实效性,降低无效养护的碳排放,降低养护不及时所造成的公路大修和重建产生的碳排放。

1.路面中长期养护规划与决策技术

路面中长期养护规划与决策技术包括路网养护决策体系、路网性能预测模型技术、养护措施适用性评价技术、养护规划方案及资金需求技术及针对性的路网路面健康监测与管理系统。

其原理为依据路网路龄、交通量、养护维修历史等基本情况,使用性能现状评价,路面主要病害特点及成因分析路面性能现状和发展历史;基于养护形势与需求,提出网级养护决策体系和项目级养护决策体系方法;采用费用效益比分析方法提出养护措施。基于路面性能预测选择养护路段,并从资金分配、国检要求、养护实施对交通量影响、养护施工便利性等因素统筹考虑安排路网网级规划,通过对多种养护方案进行分析,最终提出具体养护实施方案,包括养护路段、养护措施、养护时间、养护资金安排;通过针对性的路网路面健康监测与管理系统进行数据分析。

2015年该技术在南京公路发展(集团)有限公司中得到应用,且与常州市高速公路管理有限公司、苏州苏嘉杭高速公路有限公司达成合作意向并签署合同;养护决策体系及路面性能预测模型已在江苏省连徐高速、宁宿徐高速,浙江省沪杭甬高速、两龙高速及杭州绕城高速等中长期养护规划和养护改造设计中得到应用,共计应用里程2522公里。路面中长期养护规划与决策技术主要成果应用情况表见表4-1。随着路网数据不断积累,长寿命高速公路路网养护技术及对策体系将不断完善,从而转化课题研究成果服务于全省,乃至全国路网,为实现打造节约型社会国家战略奠定行业基础。

路面中长期养护规划与决策技术主要成果应用情况表　　　　表4-1

序号	主要成果应用单位	具体应用(范围和里程)
1	江苏省高速公路经营管理中心	南京机场高速、宁高高速、宁连高速、宁洛高速江苏段、宁通高速、通启高速、宁连一级路,共计780公里
2	南京公路发展(集团)有限公司	南京四桥、南京绕越东南段、南京雍六高速、南京绕越东北段,共计116公里
3	苏州苏嘉杭高速公路有限公司	苏嘉杭高速,共计98公里
4	常州市高速公路管理有限公司	江宜高速常州绕城段、常溧高速,共计55公里
5	江苏连徐高速公路有限公司	连霍(G36)高速、京台(G3)高速、淮徐(G2513)高速、济徐(S69)高速公路江苏段,共计410公里
6	江苏宁宿徐高速公路有限公司	S49宿迁至盱眙段、S96宿迁连接线、G2513宿徐段,共计248公里
7	浙江省交通投资集团有限公司	杭甬高速、上三高速、甬金高速、两龙高速,共计692公里

路面中长期养护规划与决策技术构建了长寿命路网养护决策体系,提出老龄化沥青路面发展趋势及预测模型,提出高速公路路网中长期养护技术与对策,对延长路网使用寿命、实现养护资金有效利用、延缓路网大修时间,对高速公路未来将面临的"老龄化"路网养护工作具有重要探索和示范作用,为行业技术进步和节能减排作出巨大的贡献。路面中长期养护规划与决策技术由苏交科集团股份有限公司研发,列入了交通运输部《2016年度交通运输建设科技成果推广目录》。

2. 公路养护科学决策技术

公路养护科学决策技术包括"网级"和"项目级"两个层次,即针对大规模路网的检测和评价分析,以及针对具体项目的养护设计。

公路养护科学决策技术通过应用多功能路况快速检测系统检测车采集路面破损、平整度、车辙、前方景观等指标,确定路网当前技术状况,分析历年路网或典型区域(路线)路况水平变化规律,总结归纳路网典型病害类型和数量。提出大中修、预防性养护、日常小修保养的路段位置和资金需求。在网级检测基础上,开展详细路况数据采集及分析工作,诊断分析路面病害类型、成因和数量。根据结构使用寿命和功能损坏周期,实施路面厚度、结构组合和材料设计,根据中长期养护规划,进行全寿命周期费用分析,推荐最佳养护方案。公路养护科学决策技术实施过程见图4-6。

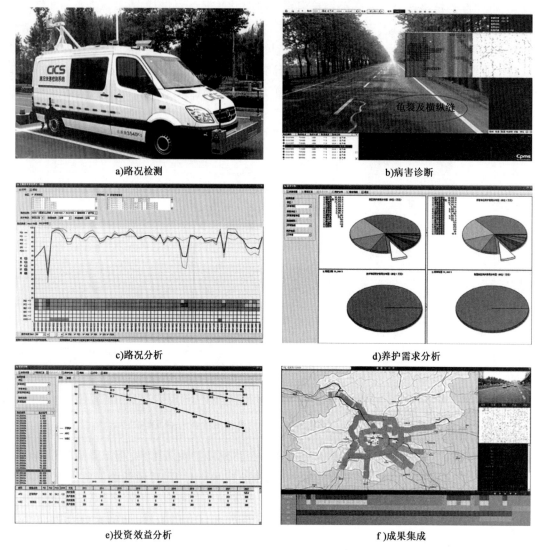

图 4-6 公路养护科学决策技术实施过程
(图片来源:交通运输节能低碳技术目录技术资料)

截至 2016 年 8 月,由技术、方法、装备、软件、标准组成的公路养护科学决策技术体系已经在全国东、中、西部 26 个省份 175 万余公里国省干线公路上进行了规模化应用及示范,实现了养护决策的科学化和现代化,引导了检测及养护分析技术的发展与进步。在全国举办路面检测及评价分析等交流培训活动 30 多期,培养骨干技术人员 6000 多人次。

应用公路养护科学决策技术,消除了人工调查方式对大交通量干线公路行车干扰,降低了交通事故率,提高了工作效率,减少了碳排放。公路养护科学决策技术由中公高科养护科技股份有限公司(公路养护技术国家工程研究中心)研发,列入交通运输部《2016 年度交通运输建设科技成果推广目录》。

在公路基础设施建设过程中,通过将智慧绿色低碳技术纳入公路规划、设计、施工、运营、养护全生命周期,提高整个路网效率,充分利用已有线位和资源,优化路线及工程设计、施工组织和实施方案,从源头降低对原材料和能源的需求,提高效率,降低能源消耗及碳排放量。

二、推进节能技术和清洁能源的使用,构建低碳用能体系

交通运输行业积极推广太阳能、地热能等绿色能源,广泛应用节能照明,构建低碳用能体系,创建了近零碳服务区示范项目。

(一)推广新能源技术

1. 太阳能光伏技术

太阳能光伏技术是直接将太阳的光能转换为电能的技术,有独立运行和并网运行两种方式。独立运行的光伏发电系统需要蓄电池作为储能装置,主要用于无电网的边远地区和人口分散地区;在有公共电网的地区,光伏发电与电网连接并网运行,省去蓄电池,不仅可大幅降低造价,而且有更高的发电效率和更好的环保性能。

(1)服务区太阳能光伏发电系统

山西盂县服务区充分利用高速公路匝道空地、服务区和收费站屋顶、部分停车区等空置资源,以"车棚光伏+屋顶光伏+地面光伏"相结合的模式建设,打造了装机总容量为395.28千瓦,年平均发电量约65.01万千瓦·时的太阳能光伏发电系统,并通过380V的电压等级接入当地电网。该项目每年将减少标准煤燃烧约195.23吨,同比实现减排二氧化碳约519.56吨、二氧化硫248.56千克、氮氧化物252.54千克、烟尘46.24千克。对区域经济社会发展、能源结构改善和节能减排发挥积极作用。

2017年,安徽省有8对服务区建设光伏并网系统,总安装容量1350千瓦,所发电量主要用于服务区供电,余量上网。按照每千瓦太阳能光伏发电系统年度发电量760千瓦·时,每年可发电102.7万千瓦·时,年节能量折合338.9吨标准煤;在肥东服务区,根据服务区的用电负荷确定光伏发电系统安装容量为390千瓦,各月光伏发电系统所发电量的70%~90%被服务区用电设备直接利用,光伏发电系统全年供给服务区的用电量占服务区总用电量的53.1%,全年节约电网供电量24.2万千瓦·时,年节能量折合79.9吨标准煤,节能效果显著。

(2)隧道光伏照明系统

怀化溆浦叶子坳隧道智能光伏照明工程由LED照明系统、离网光伏发电系统、智能照明控制系统、远程监控系统组成。LED照明系统总功率为6.2千瓦,太阳能光伏发电系统采用转换效率为16%的260Wp单晶组件,装机容量为37.44kWp,预计年发电量为30000千瓦·时,同时运用智能照明控制和远程监控技术,按需照明,真正实现了建设期零输变电建设费用,运营期零电费开支、零碳排放,是一种可持续发展、全寿命周期成本最低的公路隧道绿色照明系统。较传统高压钠灯照明系统,每年可节约电费15万元,减少二氧化碳排放162吨,在设计使用寿命25年内,可节约电费375万元,减少二氧化碳排放4050吨,社会经济效益显著。

(3)太阳能道路监控系统

采用高速公路全程视频监控技术是现代交通管理的有效手段,通过视频监控可实时掌握道路交通运行状态,对突发事件做出快速响应。但是公路的线性分布特点导致了监控外场摄像机的电网供电建设成本高、线路损耗大、电能利用率低等问题。河南高速公路发展有限责任公司利用太阳能光伏发电技术,在连霍高速公路郑州段和洛阳段全程220公里范围内100个监控点,成功实施了太阳能供电的全程视频监控系统示范工程,为全线100套视频监控摄像机

供电。每年节约市电 43800 千瓦·时，相当于减少标准煤 1.314 吨，减少排放二氧化碳 3.44 吨、二氧化硫 11.7 千克、氮氧化物 9.72 千克。

2. 热泵技术

热泵技术是全世界倍受关注的新能源技术。热泵是一种将低位热源的热能转移到高位热源的装置，通常是先从自然界的空气、水或土壤中获取低品位热能，经过电力做功，然后向人们提供可被利用的高品位热能。按热源种类的不同热泵分为地源热泵、空气源热泵等。

（1）地源热泵系统

地源热泵系统是一种利用地下浅层地热能进行制冷供热的新型能源利用系统，利用大地温度相对恒定的特性，解决了冬季采暖、夏季制冷问题，属可再生能源利用技术，与采用锅炉（煤、油、电）供暖 + 分体空调制冷方式相比较，系统简单，具有运行费用低，能耗低，不污染环境的特点。通常地源热泵消耗 1 千瓦·时的能量，用户可以得到超过 4 千瓦·时的热量或冷量。根据地热能交换系统形式的不同，地源热泵系统分为地埋管地源热泵系统、地下水地源热泵系统和地表水地源热泵系统。

①高速公路收费站、服务区应用案例。

地源热泵技术在高速公路收费站、服务区有较好的应用。山西省太佳高速公路临县收费站和临黄收费站以地下土壤作为冷热源，方山收费站和梁家庄收费站以地下水作为冷热源，夏季利用地源热泵供冷，冬季供暖。每年节约标准煤 298 吨，减少二氧化碳 732 吨、烟尘排放量 2.9 吨。岳武高速安徽段白帽服务区应用地源热泵技术，服务建筑面积 5067 平方米，每年可节电 83.0 万千瓦·时，折 273.8 吨标准煤。大广高速衡大地源热泵项目应用于 20 个站点，总建筑面积约 64341 平方米，节能约 1069 吨标准煤，每季减少二氧化碳排放量约 2860 吨。

②基于土壤源热泵技术的流体加热路/道面融雪系统。

利用土壤源热泵技术将土壤热源转化为高品位热能用于加热流体介质，利用预埋在路面结构内的循环流体管作为流体介质通道，通过流体介质的循环，将热能传递到路面结构，使路面温度场提高，实现融雪化冰的目的。该技术已在典型路段应用面积达到 300 万平方米，实现节能 20.59 吨标准煤/次，减排二氧化碳 30.02 吨/次。该技术由哈尔滨工业大学申报，已列入《交通运输行业重点节能低碳技术目录（2019 年度）》。

（2）空气源热泵系统

空气源热泵是目前世界上最先进、能效比最高的制热设备之一。它是根据逆卡诺循环原理，采用电能驱动，通过传热工质把空气中无法被利用的低品位热能有效吸收，将吸收回来的热能提升至可用的高品位热能并释放到水中的设备。在不同的工况下空气源热泵每消耗 1 千瓦电能就从低温热源中吸收 2~6 千瓦的免费热量，节能效果非常显著，已在高速公路沿线附属设施的采暖制冷及提供生活热水方面进行广泛应用。然而传统空气源热泵在寒冷地区应用时，存在制热量不足，能效比下降，可靠性差的问题，二氧化碳空气源热泵可以有效解决这一问题。

陕西省太白至凤县高速公路太白管理中心采用二氧化碳热泵机组、其余沿线设施采用空气源热泵采暖制冷，在太白管理中心采用二氧化碳复叠空气源热泵技术，服务建筑面积 22564.3 平方米，每年节电量 540 万千瓦·时，节能量 1782.63 吨标准煤。廊涿高速鹿泉服务区进行了二氧化碳空气源热泵替代燃煤锅炉综合节能改造项目，供暖面积 2950 平方米，每个采暖期约节省 30 吨标准煤，减少碳排放 57 吨。二氧化碳空气源热泵技术已列入《交通运输行业节能低碳技术推广目录(2021年度)》,考虑到现阶段二氧化碳冷热源系统造价较高,应用单位在使用时应逐步推进,优先考虑热力管网难以接入、对生态环保要求较高的寒冷地区,待压缩机等部件国产化后,进一步大规模使用。

(二)实施低碳施工

推进装配式桥梁在过江通道、大中桥梁中的应用,提高预制构件比例,推进低碳薄层铺装、耐久性路面结构等绿色低碳技术,通过技术与工艺的进步,推进我国公路基础设施建设过程中的资源节约、能源节约和碳减排。

1. 装配式桥梁技术

与传统现场施工钢筋绑扎、混凝土浇筑等桥梁建造方式不同,装配式桥梁的下部结构(墩柱、承台、盖梁)和上部结构(箱梁、板梁、T梁)的部分或全部构件,通过在预制构件厂中加工成型后,运输至施工现场吊装拼接成桥梁主体。桥梁的各个构件通过在预制生产过程中加工的预埋孔位、预埋钢筋、连接装置进行机械连接,利用构件中的灌浆套筒进行压浆,使混凝土充分填充构件之间的空隙,起到整体强固作用。20世纪70年代,桥梁预制拼装技术在荷兰、美国等地开始应用,美国联邦公路署于2004年开展了桥梁快速施工相关技术的系列研究,核心就是预制拼装技术研究及在桥梁建造中的推广应用。近年来,在国内呼和浩特昭乌达路哲里木路城市快速路、上海S6高速公路及S26高速公路延伸段,上海闵行北二段高架,吉林、黑龙江等地高速也都进行了预制拼装桥梁的施工。

装配式"搭桥"工艺将"一线后移",减少了现场浇筑、混凝土构件等多环节。不仅大大提升施工效率,而且绿色环保。这种施工方式不占用施工场地,还减少了施工噪声和建筑垃圾,大大降低了对周边市民的影响。预制基地的工厂化不仅适宜"精耕细作",标准化的生产线还可实现节能高效。

荣乌高速装配式桥梁,长3678米,是装配式桥梁技术在河北省的首次应用,也是全国规模最大的装配式桥梁。这座装配式桥梁所使用的3951根管柱、1806根管装、602片梁和4896片双T梁,全部采用了工厂化预制,预制完之后运到现场就像搭积木一样进行组装拼装(图4-7)。

图4-7 荣乌高速装配式桥梁建造现场

(图片来源:https://xw.qq.com/cmsid/20210515A076U300)

京德高速全线桥梁比达50%，梁板数量多达18086片，京德高速在全线打造了2座全国规模最大、技术最先进的预制T梁环形生产线，采用流水线制梁，像生产汽车一样来生产桥梁梁板，大大加快了梁板预制速度。环形生产线生产1片梁仅需2.7天，而采用传统制梁工艺每个台座的生产周期需9天，相比之下，环形生产线具有极大的工效优势，工效是传统工艺的3倍，极大地提高了工作效率，减少了碳排放。

2. 温拌高性能薄层铺装技术

温拌高性能薄层铺装技术（U-PAVE）采用密级配设计，利用多链聚烯烃改性剂与SBS改性沥青的高温复合改性，形成兼具温拌与抗车辙双重功能的复合改性效果。U-PAVE沥青混合料具有抗车辙、抗滑、施工和易性好、降噪等特点，是一种高性能的功能性养护材料。

温拌高性能薄层铺装技术采用2.5厘米铺装厚度，比常规的4厘米罩面混合料减小厚度40%左右，可减少大量的沥青和石料等天然原材料的消耗。施工温度15℃，节约生产能耗20%~30%，缩短施工时间。与传统技术相比，每吨U-PAVE沥青混合料节约能耗85.14兆焦，降低19.3%二氧化碳排放量，具有明显的节能减排效果。自2014年起，温拌高性能薄层铺装技术已在江苏省的公路工程中得到了广泛的应用，累计应用规模超过32万平方米。

U-PAVE可用于沥青路面或水泥混凝土桥面沥青铺装的表面层或磨耗层，适用于高速公路以及干线公路的新建工程或养护工程，对车辙、抗滑性能不足、水损害、轻度裂缝等病害具有良好的处治效果。该技术由江苏中路工程技术研究院有限公司申报，列入交通运输部《交通运输行业重点节能低碳技术推广目录（2018年度）》。

3. 施工机械低碳技术改造

为了降低施工机械的碳排放，在施工过程中对施工机械（主要包括施工设施设备和施工车辆）进行技术改造，现对沥青拌和楼油改气技术进行重点介绍。

传统沥青拌和采用燃料油作为燃料，具有以下弊端：燃料油成分复杂，燃烧过程中热量释放不稳定，难以充分燃烧，产生的沥青烟、粉尘等污染物污染大气环境。将经过低温液化处理后的天然气（LNG）用于沥青拌和楼，替代重油、橡胶油等燃料油，液化天然气和重油等燃料油可共享一个燃烧机，通过不同的阀门开关可实现"油、气"管道的切换，实现"油改气"。液化天然气经过净化后，不掺和任何杂质，具有热值含量高、单位成本低、燃烧充分等特点。沥青拌和楼在采用"油改气"技术后，传统拌和楼可以实现"油气两用"，能够提高能源利用效率，降低二氧化碳及废气排放，减少燃烧装置损坏。鹤岗—大连高速公路在工程建设中有10处沥青拌和楼进行了"油改气"设备改造，共拌和沥青混合料2334.5万吨，共计使用天然气929万立方米，经核算减少二氧化碳排放量4153吨。

（三）降低公路运营能耗

1. 公路蓄能自发光交通标识和LED蓄能灯具

（1）技术简介

公路蓄能自发光交通标识采用碱土铝酸盐材料制作，以吸光-储光-自发光的形式工作。通过5~15分钟吸收、储存自然光、机动车辆及各类照明灯光光能，无需其他任何能源，可维持夜间和无光线环境下12小时自发黄、蓝绿色光。发光二极管（Light Emitting Diode，LED）是一种能够将电能转化为可见光的固态的半导体器件。与传统光源的发光效果相比,LED光源是低压微电子产品,成功地融合了计算机技术、网络通信技术、图像处理技术、嵌入式控制技术等。

LED蓄能灯具使用LED灯珠与蓄能发光材料组合为主体的发光部件,通过内置或外置智能光源激发器再接入供电系统(可由市电、蓄电池、超级电容、太阳能供电装置等供电)。LED蓄能灯具短时间内由LED灯发光(电灯发光的同时激发蓄能发光材料蓄光),后较长一段时间由蓄能部件发光。该装置和传统灯具相比具有光线不刺眼、自发光时间长的优点。在该装置适当位置上安设反光结构后,提供了有、无车辆灯光条件下较好的照明、指示及诱导作用,提升了无灯光车辆和行人在公路上的夜间通行安全水平。

(2)应用案例

自2011—2015年,在浙江省金华市及全省农村公路中推广应用了1151公里的公路蓄能自发光交通标识和LED蓄能灯具。公路蓄能自发光交通标识和LED蓄能灯具的研发成功为改善夜间道路暗黑环境提供了新方法。全国现有农村公路总里程已达446.6万公里,"公路蓄能自发光交通标识和LED蓄能灯具"的推广应用可减少路灯使用,节能减排潜力大。该技术由金华市公路管理局研发,列入了交通运输部《2016年度交通运输建设科技成果推广目录》。

金华市公路管理局与浙江路光科技有限公司还开发了"公路隧道蓄能自发光应急诱导系统",利用自发光技术、逆反射技术、LED智能控制技术结合太阳能供电技术对农村公路、隧道等进行灯光诱导。典型路段每千米节能20吨标准煤,减排二氧化碳60吨。该技术已被列入《交通运输行业重点节能低碳技术推广目录(2019年度)》。

2.隧道节能照明

电力载波变色温隧道灯通过调节高色温灯珠、低色温灯珠的不同亮度,以及不同色温灯珠的分配比例,改变整灯色温,有效解决了隧道出入口段光环境变化差异大的问题,利于隧道安全、稳定、舒适、低碳运行。该产品先后在贵州、云南、甘肃、浙江、湖北、青海、广西、山西、海南9个省(区)14条高速公路中88处隧道示范应用,以安装的变色温隧道灯获得的调研数据为基础,经过不同使用年份的应用效果显示,该变色温隧道灯不仅有效降低了隧道整体建设成本,还有效解决了隧道出入口段光环境变化差异大的问题,填补了我国在隧道运营过程中安全与能耗两大技术难题有效结合的空白。

广西交科集团有限公司通过创新隧道照明控制模式、车辆检测技术、环境传感技术的方式,做到全面动态、精细地实时自适应调节和控制,获取车流量、车速、车型、位移坐标等车辆实时信息及隧道内外光环境实时信息,实现最大限度杜绝隧道照明能源的浪费,并提高行车安全系数。典型案例应用实现年节能1229吨标准煤,年减排二氧化碳7140吨。

3.智慧供配电技术

高速公路外场监控设备负荷小而分散,供电方式呈带状式分布,供电距离长,其变电站一般设置在管理中心、收费站、服务区、养护工区等场区内,供电间隔一般为10~30公里。

传统供电方案均采用380伏直接供电与660伏升降压供电相结合的方式,存在电缆用量大、线损大、需要三相平衡等问题,设计和施工难度都较大。分布式智慧节能供电方案通过变电所的上端电源柜输出单相3.3千伏电压,传输至各用电点下端电源箱,再变压至220伏向设备供电,节省了电缆用量且减少了使用种类,同时,由于是单相电压,也不需要考虑三相平衡的问题,降低了设计和施工难度。

与此同时,传统电容补偿柜无法对外场情报板、摄像机等电子性负载的脉冲式用电进行补偿,还会导致相位角偏移,使设备在非电压波峰时用电,加大电网和供电设备压力。分布式智慧节能供电系统,可以对电子性负载进行功率因数补偿,补偿后系统功率因数可达0.95,解决外场监控设备功率因数过低的问题,降低系统用电量,实现节能减排的效果。

供配电节能系统兼有UPS电源、EPS电源、稳压电源和隔离变压器的功能,可以不再另外配置这些设备。上端电源柜和下端电源箱可进行智能通信,检测下端电源箱用电情况。上端管理模块可对下端电源箱单个回路进行开关、调压等操作,可根据实际用电情况进行电压调节。广佛肇高速公路在3处收费站、8座隧道、1处停车区采用供配电节能供电方案,经核算,年节电量达562.4千瓦·时,折合1856吨标准煤。

4. 隧道节能通风

隧道通风是山区高速公路运营期能耗的主要来源。采取智能控制策略,在保证通风功能的前提下,可以达到降低能耗、减少运营费用的目标。隧道运营通风智能控制系统由隧道管理站的通风照明控制计算机、隧道本地控制器(PLC)、能见度/一氧化碳(VI/CO)检测器、风速风向检测器、风机配电控制柜、数据网络通信设备等组成。当交通情况正常时,系统主机主要以检测的CO/VI值、风速风向作为控制的主要参数,结合交通流量,通过前馈式宏观间接模糊通风控制模式对风机实施变频控制,将控制信号送至射流风机系统完成通风自动控制功能。当发生火灾或交通事故时,隧道内火灾探测器、CO/VI检测器数据被传送到隧道管理站,系统主机做出反应,通过闭路电视监视系统对隧道内部报警区域进行确认,值班操作人员综合分析火灾或交通事故等信息后,下达通风自动控制指令。

安徽岳武高速全线6座隧道共布设了152台风机,均设置了隧道运营通风智能控制系统,经核算,每年节约用电量98.496万千瓦·时,折合325.04吨标准煤。此外,针对明堂山特长隧道,在现有通风设备的基础上,在国内首次采用单通道送风式纵向通风方案,采用单向0.8%的纵坡,相比初步设计1.25%的双向坡,降低了明堂山隧道内爬坡高度,减小了隧道排气压力,可充分利用竖井或横通道中自然通风和互补通风的条件,每天仅需2小时全负荷工作,节能优势显著。与单竖井通风相比,每年可节能30.18万千瓦·时,折合99.59吨标准煤。

(四)提高结构耐久性

1. 重载交通组合式基层耐久路面关键技术

(1)技术简介

随着经济的发展,交通量和轴载日益增长对路面结构性能提出了越来越高的要求,耐久、经济、环保、节能的路面结构是道路工程领域的研究热门。重载交通组合式基层耐久路面关键技术基于极限应变控制指标和无机结合料稳定材料新型疲劳损伤模型进行路面结构设计,确保路面结构在使用年限内不发生结构性破坏;路面结构根据受力特点按功能层进行设计,充分发挥各个结构层的优势,保证路面的功能性使用性能和结构性使用性能。

(2)发展现状及未来发展建议

重载交通组合式基层耐久路面关键技术主要应用于新建、改建、大修高速公路路面工程中。山东省内已应用的新建高速公路项目累计应用合计达3000公里,在高速公路大修工程中和改扩建工程中推广应用里程超过1000公里。内蒙古、安徽等地应用累计超过600公里。

本项技术延长道路使用寿命、避免周期性重建、减少维修次数,充分提高了道路材料的使用效率,符合公路建设环保、经济和可持续发展的要求。该技术使路面总体厚度变小,节约资源,节省能源,保护生态环境,既继承了我国传统半刚性基层路面结构承载力大的优点,又吸收了美国永久性路面(或长寿命路面)的技术原理和优势,同时克服了无机结合料稳定材料层疲劳、温缩、干缩引起路面开裂的缺陷,既耐久又节约资源,减少碳排放,是一项具有广阔应用前景的耐久路面技术。

2. 耐久型排水沥青路面修筑技术

(1)技术简介

排水沥青路面,压实后空隙率一般在20%左右,连通空隙在混合料内部形成排水通道,雨天时能够将雨水及时排出,防止路面积水。粗集料含量为80%以上,按照嵌挤机理形成骨架-空隙结构。我国排水沥青路面的使用条件较为苛刻,涉及重载交通问题、夏季的炎热高温和半刚性基层结构体系。为满足排水沥青路面在我国的应用要求,通过研究提出并总结了耐久型排水沥青路面修筑技术,基于优化的路面结构设计、配合比设计、沥青和集料等材料性能控制以及严格的施工工艺流程控制,保证排水沥青路面具有良好的抵抗飞散、车辙及裂缝的结构性能,同时具有显著的排水、抗滑、降噪功能。耐久型排水沥青路面平均寿命可达到10年以上,同时维持安全、环保的服务功能8年以上。

(2)发展应用现状

2005年至今,耐久型排水沥青路面已经在我国江苏、四川、江西等省份高速公路进行了二百余公里的应用。其中包括江苏沿海、宁杭、盐靖、宁宿徐高速公路,江西永武高速公路,四川遂资、遂广高速公路,湖南龙永高速公路,浙江金丽温高速公路等。此外,在南京机场快速路、青岛中德生态园、石家庄东三环、南三环等城市快速路和市政道路上也进行了使用。江苏沿海高速公路排水沥青路面使用10年后依然具有排水功能,各项路面状况指标仍为优等级,体现出了排水沥青路面结构和功能的双重耐久性。为提高排水沥青路面的降噪性能并满足防堵塞需求,在四川遂资高速公路和江苏宁宿徐高速公路修筑并应用了双层排水沥青降噪路面。

排水沥青路面已经成为我国未来道路工程的革新方向之一,是提升道路安全功能和服务品质的重要趋势。目前,耐久型排水沥青路面修筑技术能够满足我国夏季高温、重载及超载严重的使用条件,其结构和功能的耐久性已在我国高速公路和城市主干线等得到了验证,并形成了包含路面结构设计、材料设计、试验检测评价、施工与质量控制等关键技术的成套技术体系,为排水沥青路面在我国的推广应用扫除了关键技术和经济成本的壁垒。由于耐久型排水沥青路面修筑技术提高了公路的寿命,降低了公路维修过程的碳排放,因此具有良好的节能减排效果。

(五)建设近零碳低碳服务区

积极探索清洁能源、可再生能源在公路服务区、收费站的应用,在高速公路服务区建设充电基础设施,为绿色运输和绿色出行提供便利。

1. 天津零碳服务区

2021年11月6日，由天津城投集团所属高速公路公司投资建设运营的G25长深高速天津段津南服务区升级改造全面完成，同步实施的光伏发电项目成功实现并网发电，标志着天津高速首个零碳服务区正式投入运营（图4-8）。

图4-8 天津高速首个零碳服务区

（图片来源：https://baijiahao.baidu.com/s?id=1715667081635402373&wfr=spider&for=pc）

津南服务区位于G25长深高速天津段，总建筑面积约12347平方米。该服务区借鉴国内高速公路开发光伏发电经验，利用屋顶光伏、车棚光伏等多个场景，并将高速公路服务区"光伏发电+新能源服务"综合运用，打造了国内高速首个集清洁能源发电、充电桩、换电站于一体的新能源补给站。服务区光伏总装机容量达到1166千瓦，预计年发电量为140万千瓦·时，每年可节约352吨标准煤、减少二氧化碳排放1100吨。同时，每年还能向电网提供30万千瓦·时的清洁能源，电力耗能方面实现了"碳中和"。改造过程中，融入了绿色低碳建造理念和技术，将建筑节能、固体废弃物综合利用、智慧能源管理等技术进行了综合应用，实现了"低碳建造、零碳运营"的理念，有效促进交通运输行业低碳发展。津南服务区引入智能化管理，涵盖视频监控、客流分析系统、能耗监测系统及人脸识别支付等技术。新升级的智慧厕所集蹲位布局、人流状况、气味监测于一体，通过潮汐厕位设置，可调整男女厕位比例。

天津高速公路集团有限公司将在津南服务区试点应用的基础上，在全路网范围内进一步加大清洁能源和新能源补给站的建设力度，未来两年内将57个服务区全部打造成"零碳运营"。

2. 永武高速公路西海低碳服务区

永武高速公路西海服务区，利用太阳能光伏发电站，基本解决了整个服务区的用电问题。太阳能光热淋浴系统、地源热泵空调系统，解决服务区生活热水来源。餐厅、卫生间等服务设施均按照绿色建筑的标准设计，餐厅及会议中心还应用了光导照明技术，充分利用自然光照明进而减少能源消耗。为避免生活污水排放对柘林湖水体的污染，西海服务区还建设了基于生物膜技术和生物滤床技术的生活污水再生利用系统，实现了生活污水的循环利用。

通过低碳服务区建设技术的应用,实现了西海服务区用能绿色化、污水资源化,减少了碳排放,保护了柘林湖宝贵的水资源。可以说,西海服务区完全实现了绿色生态系统的循环,为高速公路的建设与运营管理提供了新的模式。

三、推广废旧材料循环利用,实现高耗能材料替代

在公路基础设施建设过程中,我国积极推行废旧沥青、钢材、水泥等材料再生和循环利用,推广粉煤灰、煤矸石、矿渣、废旧轮胎等工业废料的综合利用,大大减少了对新的建造材料的需求、能耗和碳排放。

(一)废旧沥青再生利用技术

随着国家高速公路网的不断完善,每年高速公路路面大中修规模将达到8000公里以上,每年产生的废旧路面材料数量与目前每年新建高速公路面层所需材料数量相当。《绿色交通"十四五"发展规划》提出,在全国高速公路、普通国省干线公路、农村公路改扩建和修复养护工程中,积极应用路面材料循环再生技术,高速公路、普通国省干线公路废旧沥青路面材料循环利用率分别达到95%和80%以上。推动山西、陕西、蒙西等地区应用煤渣、粉煤灰等作为公路路基材料,推动河北、山东、江苏等省份应用炼钢炉渣和城市建筑废弃物等作为公路路基材料。推进隧道弃渣用于公路路基填筑和机制砂、水泥砖生产。

废旧沥青再生技术,是将需要翻修的旧沥青路面,经翻挖、回收、破碎、筛分后,与再生剂、新沥青材料、新集料等按一定比例重新拌和,获得满足一定路用性能的再生沥青混合料,并用其重新铺筑路面的一套工艺技术。根据再生沥青混合料拌制和施工温度的不同,废旧沥青再生可分为冷再生和热再生。冷再生过程中,对旧路铣刨、新旧料的拌和与摊铺是在常温下进行的,冷再生混合料通常采用乳化沥青或泡沫沥青;热再生过程中,对旧路面铣刨、新旧料拌和时需要加热。

冷再生利用技术由于整个作业过程不需要加热,均在常温下进行,能有效减少二氧化碳、二氧化硫等污染物的排放,同时大比例消纳废料,能节约大量的矿山石料和沥青资源,保护生态环境,具有更好的节能减排效益。以西潼、西宝高速为例,该项目中泡沫沥青冷再生混合料施工总量为26.4万立方米,生产泡沫沥青冷再生混合料49.7万吨,直接节约8000吨标准煤,减少二氧化碳排放量2万吨。折合每生产1吨冷再生混合料节约0.016吨标准煤,减少0.04吨二氧化碳的排放。沥青冷再生技术是一种低碳环保的筑路技术,该技术由中国交通建设股份有限公司研发,已被列入交通运输部《交通运输行业重点节能低碳技术推广目录(2018年度)》。

(二)固体废物资源化利用技术

我国高速公路建设需要大量的土石方资源,我国是煤矸石、矿渣、炉渣、粉煤灰等大宗工业固体废弃物和建筑垃圾的产生大国,对空气、地下水、生态环境都造成不同程度的污染和破坏,公路基础设施建设过程中对固体废物的资源化利用,不仅能够减少生态破坏,还有利于节约资源,降低碳排放。

1. 废旧轮胎胶粉改性沥青

在沥青生产时,利用废旧轮胎与基质沥青产生互换和传质。废旧轮胎胶粉吸收基质沥青

中的轻质组分而发生溶胀;部分废旧轮胎胶粉发生降解、脱硫反应,溶于基质沥青,改善了基质沥青的组成,对沥青的微观流动形成阻尼作用,有效提高橡胶沥青黏度。广西大学与广西正通工程技术有限公司应用该技术实施了 30 万平方米的铺装,苏交科集团股份有限公司应用废旧轮胎胶粉改性沥青 21324.2 吨,河北省交通规划设计研究院有限公司均开展了超过 1000 公里的应用。该技术为绿色循环利用类技术,难以量化估计其节能效果,但对节约资源、保护环境具有重要作用,应用时要加强胶粉改性沥青质量控制,若使用不合格沥青、掺杂电缆线等杂胶的胶粉进行胶粉改性沥青生产,不进行指标调控,将严重影响胶粉改性沥青路面质量。生产线需要配备相应的环保设备,防止生产过程中的污染。该技术已被列入交通运输部《交通运输行业重点节能低碳技术推广目录(2018 年度)》。

2. 钢渣筑路

新疆交通建设集团股份有限公司研发了矿山固体废弃物筑路技术,该技术通过钢渣与砾石形成混合料骨架密实网状结构,提高水泥稳定材料的强度,节约资源,降低能耗。该技术适用于采用钢渣等矿山固体废弃物的公路水泥稳定基层。项目依托工程应用废旧钢渣 3.1 万吨,其他标段累计应用 32 万吨,实现减碳 564.3 吨。现阶段将钢渣等废弃物应用于高等级公路的实例较少,应用单位在使用时应因地制宜,合理使用该项技术。该技术被列入《交通运输行业节能低碳技术推广目录(2021 年度)》。

3. 建筑垃圾筑路

西咸北环高速公路建设成为我国首条以建筑垃圾为主导筑路材料的"科技环保示范工程",全方位推进建筑垃圾资源化利用。在项目沿线规划设置了 3 处固定式和 2 处移动式建筑垃圾加工厂,城市建筑垃圾经过专门的处理后被用于西安外环高速公路南段地基处理、路基填筑、路面基层、构件预制及边坡防护及临建工程等施工项目中,实现了建筑垃圾处理利用的最大化,有效解决了西安周边建筑垃圾处理难题。全线共计消纳建筑垃圾 600 多万吨,将粗放式简单填埋变为资源化利用,减少建筑垃圾占地约 200 万平方米,减少土地开挖面积超 100 万平方米,减少二氧化碳排放约 3500 万立方米。项目消耗的建筑垃圾再生材料代替了传统的沙砾、石渣等材料,可节约工程造价约 1.7 亿元,减少建筑垃圾清运消纳费用约 2.5 亿元。

4. 粉煤灰高性能混凝土

粉煤灰是燃煤电厂排出的主要固体废物,是当前我国排量较大的工业废渣之一。粉煤灰是一种人工火山灰质混合材料,它本身略有或没有水硬胶凝性能,作为掺料应用在水泥混凝土中可改善混凝土拌和物的和易性,增强混凝土的可泵性,减少混凝土的徐变、水化热及热能膨胀性,提高混凝土抗渗能力。此外,掺加粉煤灰的混凝土还具有后期强度高、抗硫酸盐侵蚀性能好、干缩率小等优点。根据结构混凝土路用性能要求,在桥梁桩基、承台、盖梁、台身、侧墙、隧道二衬及桥面护栏等低强度等级混凝土中掺加水泥用量 15%~25% 的粉煤灰,形成具有混凝土结构所要求各项力学性能(高耐久性、高工作性和高体积稳定性)的高性能混凝土,在保证工程质量的基础上,既可以实现对高耗能材料的替代,又可在一定程度上节省工程造价,具有良好的经济和社会效益。

(三)隧道弃渣利用技术

公路隧道的开挖会产生大量的弃渣,对隧道弃渣进行合理利用是公路建设资源节约和可持续利用的重要方面。目前,隧道弃渣重复利用技术已经比较成熟,并且得到了广泛应用,即通过对隧道弃渣进行筛选、破碎、筛分、除尘等加工工艺实现资源的再利用。加工后的弃渣可用于路基填筑、路面底基层及基层建设,也可用于挡墙、生态砌块等附属工程混凝土构件中,还可用于隧道进出口、互通等位置的边坡放缓、地形营造。

鹤大高速隧道开挖产生大量弃渣,全线隧道出渣总量为582.56万立方米。对隧道弃渣进行综合利用,制作筑路碎石和机制砂,用于路基填筑、路面底基层及基层建设。此外,鹤大高速隧道弃渣的一项特色应用为制作生态砌块,通过对隧道弃渣进行筛选、破碎、筛分、除尘,研发高强度环保型砌筑材料生产及砌块成型机械技术、寒区公路边坡生态砌块及道面铺装成套技术,用于生态砌块等附属工程混凝土构件,实现弃渣综合利用。机制生态砌块经配合比设计、自动生产线预制、蒸汽养生、完全工厂化生产,砌块强度高、耐腐蚀、节能环保,产品质量高;采用装配式施工方法,不需浆砌,施工方便快捷,满足标准化施工的要求;产品样式新颖美观,形式多样,与绿化相结合,可以满足景观要求;产品是具有自锁功能的柔性结构,具有良好的整体性,能适应基础和边坡的轻微变形,适应性好,透水性好,利于植物生长。鹤大高速通过利用隧道弃渣减少运输可节约柴油1417.25万升,折合17346.66吨标准煤,减排二氧化碳37624.92吨。

四、开展路域碳汇建设,最大限度抵消碳排放

自1983年交通部制定颁布了《公路标准化美化标准》后,公路绿化逐渐引起重视。随着我国公路建设事业的蓬勃发展,道路绿化也取得巨大成就,为大规模国土绿化行动做出了重大贡献。截至2021年年底,公路绿化总里程已经达到333.1万公里,公路绿化率达66%。公路交通基础设施绿化工作促进了路域生态系统面积不断扩大,路权范围内的植被通过光合作用从大气中吸收二氧化碳,形成碳汇(carbon sink)。植物光合作用及其生长过程中对土壤碳库的输入,使路域绿化植被已成为重要的碳汇,能够在一定程度上抵消交通运输中的碳排放,为交通运输碳中和做出重要贡献。《绿色交通"十四五"发展规划》提出了提高交通基础设施固碳能力的要求,到2025年,湿润地区高速公路及普通国省干线公路可绿化里程绿化率达到95%以上,半湿润区达到85%以上。

(一)植物纤维毯植被恢复技术

植物纤维毯植被恢复技术是一种固土加筋的生态护坡工程技术,在干旱少雨区,通过调控式植物纤维毯的使用,可以实现集雨灌溉、促进灌木建成,可有效防治水土流失;对于降雨集中或降雨量大的地区,可尽量多地排导坡面径流,减少径流冲刷,维护坡面稳定;对于青藏高原地区,该技术的应用可减少地表蒸发,减弱幼苗期植物受到的紫外线辐射,提高植物的成活率,有效促进植被建成。

植物纤维毯植被恢复技术已在多条高速公路应用。京石高速公路全线推广植物纤维毯植被恢复工程面积470万平方米,实现了施工期边坡的及时防护,有效控制了工地扬尘。赤水河谷旅游公路推广植物纤维毯植被恢复技术替代客土喷播工程,节约了成本,显著减少了施工期水土流失,提高了施工期环境保护成效,建立了草灌复合群落,保障了植被的持续效果,边坡滑塌情况大为改善。河南机西高速公路推广该技术替代8米以下边坡的工程防护措施,产生了

较好的环境、经济效益。在青藏高原G214高速公路边坡防护中应用该技术,保持土壤水分,减弱幼苗期高强度的紫外线辐射,有效提高了该区的播种植被的成活率。植物纤维毯植被恢复技术已在北方干旱与半干旱区、南方湿润多雨区、西南喀斯特地貌区、青藏高原区进行了应用。该技术的持有单位为交通运输部科学研究院,该技术已被列入交通运输部《2016年度交通运输建设科技成果推广目录》。

(二)绿色公路建设边坡三联生态防护技术

边坡三联生态防护技术是通过生物群落与工程措施有机结合,构建"岩土体—基质—植被群落"体系对坡面进行防护的新型生态防护工程技术。该技术体系由锚杆加镀锌机编金属网的物理防护、专用纤维和黏结材料合理配比后构成的抗蚀防护、植被生态防护三部分组成。其中最核心、最关键的植被生态防护是通过重建土壤生境系统(Soil Habitat System)、植被群落系统(Plant Community System)和营养物质循环系统(Nutrition Substance Cycle System),修复边坡坡面生态系统的结构与功能,使其实现自主演替、自我循环、自我维持。

自2004年以来,三联生态防护技术在高寒冻融区、半干旱荒漠草原生态区、青藏高原生态区、云贵高原生态区、黄土高原水土流失敏感区、亚热带强降雨地区等全国多个生态区域,通过了持续17年的科学研究和13年100多项的工程验证,在我国公路、铁路、管道、水运、机场等领域均取得较好的应用效果。该技术由路域生态工程有限公司申报,已入选交通运输部《2016年度交通运输建设科技成果推广目录》。

第三节 公路运输装备低碳实践

一、新能源汽车

2019年9月,中共中央、国务院印发了《交通强国建设纲要》,明确提出要促进公路货运节能减排,打好柴油货车污染治理攻坚战,推动城市公共交通工具和城市物流配送车辆全部实现电动化、新能源化和清洁化。2020年10月,国务院办公厅印发了《新能源汽车产业发展规划(2021—2035年)》提出,到2025年新能源汽车新车销量占比达到25%左右。

(一)氢燃料电池汽车

《新能源汽车产业发展规划(2021—2035年)》指出,要有序推进氢燃料电池供给体系建设,提高氢燃料制储运经济性和推进加氢基础设施建设。建设智能基础设施服务平台,统筹加氢技术和接口、车用储氢装置。2020年9月,财政部、工业和信息化部、科技部、发展和改革委员会、国家能源局五部委下发了《关于开展燃料电池汽车示范应用的通知》,指出示范期暂定为四年,示范期间,五部委将采取"以奖代补"方式,对入围示范的城市群按照其目标完成情况给予奖励。

氢燃料电池公交车当前正处于示范应用阶段,郑州市公共交通集团有限公司通过建立智能化的车辆管理平台和规范化的管理制度,科学应用23台氢燃料电池公交车,与传统燃油车的替代比达1∶1,年节能替代量642吨标准煤,年二氧化碳减排量1449.46吨。该示范项目被列入《交通运输行业节能低碳技术推广目录(2021年度)》。随着国家及地方产业政策的逐步实施、我国氢燃料电池核心技术的逐步突破、相关配套产业的逐步完善,新能源汽车行业未来将有广阔的发展空间。

(二)纯电动及混合动力汽车

1. 纯电动汽车(BEV)

纯电动汽车(Electrical Vehicle,EV)又称为电池电动汽车(Battery Electrical Vehicle,BEV),是以车载蓄电池为动力源,由牵引电动机驱动车辆行驶的汽车。其能量补充依靠外电源对动力电池进行充电,并通过动力蓄电池向驱动电动机提供电能来驱动汽车,车辆自身具有能量回收功能。

纯电动汽车的主要优点是:①为蓄电池充电的电能是二次能源,电能可以来源于风能、太阳能、水能、核能等能源,所以纯电动汽车能源的来源极其丰富。②在行驶中无废气排出,是"零污染"汽车。③振动和噪声比内燃机汽车小。④驱动系统机械结构简单,可靠性高,故障频率低,易于维护。

临沂市公共交通集团有限公司从2010年2月起,先后在5条公交线路上进行了SDL6120EVG纯电动车的示范运行,100台纯电动公交车累计运行总里程230多万公里,耗电总量250多万千瓦·时,替代柴油89.7万升,折合1085吨标准煤,减少二氧化碳排放1529.5吨。该项目被列入交通运输部第四批节能减排示范项目。

2. 混合动力电动汽车(HEV)

混合动力电动汽车(Hybrid Electrical Vehicle,HEV),主要是指在传统内燃机汽车基础上耦合增加一套由驱动电动机和动力蓄电池组成的辅助动力系统,并由该系统进行功率的平衡、耦合以及能量的再生与存储等功能的汽车。根据机电耦合的程度、控制策略和道路交通状况,节油率在10%~40%不等。

混合动力电动汽车一般可以分为并联、串联或混联等几种形式。混合动力电动汽车的优点:①采用小排量的发动机,降低燃油消耗,并可以使发动机经常工作在高效低排放区,提高了能量转换效率,降低排放。②将制动、下坡时的能量回收到蓄电池中再次利用,降低燃油消耗。③利用现有的加油设施,具有与传统燃油汽车相同的续驶里程;电动机和内燃机联合驱动提高车辆动力性。④可以充分利用传统汽车工业已形成的庞大生产能力和基础设施,不需要大量投资。

北京公共交通控股(集团)有限公司是国内最早着手研发纯电动汽车的企业,率先开展了纯电动公交车和混合动力公交车的规模示范应用,每年910辆新能源公交车可节约柴油533万升,减少二氧化碳排放约14018吨,其中,混合动力车年减排10862吨,单车平均减排12.63吨;纯电动车年减排3156吨,单车平均减排63.12吨。该项目已被列入交通运输部第三批节能减排示范项目。

3. 纯电动重型载货汽车

公路货运领域是交通运输行业能耗和碳排放重点领域。与当前公交车、客车和城市物流配送车领域的电动化进程较快的情况不同,纯电动重型载货汽车的应用尚处于起步阶段,主要原因如下：①纯电动重型载货汽车的续驶里程主要取决于车辆搭载的动力电池容量，但搭载大量动力电池，又会造成纯电动重型载货汽车的自重较大，导致其百公里电耗增加，载质量利用系数下降等问题，纯电动重型载货汽车的续驶里程将成为其在实际应用中的最大障碍之一。②与当前广泛应用的纯电动乘用车、客车及轻型物流配送车相比，纯电动重型载货汽车搭载的电池容量较大，且其实际运营对充电时间有较高要求，需要在短时间内充入较大电量，这就对纯电动重型载货汽车充电基础设施的充电功率提出了要求。③受动力电池的电化学特性影响，当温度在(25±5)℃区间时，动力电池的活性最大，也最适宜工作。当温度过低时，锂电池放电能力会有所降低，造成车辆的续驶里程进一步减少。当温度过高时，会触发动力电池热失控风险，存在安全隐患。④目前纯电动重型载货汽车价格偏高，也是限制其推广应用的主要因素之一。

宜家贸易服务(中国)有限公司上海分公司及喜事达物流有限公司联合开展纯电动重型载货汽车在物流行业的应用示范，应用规模包括2辆HN4252H35C8BEV型纯电动重型牵引车，1个配套充电基础设施。车辆总质量49吨，额定载质量29吨，电池容量282千瓦·时，续驶里程170公里。充电桩可支持双枪充电，最大充电功率240千瓦，最快0.8小时可充满一辆纯电动重型卡车。该示范案例显示使用纯电动重型载货汽车后，每车每日可节能25千克标准煤，减少碳排放103.84千克。该示范项目被列入《交通运输行业节能低碳技术推广目录(2021年度)》。

4. 推广应用及发展

交通运输行业是新能源汽车推广应用的重要领域。交通运输部持续创新新能源汽车应用模式、落实扶持政策、扩大使用规模，加大行业推广应用力度，加快配套设施建设，营造良好发展环境，取得了较好成效。

2021世界新能源汽车大会的报道显示，截至2020年年底，我国已推广新能源公交车约47万辆、新能源巡游出租汽车约13万辆、新能源城市物流配送车辆约43万辆，全面完成了"十三五"时期既定目标。"十四五"时期，交通运输部将按照《新能源汽车产业发展规划(2021—2035年)》要求，加强部门协同，深化技术研发，构建产业生态，开展试点示范，积极支持新能源汽车智能化、网联化发展。到2025年，力争城市公交、出租汽车、物流配送车辆中新能源车辆占比分别达到72%、35%、20%；重点区域高速公路服务区快充站覆盖率力争达到80%；港口集装箱运输车辆电动化占比力争达到50%以上。

二、传统汽车节能减排技术

(一)营运车辆燃料消耗量准入制度

我国《乘用车燃料消耗量限值》(GB 19578—2014)于2016年1月1日实施，规定了乘用车燃料消耗量的限值，2021年2月，该标准进行了修订，《乘用车燃料消耗量限值》(GB 19578—2021)发布。与以往的乘用车燃料消耗量相比，百千米油耗将由约5.2升降至4升左右。乘用车的二氧化碳排放量下降约23%，这一标准的发布与实施对我国实现碳达峰和碳中和战略目标具有重要意义。

(二)节能驾驶技术

汽车运行燃料消耗量与驾驶员、车辆、道路有着密切的关系,在车辆、道路条件确定的情况下,汽车驾驶员的驾驶技能对汽车运行燃料消耗量有决定性的影响。因此,车辆运行中的节能减排要求驾驶员有很高的驾驶技能。

江苏省镇江江天汽运集团有限责任公司,通过安全节油驾驶技巧推广,公司全部营运车辆平均百千米油耗下降5%,2009年1—7月公司实现节油42万升,减少二氧化碳排放约1150吨,节约燃料成本240余万元。该项目已被列入交通运输部第三批节能减排示范项目。

交通运输部公路科学研究院结合汽车发动机及整车燃料消耗量试验,从驾驶操作、车辆维护、车型选择三个方面提出节能驾驶技术,明确了出车准备、发动机起动、车辆预热、起步、换挡变速、加速、制动减速、车速控制、行车温度控制、转向机构控制、特殊路段驾驶、空调使用、行驶中检查、熄火停车、收车检查等各环节的关键操作,使汽车驾驶更规范、更标准、更节能,培训驾驶员2万余人,实现年节约能源24190吨标准煤,年减排二氧化碳60306吨,该技术被列入《交通运输行业节能低碳技术推广目录(2021年度)》。

(三)绿色维修技术

加强对车辆的维护与保养,保持良好的车辆技术状况,是节能减排和提高经济效益的必要条件。传统的汽车维修经营者一直坚持"以换件修理为主"的经营理念,大量的可再利用的零件和可修复利用的零件被作为废物处理,造成严重的资源浪费。在汽车维修业倡导绿色维修经营理念,修旧利废,从根本上推进汽车维修节能减排工作。

1. 无锡商业大厦集团东方汽车有限公司示范项目

无锡商业大厦集团东方汽车有限公司通过集团公司集中采购新型环保维修设备设施、建立科学维修体系、实施废旧物品分类回收利用等有效措施,积极推广应用绿色机电维修、绿色钣金修复、绿色涂漆、废弃物处理与回收、洗车水循环利用等先进技术,节约了能源与资源,减少了环境污染,提高了维修效率和服务质量。示范项目年替代汽、柴油燃料消耗263吨标准油,减少二氧化碳排放约900吨,节约用水约1.5万吨,集中供气节电约20%,水性漆的应用可减少VOC(挥发性有机化合物)排放50%。在实现经济效益的同时带来了节能减排的社会效益,该项目被列入交通运输部第五批节能减排示范项目。

2. 福建省汽车运输集团有限公司汽车维修节能产业链试点

福建省汽车运输集团有限公司积极探索汽车维修产业运行机制、制度建设、管理方法、技术工艺,将节能减排、节约增效融入机动车维修的各个环节之中,通过对维修工艺的监控和节能设备的应用,建立了维修配件供应—维修人员培训—维修作业实施—维修质量保障的"汽车维修节能产业链",倾力打造节能、环保、高效的汽车维修服务产业。采用环保烤漆房年替代柴油5760升,折合7.2吨标准煤;采用超声波零部件清洗机年节约汽油7.2万升,折合90.2吨标准煤;通过控制维修质量,返修率下降20%;通过旧件修复和车身翻新,年减少采购成本560万元;采用全自动洗车机年节水18900吨;通过对LNG汽车优化配置和技术改进,年节约燃气1372吨(按686辆车计),折合2391吨标准煤。

第四节　公路运输组织管理低碳实践

一、提升公路智能化管理水平

《交通运输领域新型基础设施建设行动方案（2021—2025年）》提出，提升公路智能化管理水平。建设集监测、调度、管控、应急、服务于一体的智慧路网平台，深化大数据应用，实现视频监控集成管理、事件自动识别、智能监测与预警、分车道管控、实时交通诱导、路网协同调度等功能。

智慧公路重点工程包括立足京津冀、长三角、粤港澳大湾区、成渝双城经济圈、海南自贸港等重点区域发展战略，依托京哈、京港澳、杭绍甬、沈海、沪昆、成渝、海南环岛等国家高速公路重点路段及京雄高速、济青中线等城际快速通道开展智慧公路建设，提升路网运行管理水平，降低事故发生率，缓解交通拥堵，提升通行效率。推进江西等地高速公路智慧服务区建设，推广卡口车流和服务区客流监测、全景视频监控、停车位诱导等设备设施，提高服务区运营管理和出行信息服务水平。

二、创新运输模式和组织形式

《综合运输服务"十四五"发展规划》提出，鼓励提供优质干线运力服务的大车队模式创新发展，创新道路货运组织方式，提升集疏运效率和质量。创新货车租赁、挂车共享、集装单元化等新模式。推进货运车辆生产、登记、使用和检验各环节的标准衔接，研究制定门类齐备、技术合理的货运车型标准体系。联合相关部门继续开展货运车型标准化专项行动，全面推进货运车辆标准化、厢式化、轻量化。积极发展符合国家标准的中置轴汽车列车、厢式半挂车，加快轻量化挂车推广应用。

三、加强车辆燃油及碳排放管理

苏州汽车客运集团投入的G-BOS智慧运营系统围绕驾驶员管理、车辆管理和线路管理三大管理难点和重点进行运作和分析，通过监控不良驾驶行为，规范驾驶员的操作，从驾驶操作上降低安全隐患，并且控制了燃油消耗，对车辆的状况进行长期不间断的监控，优化了维保，并且实现了车辆的远程故障诊断，实现了车型、功率与运营线路的优化匹配，实现了对安全、节能的科学管理，有效提升了企业班线客运的经济效益和环境效益。在企业既有较高的节能降耗水平基础上，该平台实现了单车百公里油耗平均降低3%~5%，2010年节油达到716.25万升，有效控制了公共出行碳排放。

2016年，北京首次建成涉及交通领域的节能减排统计监测平台，可实时监测出租车、旅游车的排放情况。该平台可实现对公司出租、旅游车辆能耗及车辆运行状态的监控与分析，通过对车辆时空定位、车辆基础状态、车辆能耗和排放检测数据进行采集、处理，从而实现对交通节能减排的微观监测和宏观分析。以出租车为例，出租车在道路上行驶时，平台可监测加减速度期间的百公里油耗及NO_x、CO、HC和颗粒物等的排放水平，并实时提醒和修正驾驶员的驾驶行为。通过对出租行业27名驾驶员培训的结果显示，在平台辅助下，受训驾驶员在相同交通条件下车辆百公里油耗平均可下降0.74L,节油率达到7%。除此之外,平台还可以通过数据分析驾驶者的行驶工况及驾驶行为数据,自动生成其驾驶行为评估报告,从节能角度督促驾驶者减排降碳,实现对营运车辆驾驶人员的长期节能减排督促效果,具有长远的节能减排意义。

除了对运营车辆的节能减排监测外,在碳交易发展背景下,湖州市2022年推出"碳达人"普惠数智应用平台,基于新能源云数字经济平台,面向屋顶光伏、电动汽车场景,运用现代化计量手段生成核证碳减排量,以市场化手段建立核证碳减排量交易权益体系。新能源车主可通过加入"零碳车主"计划,选择加装"汽车行驶减碳数据收集系统OBD",采集汽车每天行驶的里程数据,计算汽车每日碳排放量,并结合同里程数燃油车碳排放量之间的差值来得出碳减排量,该应用积分兑换奖励模式及运用数字工具科学核算,让个人绿色出行到绿色行为激励形成正向闭环。

利用先进的数据采集手段,对营运车辆油耗、车况及驾驶员驾驶行为进行实时监控与分析,为实现节能管理和节能驾驶操作提供技术支持。

山西汽车运输集团有限公司所属山西三皇侯马运业集团股份有限公司从2005年11月底开始分阶段、分步骤地安装GPS全球定位系统和行车记录仪,把GPS全球定位系统和行车记录仪从单纯的车辆安全运行监控设备,拓展到车辆运行节能、提高运输效率的管理中。通过对长途客运车辆实施超速监控,超速次数下降了33.1%,超速累计时间下降了44.2%,同时千人公里燃料消耗量下降3%~5%;通过对货运车辆的监控、配载信息服务等,货车空驶率降低4%,百吨公里油耗降低3%左右。

黑龙江佳运集团有限公司"道路旅客运输智能化管理系统"项目,通过道路旅客运输智能化管理系统,集团所有运营车辆统一由GPS监控中心监控与调度,实现了由分散到集中调度的转变,在企业管理上,也实现了由传统到现代,由结果管理到过程管理的重大转变。车辆综合管理水平大大提升,节能减排效果日益突显。自2008年5月开始,集团共投资400余万元。该系统实施三年以来,通过对不良驾驶行为的纠正等,平均百千米油耗下降幅度达8.8%,通过车线优化匹配,节油率达49%~60%,通过节油7245.78吨,实现减少二氧化碳排放约23087吨。

第五章 水 运

第一节 概 述

为应对温室气体排放导致的全球变暖问题,1992 年 154 个国家共同签署了《联合国气候变化框架公约》(UNFCCC)。由于海运业具有特殊性,《京都议定书》规定缔约方通过国际海事组织(International Maritime Organization,IMO)实施相关方面的减排工作。

一、IMO 关于船舶温室气体减排方面的相关工作

1997 年 IMO 正式启动了国际海运温室气体减排议题的讨论,同年 9 月 IMO 通过了 MARPOL 1997 年议定书,将"防止船舶造成大气污染规则"作为附则正式写入 MARPOL 公约。

2003 年 IMO 大会通过了 A.963(23)号决议,敦促海上环境保护委员会(MEPC)确立和建立国际航运温室气体减排机制,并开展技术、操作和基于市场的解决方案的评估。

2008 年 MEPC 第 57 届会议上,提出了 IMO 未来船舶温室气体减排法规框架原则,其中提出的"强制、平等地适用于所有船旗国"原则与"共同但有区别的责任原则"相悖,遭到了广大发展中国家的反对。

2009 年 MEPC 第 59 届会议通过了"新船能效设计指数"(EEDI)、"能效管理指数"(EEOI)、"船舶能效管理计划"(SEEMP)在内的 5 份技术、营运方面的重要文件,并制定了市场机制减排措施的工作计划。

2010 年 MEPC 第 60 届会议,成立了市场机制可行性研究和影响评估专家组,从环境、航运、外贸、法律等方面对国际海运市场机制的可行性及影响进行了评估。

2011 年 7 月,IMO 在 MEPC 第 62 届会议上正式将船舶能效要求纳入 MARPOL 附则Ⅵ,强制管理范畴为 400GT 及以上国际航行船舶的能效。

2015 年,在气候变化巴黎大会上,IMO 的减排讨论中确定了针对现有船舶提升能效的海运减排路线图,并制定了数据收集机制。

2016 年 10 月,MEPC 第 70 届会议正式通过关于船舶燃油消耗数据收集系统 MARPOL 附则Ⅵ修正案。

2018 年,IMO 在 MEPC 第 72 届会议上,通过了 304 号决议《国际海运温室气体减排初步战略》,《国际海运温室气体减排初步战略》包括愿景,减排力度,短期、中期、长期减排措施等内容,但该文件本身并不具有法律约束性,各方将基于实证分析和研究进一步审议和调整初步战略,并于 2023 年形成最终战略。

二、全球海运温室气体排放情况及减排目标

1. 海运温室气体排放情况

相对于公路、铁路、民航等交通运输方式,海运的单位周转量能效最高。2020 年 IMO 发布的第 4 次温室气体报告指出,2012 年至 2018 年间,航运业温室气体排放总量增长 9.6%。其中,二氧化碳排放总量增长 9.3%,在全球排放总量中所占的比例从 2.76% 上升至 2.89%。国际海运领域相关防止污染的公约的实施,例如《国际船舶压载水和沉积物控制和管理公约》中所要求的压载水置换相关操作,都需要消耗额外的能源,造成更多的温室气体排放。经济合作与发展组织(OECD)认为,如果不采取措施,2035 年船舶碳排放将达到 11 亿吨,较 2015 年排放水平上涨 23%。船舶造成的温室气体的排放已经引起了广泛关注。

2. 海运温室气体减排目标

IMO 针对整个国际航运业提出 2030 年和 2050 年平均碳强度分别比 2008 年降低 40% 和 70% 的目标,到 2050 年,国际航运业温室气体年度排放总量应比 2008 年至少减少 50%,并力争实现温室气体零排放。

2023 年 7 月 7 日,国际海事组织(IMO)海上环境保护委员会第 80 届会议(MEPC 80)通过了重新修订的《2023 年 IMO 船舶温室气体(GHG)减排战略》,提出了 GHG 减排新目标,即国际海运温室气体排放尽快达峰,并考虑不同国情,在接近 2050 年前后达到净零排放。

三、IMO 关于船舶温室气体减排的主要规定

1. 新船能效设计指数(EEDI)

EEDI 是衡量船舶设计和建造能效水平的一个指标,反映了船舶在满载正常航行过程中,单位船舶载重吨、单位船舶航程的主机和辅机消耗燃料排放的二氧化碳质量。其值越大,表明船舶能效水平越低;反之,船舶能效水平越高。从经济角度,EEDI 反映的是船舶设计时,即在不考虑船舶营运只考虑船舶设计采用的各种能效改进措施的情况下,单位船舶运输所创造的社会效益(货物周转量)而产生的环境成本(二氧化碳排放量)。

《MARPOL73/78》附则Ⅵ修正案最大允许的 EEDI 为船舶 EEDI 设计基准值,船舶设计初期评估获得的 EEDI,称为 EEDI 评估值,需小于 EEDI 设计基准值。IMO 在设立了 EEDI 标准后通过设定最大允许 EEDI,然后在未来几年内逐步减小。船舶的 EEDI 数值需分阶段进行折减,具体的折减要求是第 0 阶段(2013—2014 年)的折减系数为 0,第 1 阶段(2015—2019 年)的折减系数为 10%,第 2 阶段(2020—2024 年)的折减系数为 20%(杂货船和冷藏货船的折减系数为 15%),第 3 阶段(2025 年以后)的折减系数为 30%。

EEDI 针对的船型共有 11 种,目前明确提出 EEDI 数值要求及折减系数的有散货船、气体运输船、液货船、集装箱船、杂货船、冷藏货船及兼装船 7 种船型。EEDI 的提出表达了国际海事组织对于减少航运温室气体的决心。

2. 现有船舶能效指数(EEXI)

随着船舶能效议题研讨的不断深入,业界逐渐意识到需要兼顾全球船队中大量现有船舶的碳排放问题。以 2019 年为例,全球船队产生的约 8 亿吨二氧化碳排放量中,有 67% 来自

2013年1月1日前签订建造合同、吨位在400总吨以上的现有船舶,这些船舶不适用于EEDI的规定。

2020年11月举行的MEPC第75届会议上,IMO批准了《MARPOL公约》附则Ⅵ的修正案,引入了EEXI,即现有船舶能效指数的概念。EEXI适用于几乎所有400总吨以上的远洋货船和客船,但针对不同船型,对修正系数进行了适当调整,例如对于冰级船舶,则需考虑结构增强系数的修正;对于船上起重机和冰区航行的冰级船舶,则适用于进一步调整的修正系数。需指出的是,所有修正系数仅适用于特定船型,因此对于某些船舶,最初简单的EEXI计算可能会因修正系数叠加而变得相当复杂。

第二节 我国水运节能减排情况

一、我国水运发展现状

1. 水网联通,助力综合交通运输整体效率

"十三五"以来,水运在补齐高效率的普通干线网短板中发挥了非常重要的作用,截至2020年年底,我国内河高等级航道达标里程1.61万公里,沿海港口万吨级及以上泊位数达2530个。长江深下游、畅中游、延上游、通支流,改善干线航道里程1284公里。长江口到南京的431公里12.5米深水航道全线贯通,5万吨级海轮可直达南京港,10万吨级海轮可减载抵达。珠江新增三级以上高等级航道1045公里,3000吨级船舶畅行粤桂。目前,我国港口布局合理、层次分明、功能齐全,五大沿海港口群、八大运输系统为畅通经济循环提供了强大动能支撑。

2. 规模壮大,成世界一流航运大国

我国港口规模居世界第一。2020年全国港口货物吞吐量完成145.5亿吨,港口集装箱吞吐量完成2.6亿标准箱,港口货物吞吐量和集装箱吞吐量都居世界第一位。在全球港口货物吞吐量前10名当中中国港口有8席,集装箱吞吐量排名前10的港口当中中国占有7席。海运团队规模持续壮大。到2020年年底,我国海运船队运力规模达到3.1亿载重吨,居世界第二位。中远海运集团、招商局集团经营船舶运力规模分别已经达到全球综合类航运企业第一位和第二位。

内河货运量连续多年居世界第一位。2020年全国内河货运量完成38.15亿吨,到2020年年底,全国内河航道通航里程超过12万公里,居世界第一,长江干线连续多年都成为全球内河运输最繁忙、运输量最大的黄金水道。

3. 科技助力,达到世界先进水平

到2020年累计建成全自动化的集装箱码头9个。全自动集装箱码头引领世界智慧港口的新潮流,自动化码头的设计建造技术、港口机械装备制造技术已经达到世界领先水平。5G技术为为港口自动化、数字化、信息化发展带来全新的生命力。

2017年5月11日,青岛港全自动化集装箱码头一期正式投产运营。该码头设计平均效率为每小时40自然箱,是当时世界设计效率最高的自动化集装箱码头,比传统码头作业效率

提升30%,车辆进出闸口周转时间控制在15分钟以内,较传统码头缩短50%以上。全球规模最大、自动化程度最高的码头——上海港洋山深水港区四期自动化码头,从设备到"大脑",均为"中国制造"。投入运营5年来,智能生产管理系统发出的指令控制着整个码头的智能设备高效运转,不断刷新码头吞吐量纪录。

二、我国水运发展规划

1. 发展目标

《国家综合立体交通网规划纲要》对我国水运发展格局构建、高质量发展等提出了总体要求,是未来我国水运发展和规划建设的重要依据。构建我国现代化水运发展格局,应坚持"服务国家战略、强化陆海统筹、推进整体协同、安全绿色发展"四大原则,到2035年,努力打造功能层次清晰、保障能力充分、战略支撑力强、绿色安全高效的现代化沿海港口体系,基本形成安全畅通、经济高效、绿色智能的现代化内河水运体系,内河水运资源得到科学利用,比较优势得到充分发挥,服务国家战略的保障能力显著增强,为加快建设交通强国和全面建设社会主义现代化国家提供有力支撑。

(1)港口

2019年11月交通运输部发布的《关于建设世界一流港口的指导意见》对我国未来港口的发展提出了明确的指导和要求,到2025年,世界一流港口建设取得重要进展,主要港口绿色、智慧、安全发展实现重大突破,地区性重要港口和一般港口专业化、规模化水平明显提升。

到2035年,全国港口发展水平整体跃升,主要港口总体达到世界一流水平,若干个枢纽港口建成世界一流港口,引领全球港口绿色发展、智慧发展。到2050年,全面建成世界一流港口,形成若干个世界级港口群,发展水平位居世界前列。

(2)内河

根据2020年6月发布的《内河航运发展纲要》,到2035年,基本建成人民满意、保障有力、世界前列的现代化内河航运体系。内河航运基础设施、运输服务、绿色发展、安全监管等取得重大突破,在综合交通运输中的比较优势得到充分发挥,服务国家战略的保障能力显著增强。内河千吨级航道达到2.5万公里;主要港口重点港区基本实现铁路进港;内河货物周转量占全社会比重达到9%;重要航段应急到达时间不超过45分钟,主要港口(区)应急到达时间不超过30分钟;新能源和清洁能源船占比显著提高,船舶污水垃圾等污染物实现应收尽收、达标排放;物联网、人工智能等新一代信息技术在内河航运广泛应用。

到2050年,全面建成人民满意、保障有力、世界前列的现代化内河航运体系。东西向跨区域水运大通道高效畅通,南北向跨水系联通,以一流港航基础设施、一流航运技术装备、高品质航运服务、智能化安全监管,全面实现治理体系和治理能力现代化,服务社会主义现代化强国。

2. 空间布局

《国家综合立体交通网规划纲要》明确,水运现代化发展的总体格局是规划布局63个全国主要港口和"四纵四横两网"国家高等级航道。

(1)港口码头

布局上海港、大连港、天津港、青岛港等11个国际枢纽海港,打造具有国际影响力和资源配置能力的航运枢纽;综合考虑完善沿海港口体系、促进综合交通运输体系发展等因素,新增

3个港口纳入沿海主要港口。在航运条件较好的支流高等级航道上,综合考虑区域协调发展和保障重点物资运输需要,增加8个港口纳入内河主要港口布局。最终形成63个全国主要港口,包括27个沿海主要港口和36个内河主要港口。

(2)航道

国家高等级航道按照"强化通道、沟通水系、辐射延伸、通达海港"的思路对原布局进行拓展完善,最终形成"四纵四横两网"的总体布局。其中,"四纵"主要包括京杭运河、江淮干线、浙赣粤和汉湘桂4条跨流域水运通道;"四横"主要包括长江干线及主要支流、西江干线及主要支流、淮河干线及主要支流、黑龙江及主要支流4条跨区域水运通道;"两网"包括长江三角洲高等级航道网和珠江三角洲高等级航道网。到2035年,国家高等级航道将达2.5万公里左右。

3. 水运高质量发展任务

按《国家综合立体交通网规划纲要》提出的总体任务,结合水运行业发展实际,从区域港口群、航运服务、港产城融合、绿色发展、智慧水运、平安水运等方面进一步细化水运高质量发展任务。以下重点介绍与碳排放相关的内容。

(1)区域港口群协同高效发展

在构建协同高效的港口群方面,加强辽宁沿海、津冀沿海、山东沿海、长江三角洲、东南沿海、珠江三角洲、西南沿海七大港口群的统筹协调、分类指导,提升协同发展水平和整体竞争力。津冀沿海、长江三角洲、珠江三角洲三大港口群以高效协同、提质增效为方向,优化港口群发展结构,强化综合服务水平。辽宁沿海、山东沿海、东南沿海、西南沿海四大港口群注重错位发展和协同发展,进一步突出发展重点,提升整体发展水平。

(2)绿色与集约发展

在发展绿色水运、高效利用港口资源方面,坚持控总量、调存量、优增量、提效率,引领内河港口集约化、规模化发展。推进辽东湾、津冀沿海、江苏沿江、珠江口等区域航道、锚地资源共享共用。港口规划、建设、运营全过程加强绿色创新,完善生态保护工程措施。推进港口机械、运输车辆低碳化,提高铁路、水运集疏港比例。严格执行船舶排放控制区政策,提高船舶使用岸电比例。全面推进港口和船舶污染物接收设施建设,推进液化天然气加注码头建设,发展清洁低碳、先进适用的内河船舶,严格防控船舶污染,从严执行船舶强制报废制度,严格按照标准安装配备船舶生活污水和垃圾收集储存设施。

三、我国水运节能减排要求

行业一直重视水运的节能减排工作,从1998年开始,坚持开展港口建设项目节能评估,对促进港口企业加强能源管理,从源头上控制港口能源消耗起到了积极的促进作用。

(一)《公路水路交通运输节能减排"十二五"规划》的要求

《公路水路交通运输节能减排"十二五"规划》的十大任务中,涉及水运节能减排的主要要求如下。

1. 内河船型标准化

加紧完善并实施内河船型标准化的经济激励政策和相关法律、行政配套措施。加大资金投入力度,继续加强标准船型研发、现有船型比选以及落后船型淘汰等工作,加快推进长江、西江等船型标准化工作。进一步争取国家发展和改革委员会、财政部等相关部委的支持,在《长江干线船型标准化补贴资金管理办法》的基础上,进一步扩大财政补贴的适用范围,由长江干线拓展到长江、西江等主要通航流域,加大补贴力度,引导内河船舶运力结构优化,提升内河航运竞争力,充分发挥内河航运节能环保的比较优势。

2. 绿色驾驶

大力推广绿色驾驶。总结和推广汽车和船舶绿色驾驶操作与管理经验、技术,组织编写汽车驾驶员和船员绿色驾驶操作手册和培训教材,将节能减排意识和技能作为机动车驾驶培训教练员、汽车驾驶员、船员从业资格资质考核认定的重要内容和依据。开展汽车驾驶员绿色驾驶技能培训与竞赛,加强船员航行操作与管理节能减排培训,逐步建立一支节能减排意识强、驾驶技能好、业务素质高的汽车驾驶员和船员队伍。

3. 大力推广车船驾驶培训模拟装置

出台机动车和船舶驾驶模拟器资金补助管理办法,加快建设全国驾培管理平台,实现驾培模拟器教学与IC卡计时联网。力争到"十二五"末,基本建成较完善的驾培行业节能减排体系,使全国使用模拟器教学的驾培机构覆盖面达到75%以上。

4. 绿色维修

组织实施绿色维修工程。针对目前我国机动车维修业的环保状况,从机动车维修业的废物分类、管理要求、维修作业和废弃物处理等方面加强机动车维修的节能减排,重点加强对废水、废气、废机油、废旧蓄电池、废旧轮胎等废弃物的处置和污染治理。

5. 智能交通节能减排工程

内河船舶免停靠报港信息服务系统推广。进一步扩展系统功能,实现船舶在起运港和目的港的免停靠报港。加紧制定相关行业标准和管理规定,大力促进该系统的推广应用,提高管理效能。

6. 开展绿色港口创建活动

大力推进港口码头节能设计,优化装卸工艺、设备选型、配套工程等的设计,推广港口机械和车辆调度运营系统,将港口打造成为交通运输行业绿色低碳发展的窗口。

7. 水铁联运节能减排示范

在主要港口深入开展水铁联运示范工程,从法规、政策、标准、单证和运营制度、信息化等方面入手,优化水铁联运发展环境,促进综合运输体系建设和现代物流发展。

8. 港口装卸机械"油改电"

推广集装箱码头RTG"油改电",对具有改造价值的1600台RTG实施"油改电"技术改造。积极推进件杂货码头轮胎式起重机和汽车式起重机"油改电"技术改造。

9. 推广靠港船舶使用岸电

鼓励新建码头和船舶配套建设靠港船舶使用岸电的设备设施,鼓励既有码头开展靠港船舶使用岸电技术改造,以及船舶使用岸电的技术改造。在国际邮轮码头、主要客运码头以及有条件的大型集装箱和散货码头实现靠港船舶使用岸电。

10. 推广应用可再生能源

充分利用港口地区风能、太阳能、水能、地热能、海洋能等可再生能源丰富的优势,提高港口可再生能源使用比例。探索风能、太阳能、核能等在运输船舶中的应用。

11. 船舶能效管理体系建设

参照国际上在船舶能效改进方面的先进做法和经验,研究制定具有行业特点、满足国际国内相关要求的船舶能效管理体系标准和认证规范,积极推动航运企业将船舶能效纳入体系管理,建立统一的、可测量、可监控、可验证的船舶能效指标。开展重点航运企业的能效管理认证试点,为全面推广实施船舶能效管理体系做好准备工作。

12. 船舶能效数据库建设

研究制定船舶能效数据的报告、核查制度,建立覆盖全面、数据统一、分类科学的船舶能效设计指数和营运指数数据库,为水运节能减排相关政策法规、市场机制、奖惩机制、财税优惠政策的制定与实施提供全面、可靠的基础数据支持。

(二)《关于推进长江经济带绿色航运发展的指导意见》的要求

2017年8月,交通运输部印发《关于推进长江经济带绿色航运发展的指导意见》,对长江经济带的绿色低碳发展提出了要求,其与水运碳减排相关的内容如下。

1. 发展目标

到2020年,初步建成航道网络有效衔接、港口布局科学合理、船舶装备节能环保、航运资源节约利用、运输组织先进高效的长江经济带绿色航运体系,航运科学发展、生态发展、集约发展的良好态势基本形成,在综合运输体系中的作用进一步提升,绿色航道、绿色港口、绿色船舶和绿色运输组织方式等重点领域进展显著。

(1)行业生态保护取得明显成效

航运基础设施生态友好程度明显提升,符合生态红线要求。建成一批绿色航道、绿色港口示范工程。

(2)行业污染物排放得到全面有效控制

船舶污染物全部接收或按规定处置;长三角水域船舶硫氧化物、氮氧化物、颗粒物与2015年相比分别下降65%、20%、30%;船舶使用能源中液化天然气(LNG)占比在2015年基础上增长200%;新建大型煤炭、矿石码头堆场100%建设防风抑尘等设施;主要港口90%的港作船舶、公务船舶靠泊使用岸电,主要港口和排放控制区内50%的集装箱、客滚、邮轮、3000吨级以上客运和5万吨级以上干散货专业化泊位具备向船舶供应岸电的能力。

(3)节约集约利用水平显著提高

长江经济带港口单位岸线通过能力在2015年基础上增长10%;营运船舶单位运输周转量能耗和港口生产单位吞吐量综合能耗在2015年基础上分别下降6%、2%。

(4)运输组织效率明显提升

内河船舶船型标准化率达到70%,平均吨位达到1000载重吨;重点港口集装箱铁水联运量年均同比增长10%;基本形成长江和长三角地区至宁波-舟山港和洋山深水港区江海直达运输系统。

2. 完善长江经济带绿色航运发展规划

(1) 优化港口和航道规划布局

修订《全国内河航道与港口布局规划》《长江干线航道发展规划》,加快形成干支衔接、互联互通的内河高等级航道网,进一步优化港口布局和功能分工。完善主要港口总体规划,统筹港口岸线与其他岸线利用需求,合理确定港口岸线开发规模与开发强度。强化港口和航道规划与区域规划、城市规划等的衔接与融合,综合利用过江通道资源。

(2) 加快制定实施绿色航运发展专项规划

加快出台港口岸电布局方案,研究制定长江化学品洗舱基地布局规划等专项规划。推进落实《长江干线京杭运河西江航运干线液化天然气加注码头布局方案(2017—2025年)》。认真实施《长江干线危险化学品船舶锚地布局方案(2016—2030年)》,加快推进危险化学品锚地建设。

3. 建设生态友好的绿色航运基础设施

(1) 推进绿色航道建设

优先采用生态影响较小的航道整治技术与施工工艺,积极推广生态友好型新材料、新结构在航道工程中的应用,加强疏浚土等资源综合利用。在航电枢纽建设和运营中采取修建过鱼设施、营造栖息生境和优化运营调度等生态环保措施。推动开展造成显著生态影响的已建航道工程与航电枢纽工程生态修复。加快推进三峡枢纽水运新通道建设,解决三峡枢纽瓶颈制约。加强航道水深测量和信息发布,充分利用长江航道水深资源,引导船舶进行科学配载。建设智能化、绿色化水上服务区。

(2) 开展绿色港口创建

加快落实《"十三五"长江经济带港口多式联运建设实施方案》《"十三五"港口集疏运系统建设方案》,完善港口集疏运体系,强化主要港区与干线铁路、高等级公路的连接,打通港口集疏运"最后一公里"。完善绿色港口创建制度,深入开展长江经济带港口绿色等级评价,高标准建设新建绿色码头,因地制宜制定老旧码头的升级改造方案,鼓励有条件的港区或港口整体创建绿色港区(港口)。推进港口和船舶污染物接收设施建设,做好与城市公共转运、处理设施的衔接,促进港口环保设施高效稳定运营,确保污染物得到合规处理。全面推进主要港口既有大型煤炭、矿石码头堆场建设防风抑尘等设施。

4. 推广清洁低碳的绿色航运技术装备

(1) 持续提升船舶节能环保水平

严格执行船舶强制报废制度,加快淘汰高污染、高耗能的客船、老旧运输船舶、单壳油轮和单壳化学品船。深入推进内河船型标准化,调整完善内河运输船舶标准船型指标,加快推广三峡船型、江海直达船型和节能环保船型,开展内河集装箱(滚装)经济性、高能效船型、船舶电力推进系统等研发与推广应用。进入内河的国际航线船舶加装压载水处理装置或者其他等效设施。鼓励船舶改造油气收集系统,加装尾气污染治理装备。鼓励400总吨以下内河船舶安装生活污水收集存储或收集处理装置。加快推进清洁能源船舶开发应用,完善船舶能效管理体系。

(2)强化港口机械设备节能与清洁能源利用

加强港口节能环保技术改造,加快淘汰能耗高、污染重、技术落后的设备,积极推广清洁能源和可再生能源在机械设备和港口生产生活中的应用。提高码头前沿装卸设备、水平运输车辆、堆场装卸机械等关键设备的自动化水平,进一步提升港口装卸作业效率。开展智慧港口示范工程建设,优化港口物流流程和生产组织,促进港口物流服务网络化、无纸化和智能化。

5. 创新节能高效的绿色航运组织体系

(1)大力发展绿色运输组织方式

以集装箱、商品汽车铁水联运为重点,深入开展铁水联运示范工程,加快推进铁水、公水等多式联运发展。依托黄金水道,鼓励冷链物流企业探索"水运+冷藏班列"铁水联运等联运新模式,优化物流通道布局,促进形成与国际海运、陆海联运、国际班列等有机结合的联运服务模式。加快落实《关于推进特定航线江海直达运输发展的意见》,优先发展干散货、集装箱江海直达运输,研究拓展江海直达领域和范围,加快研究推进商品汽车江海直达船舶发展。鼓励沿江内贸适箱货物集装箱化,促进干支直达、江海联运和水水中转。支持发展大宗液体散货顶推运输船队,鼓励港口企业给予顶推运输船队优先靠离泊、优先装卸等优惠措施。

(2)进一步提升运输组织效率

利用移动互联、大数据、云计算等先进技术,积极推进"互联网+"水运融合发展。加快建设数字航道,推广使用长江电子航道图、水上ETC和北斗定位系统。推进长江航运物流公共信息平台和国家交通运输物流公共信息平台建设,促进信息交换共享。优化船闸调度运行管理,推动长江上游及支流水库群、梯级船闸联合调度,完善运行调度机制和枢纽水库调度规程,进一步提升船舶过闸效率。加强三峡船闸和升船机运行维护管理,统筹协调、科学安排三峡和葛洲坝船闸检修,加强检修期间的通航保障工作,充分发挥三峡升船机运能。

6. 提升绿色航运治理能力

(1)加强法规标准制修订工作

按照《中华人民共和国大气污染防治法》《中华人民共和国水污染防治法》等法律法规的新要求,制修订绿色航运发展相关的规章制度。研究制定内河航道绿色建设技术导则,完善绿色港口评价标准。完善船舶建造规范和检验法规,研究制定长江水系过闸运输船舶标准船型主尺度系列国家强制性标准。研究制定绿色航运发展综合示范区评价体系,推动建设长江经济带绿色航运发展先行示范区。

(2)加强港口资源节约集约利用

积极推进区域港口一体化发展,加强港口资源整合,完善港口间协调发展机制,加快推进锚地、航道等资源共享共用。严格港口岸线管理,探索建立港口岸线资源有偿使用制度,建立长江经济带港口深水岸线监测系统。积极引导小、散、乱码头集中布置,鼓励企业专用码头社会化经营管理,促进规模化公用港区(码头)建设。在地方政府统一领导下,在重点水域继续开展非法码头专项整治工作,推动依法取缔安全隐患大、环境影响突出、非法建设的码头和装卸点,开展船舶水上过驳非法作业治理,禁止和取缔内河危险品水上非法过驳作业。

(3)加强节能环保监管

加强防污染设施建设和污染物排放的监督检查,坚决制止和纠正违法违规行为。研究设立长江绿色航运黑名单制度,加大对违规企业的惩处力度。严格实施船舶与港口污染防治专项行动实施方案,推动建立港口和船舶污染物排放的部门间联合监管机制。加强船用燃油联合监管,严格落实内河和江海直达船舶使用合规普通柴油、船舶排放控制区低硫燃油使用的相关要求。开展船舶违规从事植物油运输的治理。加强水运基础设施和船舶的能耗监测。

(4)加大科技攻关和推广应用

加强绿色发展新技术、新材料、新工艺在航运领域的转化应用,制定发布绿色航运技术和产品推广目录,优先支持重点节能环保技术和产品的推广应用。鼓励企业加大科技攻关力度和资金投入,开展船舶尾气后处理、大功率LNG柴油双燃料动力设备、过鱼设施等重大装备与关键技术研发。

7. 深入开展绿色航运发展专项行动

(1)大力推广靠港船舶使用岸电

完善船舶检验法规和建造规范,积极推进新建船舶建设岸电受电设施,鼓励既有集装箱船、客滚船等客船改造岸电受电设施。新建码头必须建设岸电设施,引导现有码头增加或改建岸电设施。推进水上服务区、待闸锚地等船舶密集区建设岸电设施。完善岸电供售电机制,健全船舶使用岸电的激励机制,积极推进靠泊船舶优先使用岸电。

(2)积极推进LNG动力船舶和配套码头建设

鼓励LNG动力船舶建造和改造,优先使用LNG能源,完善LNG动力船舶建造规范和运营管理配套政策。制定完善LNG加注码头建设、运营和管理等标准规范,按照布局方案,加快推进LNG加注码头建设,形成LNG能源水上应用良性互动发展格局。

(三)《关于建设世界一流港口的指导意见》对低碳绿色的要求

1. 构建清洁低碳的港口用能体系

完善港口LNG加注、岸电标准规范和供应服务体系。完善船舶大气污染物排放控制区,协同推进,大力提升船舶靠港岸电使用率,加强岸电使用绩效考核。鼓励新增和更换港口作业机械、港内车辆和拖轮等优先使用新能源和清洁能源,加快提升港口作业机械和车辆清洁化比例。

2. 着力强化污染防治

推进港口和船舶污染防治攻坚,开展既有码头环保设施升级改造及港口规范作业专项行动。推动市县人民政府依法统筹规划建设港口船舶污染物接收、转运、处置设施,加强分类管理、有效处置和利用。优化污染治理模式,新建港区同步推进环保设施的规划建设和综合利用,逐步推行内河船舶污染物集中接收转运、小型船舶"船上储存交岸处置"为主的排放治理模式。健全环保标准制度,强化散货作业防尘抑尘措施,推进原油、成品油装船码头油气回收。严格实施危险废物、船舶水污染物转移联合监管制度,加快单证电子化管理和多部门共享。2025 年初步形成设施齐备、制度健全、运行有效的港口和船舶污染防治体系;2035 年港口和船舶污染防治水平居于世界前列。

3. 加强资源节约循环利用和生态保护

严格落实围填海管控政策,严格管控和合理利用深水岸线,提倡建设公用码头,鼓励现有货主自用码头提供公共服务。实施既有设施设备改造,推广应用节能节水新技术、新工艺。综合利用航道疏浚土、施工材料、废旧材料。推进港区生产生活污水、雨污水循环利用。实施港区绿化工程,引导有条件的港口开展陆域、水域生态修复。到 2025 年,港口资源节约循环利用水平明显提升,2035 年主要港口绿色发展达到国际先进水平。

(四)《水运"十四五"发展规划》的要求

《水运"十四五"发展规划》提出加强资源集约节约利用,构建清洁低碳的港口船舶能源体系的要求。

(1) 加强资源集约节约利用与生态修复

①加强港口岸线资源集约节约利用,鼓励各地探索建立岸线资源节约利用评价指标。加强规划管理和岸线审批,严格管控和合理利用深水岸线,鼓励以公用码头为主要方向,规模化、集约化、专业化为主要方式利用港口岸线资源。加大既有港口设施的技术改造,引导小散乱码头集中归并或升级改造。严格管控长江干线港口岸线规划利用总量。②推进水运设施生态保护和修复。推广应用节能节水新技术、新工艺,综合利用航道疏浚土、施工材料、废旧材料。内河航道推广实施生态护岸、生态护滩、人工鱼巢等生态修复措施。

(2) 构建清洁低碳的港口船舶能源体系

①促进岸电设施常态化使用。新建码头、船舶按照法律法规要求,同步建设岸电设施和受电设施。加快既有船舶受电设施改造和码头岸电设施建设,加强岸电使用监管,争取岸电支持政策,推动长江经济带等重点区域实现岸电常态化使用,逐步实现邮轮靠港全部使用岸电,显著提高集装箱、客运、客滚、大型散货等码头和船舶的岸电使用率。鼓励 LNG、电动、氢能等新能源和清洁能源船舶研发应用。②推广港口先进节能环保技术应用。健全港口绿色指标和作业要求,以及港口能耗及环境统计报表制度、统计体系。提升清洁能源在港作车辆和机械中的应用效率和水平,开展风能、光能等分布式发电技术在港口的应用。

第三节　水运基础设施低碳实践

大力发展水路运输是我国交通运输行业结构性节能减排的重要内容,水运基础设施低碳措施主要包括优化水运设施网络、建设高等级航道、打造高能级港口枢纽、大力发展铁水联运、水水中转等内容。《"十四五"现代综合交通运输体系发展规划》《综合运输服务"十四五"发展规划》《交通运输领域新型基础设施建设行动方案(2021—2025 年)》《水运"十四五"发展规划》等文件对我国水运基础设施的结构性节能减排做出了详细的规定和要求。本节重点介绍水运基础设施建设过程的低碳技术措施,港口码头作业设施设备和工艺方面的低碳技术措施,以及船舶碳捕获技术。

一、水运基础设施低碳技术

(一)设计及施工过程的节能减排技术

将绿色低碳理念贯穿于交通基础设施设计、建设、运营和维护全过程,降低全生命周期能耗和碳排放。优先采用生态影响较小的技术与施工工艺,推广应用生态友好型新材料、新结构,加强资源节约循环利用和生态保护。

1. 航道整治工程全过程 BIM 技术

(1)技术简介

应用 BIM 技术,在航道整治工程的规划、设计、施工、运营等各阶段,结合物联网、大数据等处理技术,实现工程建设各阶段信息共享,使各专业设计协同化、精细化,全周期项目成本明细化、透明化,施工质量可控化,工程进度可视化,做到施工过程的精细化管理,提高工程建设全过程管理效率,减少能源消耗。

(2)案例及节能减排效果

"长江南京以下12.5米深水航道二期工程""长江中游新洲至九江河段航道整治二期工程""长江下游芜裕河段航道整治工程""长江干线武汉至安庆段6.0米水深航道整治工程"中均应用 BIM 技术。通过应用该技术,四条航道节约标准煤约55.55吨标准煤,二氧化碳减排约144.43吨。该技术由长江航道局与中交第二航务工程勘察设计院有限公司申报,已被列入《交通运输行业节能低碳技术推广目录(2021年度)》。

2. 吹填场地精细化动静耦合排水固结技术

疏浚泥砂被吹填到陆地上进行处理后,作为地基土使用,可有效解决疏浚泥砂污染环境、占用大片陆地资源的难题,起到了"绿色环保、合理利用土地资源"的作用。

该技术科学划分吹填场地类型,通过静力排水固结法与动力排水固结法的有机耦合来固结土体,高效解决围海造陆工程中复杂地基的处理难题。

(1)技术简介

国内外首次提出的"快速消除不均匀沉降的软土地基处理方法",即采用分层总和法修正公式计算每个钻孔的沉降量,根据要求的统一沉降量,计算得到钻孔间的差异沉降量,通过调整设计施工参数消除差异沉降量,解决了非均质吹填场地处理时难以满足统一工后沉降的难题。相比常规的分区方法,该方法具有沉降计算更精准、避免二次堆载施工、工后沉降更能满足要求、节能效果显著等优点。该技术体系包含处理"表层厚砂场地""泥砂互层场地"的"吹填堆载降水预压动力排水固结联合法",处理"粉土夹淤"场地的"立体式组合动力排水固结联合法"和处理"表层厚泥"场地的"短程超载真空预压动力排水固结联合法"。

(2)应用案例

该技术由武汉二航路桥特种工程有限责任公司研发,自2011年大规模推广应用以来,技术成果已在福建鼎信固溶厂区软地基处理工程、威海港新港区1号、2号围堰地基处理工程、余姚经济开发区滨海新城路网软基处理工程、瓯江口新区西片污水处理厂软基处理工程、汕头市东部城市经济带市政基础设施建设项目软基处理试验段工程,汕头东部新城市政道路滨海大道软基处理工程等6个重大项目上成功实施应用,覆盖了广东、福建、浙江、山东等多个沿海地区,共计指导处理软基面积215万平方米,节能820吨标准煤,二氧化碳减排1740吨。该技术已被列入《交通运输行业重点节能低碳技术目录(2019年度)》。

3. 基于高强度塑钢组合板桩的生态护岸技术

(1)技术简介

高强度塑钢组合板桩主要采用环保高分子原材料,替代传统护岸结构中钢筋、水泥、沙石等传统原材料,避免了大量粗加工原材料在不可恢复的矿山资源开采以及生产过程中造成的资源消耗和严重的环境污染。产品采用特殊配方高温高压成型,化学性能稳定可靠,低耗能,无污染,全寿命周期成本低,回收可重复循环再利用,减少工程废弃物处理以及材料的消耗。质量轻,运输和施工简便,不占地,施工对周边环境影响小。力学性能优良,采用优化结构设计,坚固耐久、不腐蚀、不蚁驻、不开裂,使用寿命长达50年,同时具有抗老化、抗紫外线、耐酸、耐碱、抗冻耐高温等特性。

(2)应用案例

海宁硖尖线(中分桥至吴家新桥段)提升改造工程(一阶段)——硖尖线航道,航道里程为8.25公里,Ⅳ级单线标准。航道为流沙土质,淤积较快,水深常年达不到Ⅳ级单线标准。通过采用高强度塑钢板桩等技术改造、加固护岸约12.06公里,全面提升航道通航能力。经测试,使用该技术,可实现每千米节能255.4吨标准煤,二氧化碳减排486吨。京杭运河浙江段三级航道整治工程杭州段(新开挖航道段)也在航道护岸基础抗冲刷技术上全面推广应用了该技术。

基于高强度塑钢组合板桩的生态护岸技术由嘉兴市港航管理服务中心申报,已入选《交通运输行业节能低碳技术推广目录(2021年度)》。该技术目前尚未形成全国性的标准或施工规范,应用单位在应用过程中应结合自身实际,科学开展。该技术施工规范与传统工艺有一定差异,需注重人员培训。

4. 水运工程弃土(渣)的资源化利用技术

《绿色交通"十四五"发展规划》提出,推进交通资源循环利用。推广交通基础设施废旧材料、设施设备、施工材料等综合利用,鼓励废旧轮胎、工业固废、建筑废弃物在交通建设领域的规模化应用。推进航道疏浚土综合利用。

水运工程中工程弃土(渣)的资源化综合利用技术是将工程弃土(渣)转化为目前工程中较为短缺的土石材料进行资源化利用。该技术不仅可以解决工程弃土(渣)的随意堆放造成的环境污染和土地资源浪费问题,还可以减少工程土石材料的购买及运输,减少能源的消耗,降低工程成本,同时可以最大限度减少由开山采石对生态环境造成的破坏,符合"绿色发展、生态优先"的国家战略。该技术主要适用于港口及航道工程中针对开挖、疏浚等工程弃土的处理及利用。

交通运输部天津水运工程科学研究所针对港口及航道工程中的工程弃(渣),通过筛分、拌和、固化等专业手段进行处理,将工程弃土(渣)转化为港口及航道工程中可以循环利用的土石材料等资源的技术,目前已在天津市中心渔港生态岸堤、天津市滨海新区东疆港区进行了成功应用。该技术为资源循环利用技术,节能减排量不易量化计算。该技术入选《交通运输行业节能低碳技术推广目录(2021年度)》。应用单位在使用时应科学选择针对弃土(渣)处理所用的掺加剂材料,具体问题具体分析,针对具体工程研制专用掺加剂材料以达到工程节能减排效果及工程效益的最佳化。

(二)清洁能源、可再生能源的应用

航道沿线、港区基础设施因地制宜推广光伏、风力、氢能、空气源热泵和海水源热泵等清洁能源、可再生能源的应用,着力构建清洁低碳的港口能源消费体系。

1. 分布式风力发电系统技术

开发利用风力资源是调整能源结构、实施能源可持续发展的有效手段。我国风电技术水平不断提高,通过引进、消化、吸收和再创新,基本掌握了风电行业关键核心技术,并且在适应低风速条件和恶劣环境的风电机组开发方面取得了突破性进展,处于全球领先地位,在大容量机组开发上也实现了与世界同步。

(1)技术简介

分布式风力发电系统技术是将风能转换成电能。风能推动叶轮旋转,叶轮带动转动轴和增速机,增速机带动发电机,而发电机通过输电电缆将电能输送至电力控制系统。

(2)案例及节能减排效果

江苏江阴港港口集团股份有限公司共实施安装了9台分布式风力发电系统(6台2.2兆瓦、2台2.5兆瓦、1台3兆瓦),总装机容量为21.2兆瓦,该系统采用"自发自用,余电上网"模式,风电机组所发清洁电力主要供企业日常生产使用,多余电量馈入电网。每年上网电量为4934万千瓦·时,折合标准煤16282.2吨,减少二氧化碳排放42343吨。该项目被列入《交通运输行业重点节能低碳技术推广目录(2019年度)》。

2. 风光互补供电系统技术

(1)技术简介

风光互补供电系统技术为风力发电机和太阳电池方阵两种发电设备共同发电。风力发电机通过风力带动三片扇叶与永磁发电机作用产生直流电,通过电缆线存入蓄电池,使用时通过变频逆变器将蓄电池内直流电转化为交流电输出作为办公、生活或照明用电。太阳能发电,即将太阳能转化为电能存储于蓄电池中,后蓄电池内直流电经逆变器转化为交流电供办公、生活或照明用电。

风光互补供电系统主要分为两种形式:离网型和并网型。离网型是利用太阳能电池方阵、风力发电机(将交流电转化为直流电)将发出的电能存储到蓄电池组中,当用户需要用电时,逆变器将蓄电池组中存储的直流电转变为交流电,通过输电线路送到用户负载处。并网型主要由风力发电机、太阳能电池方阵、智能控制器、蓄电池组、多功能逆变器、电缆及支撑和辅助件等组成一个发电系统,将电力并网送入常规电网。

风光互补供电系统适用于年平均风速在4米/秒左右,光照较为充足,太阳能年辐射总量大于4500兆焦的地区。风光互补供电系统已在南极中山站、罗布泊楼兰古城保护工作站、加拿大北极供给站、南昌金溪湖大桥、沪宁高速、郴州经济开发区、广州生物岛、朝鲜科学家园等处广泛应用。应用时需考虑风资源、太阳能资源、土地、电网接入等问题。需确认建设地点、基础牢固性。项目建设前统筹考虑安全性问题,建设阶段把控好现场安全质量问题。

（2）案例及节能减排效果

江苏江阴港港口集团股份有限公司已实施了62套HY-400等型号的风光互补离网型供电系统，主要分布在办公区域（图5-1）、港区道路、码头引桥（图5-2和图5-3）、港区监控等处。

图5-1　江阴港口集团办公区域风光互补路灯系统
（图片来源：交通运输行业节能低碳技术推广目录申报材料）

图5-2　江阴港口集团通用码头1号引桥风光互补路灯系统
（图片来源：交通运输行业节能低碳技术推广目录申报材料）

图5-3　江阴港口集团通用码头2号引桥风光互补路灯系统
（图片来源：交通运输行业节能低碳技术推广目录申报材料）

每年节能144.8吨标准煤,减少二氧化碳排放376.48吨/年。该技术由江苏江阴港港口集团股份有限公司申报,已列入《交通运输行业重点节能低碳技术推广目录(2019年度)》。

3. 光伏气膜一体化新能源技术

2021年12月,由中成空间打造的国内首个光伏气膜60千瓦发电项目,正式并网发电(图5-4)。该项目通过特殊的技术手段,在原气膜上铺设柔性单晶硅光伏板,将光伏与气膜有效结合,不仅能满足火力发电、钢铁、港口码头等企业环保封闭的需求,还能产生清洁能源,建设绿色港口,换取碳排放配额指标,赋能低碳减排。光伏气膜一体化新能源技术的广泛应用,将对我国优化能源结构、推动节能减排、实现经济可持续发展具有重要意义。

图5-4 中成空间产研基地光伏气膜项目已并网发电
(图片来源:https://www.sohu.com/a/511482092_99894134)

光伏气膜一体化新能源技术将软性、轻质光伏板安装固定在气膜上,光伏板与气膜是相互独立的,最大发电功率为375瓦/块,光伏板可以弯曲,安装快捷牢固,价格比薄膜便宜,转换率一般在20%左右。电站发电收益一般由上网收益和节省电费两部分构成。以中成空间产研基地光伏气膜项目为例,按当地企业购买电价计算,项目的回收期为5~6年。对于日照时间长的区域,发电量更多,项目的效益也将更加明显。

4. 氢能

港口作为基础性、枢纽性设施,是公路、铁路、管道、水路等多种运输方式的集聚中心,车辆进出是港口码头降碳减排的重要领域。2021年12月,全国港口首个氢燃料电池汽车充装示范运营项目——山东港口青岛港前湾港区加氢站建设项目启动仪式在青岛港前湾港区举行(图5-5),这也是全国港口首个氢燃料电池汽车充装示范运营项目。此次开工建设的加氢站设计日加氢能力1000千克。工程分两期建设,一期加氢站占地面积约4000平方米,主要包括压缩机1台,储氢瓶组1套,加氢机1台,卸车柱2套,冷水机组1套,站房1座,罩棚1座,计划2022年完成一期日加氢能力500千克加氢站的建设。

前湾港区加氢站的开工建设,将大幅减少港区车辆燃油消耗,减少二氧化碳排放,对建设绿色低碳港口,发挥青岛市氢能资源丰富的优势,打造"东方氢岛"、建设"氢进万家"示范工程等具有重要的基础性意义。

图 5-5　山东港口青岛港前湾港区加氢站建设项目启动仪式
(图片来源:https://news.sina.com.cn/c/2021-12-30/doc-ikyamrmz2084956.shtml)

山东港口加快建设绿色低碳港口,2021 年 6 月,山东港口在全国港航领域率先发布绿色低碳港口"十四五"规划,瞄准"建设国际领先的智慧绿色港口"目标,努力实现"能源消费低碳化、运输方式绿色化、资源利用集约化、管理模式智慧化"四个突破。山东港口青岛港按照山东省港口集团党委部署要求,坚持"绿色"引领、"智慧"驱动,聚焦国际最前沿的管理实践和先进技术,争当绿色智慧物流建设的探路者和港航绿色低碳发展的典范:2019 年完成氢能源载货汽车在青岛港前湾集装箱码头首次正式投入实景测试运营,率先成为全国同行业运行应用氢能源集装箱载货汽车的码头;2020 年青岛港以自动化码头为依托,在全球首次实现氢燃料电池在轨道式起重机上的应用。

5. 空气源热泵技术

空气源热泵热水机组是利用设备内的吸热介质从空气中采集热能的一种装置。其制取的热水通过水循环系统送入用户用于热水供应。机组内专置一种吸热介质——冷媒,它在液化的状态下温度低于 $-20℃$,与外界存在温差,因此,冷媒可吸收外界的热能,在蒸发器内部蒸发汽化,通过热泵热水机组中压缩机的工作升高冷媒的温度,再通过冷凝器使冷媒从汽化状态转化为液化状态,在转化过程中,释放出大量的热量,传递给水箱中的储备水,使水温升高,达到制备热水的目的。

南通港(港口)集团有限公司从 2007 年下半年开始,为解决员工洗浴问题,率先在姚港港务分公司采用 6 台空气源热泵热水机组为该港区三班职工 600 人提供洗浴热水。2009 年 3 月在通州分公司又投入使用 7 台机组,为 700 人提供洗浴热水。计算能源节约率达到 50% 左右,以每天制备 180 吨温度 55℃ 的热水计算,该项目全部投入使用后,全年集团在职工浴室热水供应这一项,可节约标准煤 352 吨。该项目已被列入交通运输部第二批节能减排示范项目,具有较好的经济效益和社会效益,在气候条件相似的地区具有广泛的推广价值。

6. 港区集中供热

通过采用热电联产、集中供热技术,可以大幅度降低能源消耗、减少污染物排放、提高经济效益,同时也顺应了国家、行业有关节能减排要求。以下以秦皇岛港为例进行说明。秦皇岛港是我国专业化的大型煤炭输出港和我国"北煤南运"的主枢纽港,2008年完成吞吐量2.49亿吨。秦皇岛港同时也是一个能源消耗大港,全港2007年能源消耗总量按等价值达到21.87万吨标准煤,其中煤炭消耗量占22%。为降低能源消耗、减少二氧化碳排放,实现节能减排总体目标,秦皇岛港针对用热负荷较高的东港区,组织开展了东港区供热整合工程,取得了良好的节能减排效果。

该工程充分利用了附近秦皇岛发电有限责任公司的余热,通过增设集中换热站和分散热力站,以高效率、大容量的供热系统来取代低效率、小容量的分散供热系统。每年将减少能源消耗约13600余吨标准煤,减少二氧化硫排放71.6吨、烟尘8.9吨、氮氧化物106吨,占秦皇岛港二氧化硫实际削减量67.2%。港区集中供热是港口行业改革传统供热方式、实行能源梯级利用、提高能源利用效率、节能减排的成功范例。该项工程技术被列入交通运输部第二批节能减排示范项目。

(三)生态固碳

开展港区、航道绿地基础设施汇碳、固碳能力建设,根据环境条件选择适宜的高碳汇能力绿化植物,提高港区航道等基础设施固碳能力和碳汇水平。

1. 植入型生态固滩技术在航道护滩工程中的应用

(1)技术简介

河道洪水期淹没的中低滩的稳定是保持河势及航道稳定的关键条件。三峡工程蓄水以后,因输沙量大幅减少,洲滩冲刷萎缩现象普遍。为保障滩体的稳定,需实施护滩工程。根据当地情况科学选择固滩植被,并在土壤上方铺设用草绳编织成的网状框架防冲结构。实现基于天然原材料且成本较低的技术方案、防止护滩工程回填土冲刷的同时不会对挺水植物的生长发育产生影响。

(2)应用案例

2015年4月,长江航道整治(昌门溪至熊家洲段发倒口窑心滩守护工程)生态护滩结构及主体工程基本实施完成。项目实施1年内基本实现了守护范围内植被完全覆盖,植物种类为当地自然普遍生长的物种,包括三叶草、狗牙根、芦苇等,属于草地或草坪型绿地,该工程固碳量(二氧化碳)约为每年26.03吨,该技术由长江航道规划设计研究院申报,已入选《交通运输行业节能低碳技术推广目录(2021年度)》。固滩区域的年内平均淹没期与固滩植被耐淹能力的搭配是影响工程的关键。在应用此项技术时,应根据固滩区域年内淹没时间,在充分调研本土耐淹湿生植被种类的基础上进行科学选择。

2. 基于港口湿地建设的蓝碳汇能力提升技术

(1)技术简介

基于港口湿地建设,明晰港区水域主要物种的碳固定能力,确定具有较高固碳价值的生物物种或类群;明确高碳汇生物对水体质量、底质结构、边岸结构等栖息地环境要素的适宜区间,构建立高碳汇生物生境适宜度阈值体系,营造契合高碳汇生物栖息需求的港口湿地微生境;综合使用定点定向增殖放流等手段,促进高碳汇生物种群增长,构建高碳汇港口湿地生态系统,建设港口湿地蓝碳增汇示范工程。

①典型生物固碳能力评估及高固碳价值物种筛选。使用常规采样调查法与水声学法相结

合的方式明晰港口区域现有水生生物的种类数据;采用等温微量热法及干湿重含碳率测定法等手段评估主要水生生物的固碳能力,筛选确定出具有较高固碳能力和固碳价值的物种。

②高固碳价值物种生境适宜度阈值体系构建。综合使用资料查阅梳理、原位观测、室内模拟测试等方法,测定港口区域内主要高固碳价值物种对水体质量、底质结构、浊度、亮度等生境要素的适宜度区间,明确适宜度上下线阈值,构建基于高固碳价值物种栖息地需求的生境适宜度阈值体系。

③契合高固碳价值物种栖息需求的生境营造及生态结构研发。基于港口区域高固碳价值物种对水体质量等生境要素的适宜区间,以生境适宜度阈值体系为指导,对港口湿地的水体质量等生物生境各要素进行管控和适当改造,营造高度契合高固碳价值物种栖息需求的港口湿地微生境。

④面向高固碳价值物种的港口湿地生物群落构建。在营造契合高固碳价值物种栖息需求的港口湿地微生境的基础上,在港口湿地内部针对具有高固碳价值的物种开展以植物种植与动物增殖放流手段相结合的港口湿地生物群落构建。

(2)应用案例及固碳效益

国能黄骅港务有限责任公司应用本技术建成2个人工湖,打造3处人工湿地,以"两湖三湿地"为核心,形成了水域面积约63万平方米、蓄水能力125万立方米的港区湿地系统。同时,湿地区域种植白蜡、国槐、柽柳等近百种耐盐碱、抗污染、抗风、易生长、具备较高固碳能力的本地原生植物,建成基于港口湿地的碳汇示范工程(图5-6),使得港区生态绿化率达44.7%,港口生态系统碳固定能力大幅度提升,有效增加港区碳汇。

图5-6 港口湿地碳汇工程
(图片来源:企业提供)

二、港口码头设备低碳技术

(一)设备节能减排技术

加快智慧港口建设,推进新一代自动化码头、堆场建设改造,提升作业和物流效率,全面提升港口基础设施、装备和运输组织的绿色低碳水平。

1. 青岛港自动化集装箱码头

随着经济社会的发展和科技进步,集装箱码头开始朝高效、智能、节能、环保与低成本方向发展。青岛港自动化集装箱码头是世界先进、亚洲首个真正意义上的全自动化码头,码头所有设备采用全电驱动技术,实现智能化控制、自动化运行。

(1)基本情况

青岛港自动化集装箱码头位于青岛港前湾港区南岸(图5-7),规划建设6个泊位,分三期建设,岸线总长2088米,纵深784米,年通过能力520万TEU,可停靠世界上最大的集装箱船舶(图5-8)。该项目集成创新智能制造、无线通信、自动导航定位、智能识别、自动化等技术和装备,重点解决自动导航运载车系统及与岸边集装箱装卸系统和堆场装卸系统的作业耦合,并采用全电驱动的技术路线,成为全球首个在自动化泊位内集装箱的搬运不需依靠内燃机设备的码头,创新研发全生产流程无人化、智能化操作调度控制系统,是新一代智能、零排放、安全、环保的集装箱自动化码头。

图5-7　山东港口青岛港前湾港区集装箱作业
(图片来源:中国网)

图5-8　世界大型集装箱船舶停靠在山东港口青岛港前湾集装箱码头
(图片来源:中国网)

(2)关键技术

①岸桥自动化装卸系统。

对自主研制的双小车岸桥进行技术升级和再创新,通过对岸桥结构、控制及智能监控技术的优化,以及对岸桥调度策略的研究,在各种工况下,尽可能合理调用、充分发挥其装卸的高效率,其岸桥效率目标值至少高于常规岸桥10%。

②自动化水平运输系统。

自动导引车(Automated Guided Vehicle,AGV)方案节能、环保,通过对AGV的快速自动充电技术、定位、导航、路径优化等研究,实现AGV的智能化自动运行。

③智能化场桥堆放与装卸系统。

采用光机电一体化技术,利用现代信息技术实现起重机自动运行、自动定位、自动识别、自动纠偏、自动着箱,与AGV自装卸支架配合,提高自动化轨道式起重机的装卸效率,解决自动化轨道式起重机与AGV的作业耦合问题。

④装卸设备调度和协调控制系统。

根据码头装卸管理系统规划进行设备控制系统的软件开发、仿真分析、硬件研制、监控管理和智能调度。

⑤作业计划系统。

依据集装箱码头装卸系统的作业要求,运用物流技术、运筹学决策理论,构建码头装卸系统作业计划优化模型和决策支持系统,实现码头系统计划决策的科学化与系统化,从而最大限度地减少进出港货船在码头的周转时间,提高装卸设备利用率,提高码头集装箱整体运输效率。

⑥设备远程控制和智能维护系统。

基于工业实时以太网通信技术、GIS技术、故障诊断等技术,建立装卸系统与设备监控及智能维护服务平台,完成自动化码头的在线实时状态监控、信息分析、设备健康状态评估、维护方案制订。

(3)节能减排效果

码头一期投产2个泊位,配备7台单起升双小车桥式起重机、38台纯电动带举升自动导引车、38台全自动高速轨道式起重机。一期工程2017年5月11日投入商业运营,截止到2019年4月底,共计完成船舶作业1400艘次,集装箱吞吐量207万标准箱,保班率100%,共计完成作业箱量207万标准箱,累计节省柴油1592吨,共计减少二氧化碳排放4959.7吨。按照年600万标准箱吞吐量计算,年节省柴油1615吨,年减少二氧化碳排放14375吨,节能减排效果明显。

2. 自动导引车系统

(1)技术简介

自动导引车(AGV)系统实现智能化调度、自动化控制,无人操作,提高集装箱传送效率。AGV系统包括车辆管理系统(Vehicle Management System,VMS)、导航系统(Navigation System,NS)、小车控制系统(Vehicle Control System,VCS)三个层次。VMS接收码头管理系统(TOS)发送的AGV起点和终点位置,依据AGV调度策略指定AGV并生成AGV最优路径;导航系统(NS)实现路径跟踪,依照路径指令计算出当前的电动机转速和掌舵角度并且传输给VCS,而VCS能够控制小车上的电动机和液压转向系统从而响应收到的指令。通过这样的方式,AGV能够沿着轨迹独立在岸桥和自动堆垛之间运作。

(2)应用案例

厦门远海集装箱码头自动导引车(AGV)系统,是厦门远海自动化码头(图5-9)建设配套项目。项目在原有的传统 14 号集装箱泊位上进行道路改造,配置 18 台由全锂电池驱动的自动导引车,8 个集装箱转运平台,18 台自动充电装置及配套的无线电台,供配电、通信和控制系统,用自动导引车替代港内集装箱拖车,实现港内集装箱水平运输的能力。每年节约能源 350 吨标准煤,减少二氧化碳排放 1150 吨。该项目已被列入《交通运输行业节能低碳技术推广目录(2021 年度)》。应用该技术时需要有较强的信息化技术基础,构建车辆管理系统、导航系统、小车控制系统等多层次管理系统,协同配合以提高运载车辆工作效率。

图 5-9　厦门远海集装箱自动化码头
(图片来源:搜狐网)

3. 码头集装箱堆场自动化升级改造技术

(1) 技术简介

对堆场内跨式轨道桥进行自动化改造,利用最新的定位、扫描、识别、测距等技术,提高定位、识别能力,在确保安全的前提下,提升现有设备的作业效率,降低作业能耗和碳排放。

天津五洲国际集装箱码头是我国第一个全部采用定轨式场地设备作业工艺的专业数字化集装箱码头,所使用的轨道式龙门起重机(Rail-Mounted Counted Gantry Crane, RMG)完全以电力为驱动。该码头在原有 31 台轨道桥电气部件更新改造的基础上,设计和研发了内跨式自动化轨道桥的大车、小车运行系统和起升定位系统、目标定位系统、负载定位系统、大车主动防撞系统、集卡引导系统、集卡防吊起系统、集卡识别系统、自动着箱系统、视频监控系统等自动化功能模块,形成了全场内跨式轨道桥自动化改造的核心技术。

(2) 节能减碳效果

堆场自动化升级改造节能项目完成后,天津五洲国际集装箱码头堆场自动化调度管理系统充分发挥堆场"大脑"作用,结合场地信息实时给出最优指令,配合自动化轨道桥的"多对多"操控模式,最终实现整场和全部场地设备的 100% 出勤,每台设备都能就近作业,避免大车跑位、自动选择最优路径进行抛物线作业,达到降低设备待机及单箱能耗的节能效果。岸桥、轨道桥设备待机时长将下降约 20%,船舶在港时间缩短 20%,整体场地作业效率可提升 33%,有效减少各类车辆及船舶滞留的能耗及碳排放量。经测试,项目实施后年节约能源 199.73 吨标准煤,年二氧化碳减排量 519.3 吨。该技术已被列入《交通运输行业重点节能低碳技术推广目录(2019 年度)》。

(二)作业节能减排技术

积极研发推广港口码头装卸工艺及方法的节能减排新技术、新工艺和新装备。

1. 全天候高效散料堆场单机无人操控系统技术

全天候高效散料堆场单机无人操控系统开发与应用项目借鉴了澳大利亚、欧洲等国家港口先进且成熟的技术,并结合国内散货料场的生产实际研发出了一套智慧、高效、绿色、环保的实践应用型控制系统,提高了我国散货堆场的智能化水平。

(1)技术简介

我国的散货码头,尤其是规模较大的散货码头,取装作业主要用的是斗轮堆、取料机。该技术基于现场雷达探测进行数学模拟计算,结合激光扫描及三维成像的综合建模技术(图5-10)、洒水除尘系统的自动介入与避让技术、平顶料堆堆存控制技术、自动化控制等技术,实现散货码头装卸系统的堆料与取料智慧高效、绿色环保的自动化作业。此外,通过对翻车机远程集控模式进行研究和改造,将操作终端移至集控室,操作人员在设定好相关作业参数后,堆、取料机和翻车机将实现自动化作业。

图5-10　系统综合建模3D效果图

(2)应用案例及节能减排效果

国能(天津)港务有限责任公司自主研发了该技术,在公司堆场10台单机(6台取料机、4台堆料机)上投入应用,效果良好。生产效率提升了5%以上,舱时作业效率由2700吨/小时提升并稳定在2900~3000吨/小时,以2020年该公司生产能力4500万吨计算,取装能耗为0.6千瓦·时/吨,则全年节能量约为30万千瓦·时,全年约减少二氧化碳排放量282.57吨。

2. 智能伺服永磁直驱技术

带式输送机是港口运输体系中重要的物料转运设备,既是港口主要的生产设备,又是主要的耗能设备。以秦皇岛港股份有限公司第六港务分公司为例,该公司装卸生产能耗占公司总能耗的90%以上,而皮带机驱动能耗占装卸生产能耗的70%以上,皮带机驱动是节能降耗的关键点。

(1)技术简介

使用智能伺服永磁直驱系统替代"异步电动机+耦合器+减速机"构成的传统皮带机驱动模式,属于"由繁到简"的改造。从根本上改变原有驱动系统中间传动环节多、传动效率低、电能浪费严重的问题,改造后的驱动系统能够降低电能消耗10%以上;解决原有连接方式在振动冲击条件下,易造成减速箱二级轴和三级轴的变形,进而造成轴承松动、齿轮啮合不平稳、噪声大等问题,大大减少了系统维护工作量。

(2)应用案例及节能减排效果

秦皇岛港股份有限公司第六港务分公司(以下简称六公司)首次在BM1皮带机系统上应用该技术,BM1皮带机是六公司重要的码头输送皮带 BM1皮带机更换永磁同步电动机后,2017年投入生产运行1年多,性能稳定可靠,不但降低了能耗,提高了整个皮带机系统的能源使用效率,而且提高了系统的稳定性,减少了原来传动系统的各类可能故障,减少了维护工作,延长了设备的使用寿命。该技术已在21条皮带机上应用,年节能84.77吨标准煤,减排220.41吨,已被列入《交通运输行业节能低碳技术推广目录(2021年度)》。建议在皮带耗能较高的设备上开展改造应用,提高节能效果,在改造过程中要合理规划,避免产生改造空间不足等方面的问题。

3. 集装箱码头双吊具工艺

(1)技术简介

港口船舶装卸作业各环节密切相关。集装箱码头双吊具工艺在对集装箱码头传统作业模式进行重点分析的基础上,把双吊具作业管理办法与装卸工艺充分结合起来,在海侧作业和水平作业两方面提出了一整套支持双吊具装卸工艺的技术方案和管理办法,并解决了相应的关键技术难题。实践证明,研发的集装箱码头双吊具工艺系统发挥了双四十英尺双起升桥式起重机运转单周期操作量成倍增加的作业优势,同时结合双四十英尺双起升桥式起重机的作业方式与集装箱载货汽车上离档规则和车道划分规则的协同,有效实现了桥式起重机边装边卸和集装箱载货汽车重进重出的高效融合。实现了集装箱码头桥式起重机作业工艺方法的技术创新,在提高桥式起重机作业效率的同时合理地降低了作业能耗。该工艺的应用,提高了码头岸线利用率,在不投入新资源的前提下,可有效增强码头的整体作业能力。

(2)节能减排效果

上海国际港务(集团)股份有限公司应用了该工艺,通过现场实测,桥式起重机单箱电耗节能19.8%。按照每昼夜双吊具边装边卸作业平均150次,单次满载耗电4.18千瓦·时,每昼夜可减少耗电124.146千瓦·时。按码头岸线测算,每车次大约行驶3千米,每昼夜可减少集装箱载货汽车空驶距离450千米,按每千米行驶耗油0.6升,大约每年共减少98550升燃油,折合标准煤121吨,减少二氧化碳排放302吨。

第四节　运输船舶低碳实践

优化船舶运力结构和能源结构,研发推广节能低碳型船和船舶节能新技术、新产品等都是实现运输船舶节能减排的重要举措。其中优化船舶运力结构包括优化船舶吨位结构,推动海运船舶向大型化、专业化方向发展,加快建成规模适当、结构合理,具有较强国际竞争力的海运船队。积极引导内河运输船队标准化和专业化发展,提高船舶吨位,提高船舶运输效率。还包括加快老旧船舶更新改造,发展电动、液化天然气动力船舶,深入推进船舶靠港使用岸电,因地制宜开展沿海、内河绿色智能船舶示范应用。本节重点介绍和碳减排直接相关的船舶能源结构优化及研发推广节能低碳型船和船舶节能新技术、新产品。

一、优化船舶能源结构

在全球海运温室气体减排的大势下,国内外都非常重视运输船舶的碳减排,积极推广靠港船舶使用岸电,探索电能、氢燃料、氨燃料、甲醇动力等清洁能源、新能源动力船舶的研发与应用。

船舶靠港期间统筹采用船舶的辅机发电,燃烧石油制品(多为重油、柴油)提供船舶设备、人员生活的正常用电。但是辅机发电机组存在功率小、综合效率低、二氧化碳及其他大气污染物排放量大、噪声污染严重等问题。靠港船舶使用岸电,以电代油,是目前最直接、最有效的港口侧治污降碳的方式。

我国自2010年起便开始推广靠港船舶使用岸电,例如,按照交通运输部的总体部署,长江航务管理局于2019—2020年组织重庆市和湖北省完成了54艘三峡游轮受电设施改造,协调国家电网公司完成了三峡岸电试验区建设,实现了三峡坝区客船使用岸电全覆盖,客船在码头接插岸电从原来20人、2小时缩短到4人、15分钟。2021年3月份,长江航务管理局组织重庆、湖北、江苏等地完成了54艘货运船舶受电设施改造试点。在此基础上,长江航务管理局还会同长江水系各省(市)交通运输主管部门、上海海事局、浙江海事局、国家电网公司营销部、中国船级社和系统内单位,建立长江水系船舶和港口岸电工作联席会议制度,做好协调、调度和监督检查工作。2020年长江经济带11省(市)港口和水上服务区岸电使用23万次,231万小时,用电约5000万千瓦·时,用电量比2019年翻了一番。长江游轮和大型客运码头以及京杭运河水上服务区基本实现了岸电全覆盖、全使用。结合大量的实践经验,我国主导完成了《国际航行船舶岸电系统安全操作导则》,为国际航运绿色发展提供了中国智慧。

《中共中央 国务院关于完整准确全面贯彻新发展理念做好碳达峰碳中和工作的意见》《2030年前碳达峰行动方案》及《绿色交通"十四五"发展规划》等政策文件均提出了促进岸电设施常态化使用。未来岸电设施将会在船舶减少碳排放和污染防治领域发挥更大的作用。

二、研发推广节能低碳型船舶

(一)电池动力船

1.电池动力船应用情况

电池动力船具有零排放、高舒适性、低噪声等优点。从全球范围看,电池动力船舶的应用正处于探索、示范期,运营经验不足。2011年日本率先投入运营小型电池动力旅游客船,2015年挪威在欧洲率先建造并投入运营沿海岛屿航线的车客渡船,2016年拉脱维亚建成内河高速客渡船,2018年加拿大研发了电池动力引航船。此外,在内河货运船舶领域,2018年荷兰开始研发内河小型电池动力集装箱船。截至2019年5月底,全球电池动力船舶数量为155艘,其中包括营运船舶75艘,拟建造船舶80艘,已实现1000~4000千瓦·时之间较大容量电池动力船舶的应用。电池的选择上既有磷酸铁锂电池,也有三元锂电池。

我国纯电池动力船舶发展起步于2013年,已陆续建造运营各类纯电池动力船舶有20余艘,船型涵盖客船、公务船、干散货船、集装箱船等,在建及计划建造纯电池动力船舶10余艘。2015年以前,我国电池动力船舶的应用仅限于600千瓦·时以下的小型船舶;2015年以后,使用的最大电池容量达到3000千瓦·时,且全为磷酸铁锂电池。

2. 纯电池动力船应用案例

(1) 国外应用案例

2015年,欧盟委员会宣布了建造世界上第一艘全电池动力渡轮的项目——"Ellen"轮,该轮船长约60米,型宽13米,最高航速在13～15.5节(1节≈1.852公里/小时)之间,可搭载约30辆汽车和200名乘客,充满电后的续航里程为22海里(约40.7公里),单程航行时间较同航线传统燃料渡轮节省15分钟。为了减轻自身质量、确保渡轮使用尽可能少的电力,"Ellen"轮的驾驶台由铝制成,船上家具由再生纸制成。"Ellen"轮配备的4.3兆瓦·时电池系统是具有独特安全特性的高能G-NMC锂离子电池,包括双层叠层设计和陶瓷隔板,电池系统分为20个单元,每个单元连接控制能量输出的独立转换器。这是用于海事的最大容量电池组之一。"Ellen"轮为全球首艘未配备应急备用发电机的电池动力渡轮。

(2) 国内应用案例

2020年1月,我国自主研发的300客纯电池动力客船"君旅"号投入试运行,该船由中国船舶集团有限公司第七一二所研发制造,采用全锂电池系统、高效变频驱动系统、高机动性吊舱推进器、智能化船舶操纵,是国内第一艘船长50米以上的纯电池动力客船,是国内首艘通过中国船级社(CCS)《纯电池动力电动船检验指南》要求的客船。

2021年6月,武汉市轮渡公司200客位新能源纯电池动力游船启动开工仪式。该船是专为长江武汉段打造的豪华游览船,主要用于游览观光、会议接待、餐饮娱乐等,船长49.27米,型宽11.8米,型深2.7米,设计吃水1.6米,载客200人。该船采用全锂电池系统,配备8个锂电池组,总容量1881千瓦·时,采用150千瓦推进电动机2台,最高航速18公里/小时,在巡航速度为13公里/小时的时候,续航力不低于6小时。

(二) 氢燃料动力船

1. 灰氢、蓝氢和绿氢

氢燃料根据提取来源,可以分为灰氢、蓝氢和绿氢。"灰氢"是指利用化石燃料石油、天然气和煤制取氢气,制氢成本较低但碳排放量大;"蓝氢"是指利用化石燃料制氢的同时,配合碳捕捉和碳封存技术,碳排放强度相对较低但捕集成本较高;"绿氢"是利用风电、水电、太阳能、核电等可再生能源电解制氢,制氢过程完全没有碳排放,但成本较高。目前,我国氢气主要来自灰氢。未来与大规模光伏发电或风力发电配套的电解水制绿氢将成为发展趋势。

2. 氢燃料电池

氢燃料电池是将氢气和氧气的化学能直接转换成电能的发电装置。其基本原理是电解水的逆反应,把氢和氧分别供给阳极和阴极,氢通过阳极向外扩散和电解质发生反应后放出电子,通过外部的负载到达阴极。

氢燃料电池产业链包括制氢、储运氢、加氢站、燃料电池系统、燃料电池各项应用。其中储运氢技术主要包括气态储运、低温液态储运、固体储运、有机液态储运等。

3. 氢燃料动力电池船舶应用案例

(1) 国外应用案例

乌斯坦集团(Ulstein)推出了一款以氢能为动力的海上工程船"ULSTEIN SX190"轮,该船总机功率为7.5兆瓦,其中2兆瓦由位于独立机舱室的氢燃料电池动力系统产生,为了延长安装船的续航能力,"ULSTEIN SX190"轮安装了低硫油推进系统。该船可在"零排放模式"下运行4天,但随着未来储氢和燃料电池技术飞速发展,该模式的续航能力可达到两周甚至更长。

(2)国内应用案例

"绿色珠江"氢能示范船是一艘2000吨级定点航线内河自卸货船,长70.5米,宽13.9米,续航力140千米。采用4×125千瓦质子交换膜氢燃料电池作为船舶主动力源,辅以4×250千瓦·时锂电池组进行调峰补偿,同时船舶载有35兆帕高压氢气瓶组储存氢气燃料。其具有续航力强、冗余度、可靠性、安全性高等技术特点。该船是由广州船舶及海洋工程设计研究院(中国船舶集团旗下第六〇五研究院)自主研发设计的,标志着我国向"零排放"水上交通体系建设迈出了坚实的一步。

(三)氨燃料动力船

1. 氨燃料电池

燃料电池是一种零污染动力源,它可以将化学能转化为电能,具有效率高、零排放等优点。传统的燃料电池以氢燃料电池为主,与氢相比,氨不需要冷却到极端温度,而且比液态氢具有更高的能量密度,运输和储存更具有能效性。因此,氨是一种适合长距离深远海运输的零碳排放燃料。

2. 氨燃料动力船舶研究案例

(1)国外案例

韩国大宇造船(DMSE)联合德国曼恩公司(MAN)共同研发的23000TEU型氨动力超大型集装箱船项目于2020年10月获得劳氏船级社颁发的原则性认可(AIP)证书。此次认证完成了对氨动力超大型集装箱船的安全风险识别(HAZID),对设计图纸、管道铺设等细节事项的危险与可操作性分析(HAZOP),对该型船的安全性进行了彻底验证。这艘23000TEU型氨动力集装箱船预计将于2025年前实现商业化运营。

(2)国内案例

在2019年上海国际海事展上,上海船舶研究设计院开发的18万吨级氨燃料散货船取得劳氏船级社原则性认可证书。上海船舶研究设计院确定了多型氨燃料推进船舶的研发计划,在充分调研论证散货船的基础上,结合德国曼恩公司(MAN)的最新成果,完成了18万吨级氨燃料散货船的开发设计。该船型全程采用氨燃料推进,满足主机零碳排放要求,通过优化首尾系泊区域,满足最大载质量和最大舱容要求,另外还进行了节能风帆的安装评估。

(四)其他新能源船

1. 甲醇燃料船

交通运输部水运科学研究院已开展"甲醇在中国船舶上应用的可行性及推广研究",该研究将基于中国能源和船运行业特点,全面系统研究甲醇作为船舶燃料在技术和经济方面的可行性,提出有关的政策建议,积极有序引导甲醇作为船舶燃料在中国的发展。

中国首艘甲醇燃料动力船艇由江龙船艇科技股份有限公司自主研发,填补了我国在甲醇船艇设计建造领域的空白,对于甲醇燃料在国内船艇领域的推广及产业化应用具有示范性意义。"江龙"轮长约40米,宽8米,型深2.7米,自重172吨,发动机主体是通用船用柴油发动机,增加了甲醇和空气的混合装置、甲醇控制单元、甲醇燃料供给系统等配件。"江龙"轮是我国国内首艘实现下水、具有"甲醇/柴油二元燃烧技术"自主知识产权的甲醇燃料动力船艇,实验数据表明,双燃料模式下,"江龙"轮碳烟排放可以减少50%~70%。

2.生物燃料船

马士基(MAERSK)携手荷兰可持续发展联盟(DSGC)和壳牌公司(Shell),在其旗下一艘"3E"型集装箱船("Mette Maersk"轮)上混合使用由废弃食用油等物提炼而成的"第二代"生物燃料(含量高达20%)并成功试航。这是全球首次进行的超大型集装箱船纯生物燃料航行(上海—鹿特丹单向航行期间),"Mette Maersk"轮使用生物燃料的试验证明,目前在技术上和操作上,海运已经可以使用可持续性的脱碳解决方案,尽管这并不是最终方案,但它肯定是脱碳探索的一部分,可作为减少二氧化碳排放的过渡方式。马士基称,如果从全生命周期的角度考虑,包括上游生产和运输的所有碳排放,"第二代"生物燃料可比传统燃料(重质燃料油)减少约85%的污染物排放。

3.太阳能动力船

为保护旅游资源与水域可持续环境,克罗地亚卡尔卡国家公园(Krka National Park)订购了两艘全电动太阳能混合动力观光船。这两艘观光船配备了太阳能光伏板和蓄电池。当阳光照射时,太阳能电池为推进器提供动力,当阳光消失时,推进器依靠电池供电。全电动供电时长为8小时,太阳能电池板的供电时长为12小时,设定航速5节,最大速度为9节。

4.风能动力船

2021年6月30日,丹麦海上风电运营公司Cadeler在中远海运重工有限公司订造了2艘全球最大风力涡轮机安装船。其中,首制船预计在2024年第三季度完工交付,第二艘则将在2025年第一季度交付。该船将拥有5600平方米的甲板面积,有效载荷超过17600吨,主起重能力达2000吨、高度53米,使用混合动力,一次性安装7台完整的15兆瓦涡轮机组,或5台20兆瓦以上的涡轮机组。

5.核动力船

根据中国船检2021年6月的报道,韩国三星重工与韩国原子能研究院(KAERI)合作共同开发核能船。其侧重开发的便是基于熔盐堆(Molten salt reactor,MSR)的浮动核电厂。MSR是一种"零碳"能源,其是核裂变反应堆的一种,其主冷却剂是一种熔融态的混合盐,可以在高温下工作(可获得更高的热效率)时保持低蒸汽压,从而降低机械应力,提高安全性,并且比熔融钠冷却剂活性低。

三、研发推广船舶节能低碳新技术、新产品

大力发展船舶节能新技术、新材料、新工艺、新结构和新产品,提高船舶燃油效率,降低碳排放。

(一)主机节能减碳技术

1.燃油节油技术系统

(1)技术简介

船舶多是采用主机定转速,控制螺旋桨螺距的方式运行,或者是人工调节主机转速及螺旋

桨螺距,不能根据航线和海况充分发挥螺旋桨效率,造成燃油消耗较高。渤海轮渡集团股份有限公司开发了燃油节油系统,该系统在不同的航速、吃水、海况等工况下自动优化螺旋桨和主机效率,从而实现大幅度降低油耗的功能。该系统已经在全球150多艘船舶上使用。

(2)适用范围

该系统适用于可变螺距螺旋桨船舶,对安装条件要求较低,仅需在船舶驾驶台和机舱占用较小的空间及有通信线缆连接。

(3)节能减排效果

该系统使渤海轮渡集团股份有限公司每艘船舶平均每年节油700吨,如果该公司所有船舶均采用该系统,预计理论年节油量约7000吨。按照每吨燃料油排放二氧化碳3.1705吨计算,全年可减排二氧化碳约22193吨。

2. 油电混合动力系统

(1)技术简介

油电混合动力系统是柴油机常规机械推进和电力推进混合推进的一种新型推进动力组合系统。该系统由柴油机、半滑差离合器、套轴电动机、螺旋桨、变频装置、控制系统等组成,根据船舶工况可运行柴油机推进、电动机推进、轴带电动机发电、柴电并车推进等多种模式。油电混合动力系统在拖轮上的应用可满足拖轮在顶推工况下大功率输出、自航工况下经济运行的需求,多种动力组合形式有效提高动力系统的设备运行效率、能源利用率及能耗效率,大幅降低能耗与排放。

(2)适用范围

拖轮油电混合动力系统可以根据不同工况的需要使用柴油机推进、PTO发电、PTI电力推进、油电并车推进等多种运行模式,适用于工况多且复杂的船舶,可满足船舶多动力工况下经济运行的需求,实现能源最经济、高效的利用。该套装置已在海港711拖轮上实现应用,还可推广应用于各类海工拖轮、工程船舶、江海运输船舶、救助船舶、科考船舶、车客渡船等工况复杂,对动力系统冗余度要求高的船舶。

(3)应用案例及节能减排效果

大功率拖轮混合动力系统是国内首创、采用全国产设备和自主知识产权独立开发设计的系统,在上海港复兴船务有限公司拖轮"海港711"轮首艘次装船并已经正式运营,年节能77.05吨标准煤,年减碳163.68吨。该技术已被列入《交通运输行业节能低碳技术推广目录(2021年度)》,建议进一步完善系统功能,提升整体工作性能,开发装载动力电池的混合动力船舶技术,提高节能潜力。

3. 双燃料发动机拖轮

(1)产品简介

双燃料发动机主机内配有燃气和燃油两套系统,两套系统互为备用,当一套系统发生故障时,可自动或手动切换到另一套系统,提高了主机的可靠性。当拖轮供气系统发生故障或LNG气体质量有问题时,在任何载荷下可瞬时自动转换为燃油模式,转换过程迅速(1秒以内),转换过程中保持转速和载荷状态稳定。对比纯LNG燃料拖轮,双燃料发动机拖轮可不受加气站位置限制,在加不到气的情况下,可使用燃油继续运行。

（2）应用案例及节能减排效果

2019年11月，全国首艘双燃料发动机拖轮——宁波舟山港股份有限公司油港轮驳分公司"甬港消拖60号"轮（图5-11）正式应用于港口生产。"甬港消拖60号"轮集中了消防、变螺距、气体系统等较多功能，全船总长38米，主机功率达4777.5千瓦，能灵活适应各种水文地形的助离泊和抢险救援作业。拖轮动力方面采用55立方米LNG单罐，配置LNG及常规燃料的双燃料发动机。LNG供气系统控制界面见图5-12。

图5-11 "甬港消拖60号"轮

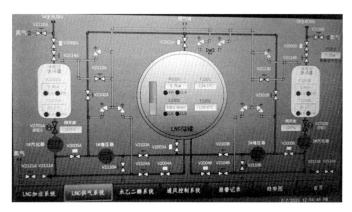

图5-12 LNG供气系统控制界面

"甬港消拖60号"轮采用双燃料发动机驱动，可实现柴油与LNG两种燃料的相互转换，燃油替代率可高达90%。采用燃气模式运行时，可减少50%环硫氧化物排放量、98%颗粒物排放量、80%氮氧化物排放量及22%二氧化碳排放量。

（二）船型优化设计

浙江新一海海运有限公司打造了"江海直达"船型，该船属于先进绿色环保新船型，通过优化船艏线型使波浪中船舶失速小，提高抗风量能力，优化船尾减小振动，优化整船线型降低阻力，并配备高效推进系统，降低能源消耗。

该船于2018年4月首航马鞍山，2018年4月至2019年7月，共计完成64个重载航次。完成货运量135.82万吨，货物周转量5.18亿吨公里。"江海直达1"轮主机转速约为120转/分，船舶平均航速约 11.5 节,日平均油耗稳定在 7.8 吨/天,跟同类型海船相比节油 12%,主机年平均油耗比同功率主机海船能节省燃油 137.5 吨,每年可减少二氧化碳排放 435.9 吨。该项目已被列入《交通运输行业节能低碳技术推广目录(2021 年度)》。

(三)船舶节能减碳新技术

1. 船舶高效节能附体应用技术

通过在船舶不同位置安装节能附体,改善螺旋桨进流条件,产生预旋流降低螺旋桨尾流旋转能量损失以达到节能的目的。桨前节能装置通过导叶产生的预旋流动来对伴流场进行改善,使螺旋桨后面的旋转能量损失有所减少,进而提高船舶的推进效率,达到节能目的。桨后节能装置是吸收并利用桨后的旋转能量,提高螺旋桨效率,进而提高船舶的推进效率,实现节能效果。船舶高效节能附体试验节能效果见表 5-1。

船舶高效节能附体试验节能效果　　　　表 5-1

年份	船名	模型试验节能效果	节能附体形式	实船应用情况
2011	76000DWT 散货船	1.50%	毂帽鳍	应用于实船
2011	76000DWT 散货船	2.00%	前置导管	应用于实船
2012	82000DWT 散货船	1.90%	毂帽鳍	应用于实船
2014	5500DWT 散货船	1.50%	舵球	应用于实船
2014	50000DWT 油船	2.10%	毂帽鳍	
2015	8500DWT 化学品船	1.60%	舵球	应用于实船
2016	20000DWT 散货船	2.30%	毂帽鳍	
2018	50000DWT 油船	2.00%	毂帽鳍	
2020	85000DWT 散货船	3.00%	导流罩	

依托上海船舶运输科学研究所拖曳水池长期以来数百条船模试验所形成的大数据库(表 5-1),同时结合客户反馈的实船试航结果,节能附体装置可以在实船航行中取得可观的节能减排效果,以一条 VLOC(大型矿砂船)为例,每年节油 650 吨左右,减少的二氧化碳排放可以达到每年 700 吨左右。该技术已被列入《交通运输行业节能低碳技术推广目录(2021 年度)》。

2. 可变螺距螺旋桨船舶节油技术

渤海轮渡集团股份有限公司申报的可变螺距螺旋桨船舶系统能够实时根据航速、吃水、海况等工况自动优化主机和螺旋桨匹配,使主机和螺旋桨达到最佳效率,大幅降低油耗。设备安装条件要求较低,主要针对可变螺距螺旋桨船舶,仅在船舶驾驶台和机舱占用较小的空间,通过通信线缆连接。已在 10 艘船舶应用,每艘船年节能 1020 吨标准煤,年减排二氧化碳 2230 吨。该技术入选《交通运输行业重点节能低碳技术目录(2019 年度)》。

3. 泥泵疏浚性能提升技术

中港疏浚有限公司的"新海马"耙吸轮自 2010 年 2 月交船投入施工,分别在长江口深水航道治理三期疏浚工程、长江南京以下 12.5 米深水航道一期工程、海南工程项目等工程施工,工况为疏浚、吹填,为公司的生产经营发挥应有的作用。但随着时间的推移,船舶疏浚设备发生日常耗损,特别是挖掘珊瑚砂等土质时,"新海马"轮泥泵的施工效率降低。

中港疏浚有限公司在"新海马"轮原齿轮箱箱体及泥泵中心点位置不变的情况下,更新泥泵并设计优化齿轮箱主从齿轮副、中间轴及鼓式联轴器,同时在优化泥泵排出管布设的基础上,运用数值模拟和模型泵结合的办法,研制低流量高效率新型专用泥泵,提高船舶泥浆输送能力。从实际使用及相关船舶比对可推算,国产泥泵效率为75%~80%。本船改造后的理论最高效率约为88%。改造后单船年节能2828吨标准煤,年减排二氧化碳6285吨。该技术入选《交通运输行业节能低碳技术推广目录(2021年度)》。

四、船舶节能减碳其他技术措施

(一)提高船舶副机运行效率

船舶副机不仅是船舶的重要能源消耗设备,也是船舶的重要安全设备,它负责全船电力系统的供应,以维持船舶设备的正常运转,是船舶的关键设备之一。因此,加强副机管理,提高副机运行效率,降低燃油消耗,对完善船舶机务管理工作具有十分重要的意义。

提高副机运行效率,降低燃油消耗的核心是:①加强燃油质量管理,提高发动机燃烧效率;②认真做好副机日常管理工作,确保设备正常运转;③淘汰、改造老旧机器,提高副机性能和经济性;④船舶航行期间开单台副机,减少燃油消耗和二氧化碳排放量;⑤到港船舶使用岸电。

(二)推广船舶绿色驾驶

《公路水路交通运输节能减排"十二五"规划》提出大力推广绿色驾驶的要求。总结和推广汽车和船舶绿色驾驶操作与管理经验、技术,组织编写汽车驾驶员和船员绿色驾驶操作手册和培训教材,将节能减排意识和技能作为机动车驾驶培训教练员、汽车驾驶员、船员从业资格资质考核认定的重要内容和依据。开展汽车驾驶员绿色驾驶技能培训与竞赛,加强船员航行操作与管理节能减排培训,逐步建立一支节能减排意识强、驾驶技能好、业务素质高的汽车驾驶员和船员队伍。

"学良节油"工作法是青岛港(集团)有限公司"亚洲二号"轮船长周学良在20多年的拖轮船舶生涯中,结合港作拖轮生产实际,总结提炼而成的行之有效的拖轮操纵节油法。学良节油"工作法从理论上涉及三方面的原理:在船舶操作方面,利用船舶冲程、船体几何形状、操舵效应及拖带力矩最大化原理实现节油;在操车方面,根据主机转速的变化与船舶耗油量成立方关系,以及主机最佳工况的范围,采用降低主机转速、单机航行等措施实现节油;在船舶调度方面,根据提供的船舶作业任务信息,选择就近待命,有效缩短航程,从而达到节油目的。

以船为核心的"学良节油"工作法,把拖轮作为一个经济实体,将节油工作细化到"操船""操车""船舶调度"等生产作业的具体细节,使节能减排的具体措施与拖轮生产经营活动的每个有机环节相融合,很好地实现了节能降耗和生产经营的科学统一,取得了明显的社会和经济效益。2006年公司节油1141.73吨,万元收入能源单耗0.471吨标准煤;2007年节油1339.26吨,万元收入能源单耗0.458吨标准煤,创造了节能减排新效绩。"学良节油"工作法不仅适用于港作拖轮的操作,还可供内河(江、湖)船、短程渡船、沿海的各类船只等借鉴使用,该项目已被列入交通运输部第二批节能减排示范项目。

(三)操作培训模拟

港口操作设备驾驶员的培训与再教育是港口行业安全、高效、节能运行的基本保障,通过综合利用先进的计算机技术、虚拟现实技术、自动控制理论、视觉仿真技术、人体工程学的驾驶培训系统,不仅能够提高培训工作效率,而且具有很好的节能减排效果。《公路水路交通运输节能减排"十二五"规划》提出的十大任务,包括大力推广车船驾驶培训模拟装置。出台机动车和船舶驾驶模拟器资金补助管理办法,加快建设全国驾培管理平台,实现驾培模拟器教学与IC卡计时联网。以下以绞吸船施工模拟系统、装卸机械驾驶培训模拟装置应用为代表进行介绍。

1. 绞吸船施工模拟系统

中交天津航道局有限公司开展了"绞吸船施工模拟系统"项目,针对3种大型绞吸挖泥船、5类(0~15级)土质开发应用了一套绞吸挖泥船施工仿真模拟系统,采用多通道环幕投影与1:1实物驾控台通过虚拟现实与数模计算、数据采集、控制和传输技术有机结合,针对绞吸挖泥船的结构、原理、工作流程等特点,对绞吸挖泥船施工各重要环节建立数学模型,实现了施工环境、过程的真实再现,从感官和施工作业等物理行为上模拟绞吸挖泥船现场施工环境和设备操作等施工生产全过程,实现了仿真模拟平台与实船操作的无缝对接。2009年到2010年263名驾驶员通过了培训考核。2011年共使用模拟系统培训开班6个,170人参加培训、使用模拟系统60天,共实现节能4001.78吨标准煤,该项目列入交通运输部第五批节能减排示范项目。

2. 装卸机械驾驶培训模拟装置应用

天津港根据自身发展需要,于2004年、2010年先后引进了两套全景仿真港口装卸机械驾驶培训模拟装置。该装置具有模拟岸桥、场桥、门机等多种港口装卸机械操作功能,可真实模拟现场操作环境。通过使用机动车驾驶培训模拟装置,替代了原先需要实车训练的《机动车驾驶员培训教学大纲》规定的第一阶段和第四阶段的训练项科目,每个学员平均减少实车训练3个学时,可节油约7升汽油。2011年4月至2012年4月共计完成各项培训2433人,培训后专业素质过硬的学员,现场工作适应能力强,满足了实际培训的需要,保障了生产一线运营安全、高效、节能。实现节能4157.4吨标准煤,该技术已列入交通运输部第五批节能减排示范项目。

(四)船舶碳捕获与封存技术应用

碳捕获与封存是指将大型发电厂、钢铁厂、化工厂等排放源产生的二氧化碳收集起来,并用各种方法储存以避免其排放到大气中的一种技术。国外船舶在碳捕获与封存方面也进行了有益的探索和实践。

1. 洗涤塔

挪威绿色船舶系统制造商Teco 2030推出了"未来漏斗"(Teco 2030 Future Funnel)洗涤塔,该装置能够有效减少各类废气排放,还配备了碳捕获与封存功能。"未来漏斗"符合0.1%和0.5%限硫法规要求,硫氧化物减排率高达99.9%;维护成本低,易于操作;可以在航行中进行安装,仅需短暂停靠即可进行海底门和舷外安装,从而减少停工时间;仅需微小改动,即可适用于所有类型的船舶和发动机。

芬兰知名脱硫塔制造商瓦锡兰也强调了在废气排放点进行碳捕获与封存的潜力,就像目前利用洗涤塔去除硫氧化物那样,在船上进行碳捕获与封存"在技术上是可行的",将在挪威莫斯地区安装一个1兆瓦的试点装置进行测试。

2. 船上碳捕获与封存技术

(1)"Carbon Capture on the Ocean"(CC-Ocean)项目

2020年9月,在日本国土交通省海事局的支持下,日本川崎汽船与三菱造船、日本船级社宣布合作,开展"Carbon Capture on the Ocean"(CC-Ocean)项目,目的是验证捕获与封存船舶排放的二氧化碳的有效性,以及海上二氧化碳捕获设备的可操作性和安全性。在"Corona Utility"号船上部署一个小规模二氧化碳捕获与封存设备,由日本船级社对设备进行检验。

(2)DecarbonICE方案

丹麦海事发展中心开展了DecarbonICE方案,该方案的概念基于捕获与封存两个部分。船舶废气中的二氧化碳和其他温室气体(GHG)在船上通过低温过程被捕获并变成干冰。在正常船舶作业过程中,利用成熟的海上技术将干冰运输到海底沉积物中,二氧化碳将以液态二氧化碳和二氧化碳水合物的形式安全、永久地储存。DecarbonICE方案可以用于新建的船舶,也可用于现有船舶的改造,为向IMO目标过渡提供了新的选项。

(3)通用绿色转化器(回收利用捕获气体)

由沙特阿美能源风险投资公司(Saudi Aramco Energy Ventures)资助,并获得了欧盟的资金支持的初创企业Daphne Technology开展通用绿色转化器试点,该项目旨在消除船舶废气中的有毒污染物和GHG排放物,包括99%的硫氧化物(SO_x)和颗粒物(PM),以及85%的氮氧化物(NO_x)。该装置还有望将使用LNG双燃料发动机的船舶的甲烷泄漏减少约80%。与市场上其他可用的单一污染物减排技术相比,该多污染物减排技术在减少空气和海洋污染方面更加有效。该技术安装简单、快捷、便宜。且是独立并可扩展,与船舶引擎的大小成比例。该技术涉及高能电子,它能分解烟囱中的分子,因此排放出来的物质可以被捕获并作为肥料原料。

(4)二氧化碳"电池"

二氧化碳"电池"指的是一种可以无限次充放二氧化碳的储存设施。2021年9月,荷兰海事技术公司Value Maritime宣布开发了一种船载二氧化碳捕集与封存解决方案。二氧化碳捕集模块将从船舶废气中捕集二氧化碳,并将其填充到二氧化碳"电池"中,被填充满的二氧化碳"电池"将在港口卸载并运送给二氧化碳客户(例如农业领域客户),他们将对这些二氧化碳进行再利用。将二氧化碳释放之后,二氧化碳"电池"将返回船上,重新填充二氧化碳,构成了100%循环解决方案。这款船载二氧化碳捕集与封存装置的功能几乎是无限的,可以100%捕获船舶废气中的二氧化碳,而且客户还可以根据需要随时调节二氧化碳封存比例,从而有效控制船舶的碳足迹。Value Maritime将成为全球第一家在运营船舶上安装碳捕集与封存设施的公司。Value Maritime将开始在鹿特丹Short Sea码头装载和卸载二氧化碳"电池",以便在鹿特丹地区的温室中释放电池中的二氧化碳,这些温室可以二次利用二氧化碳来种植庄稼。预计不久后还将扩展到其他地区,包括不来梅哈芬和汉堡,随后也将按照客户需求在其他港口建立二氧化碳基础设施。

3. 二氧化碳运输船

二氧化碳捕获和封存技术（Carbon Capture and Storage，CCS）是零碳排放战略的基石，安全高效地运输液化二氧化碳将是实现目标的关键。液化二氧化碳运输船的作用是将发电厂或钢铁厂捕获的二氧化碳运输到相应的液化储存设施中。二氧化碳运输船的发展将加速CCS技术的创新和应用，并促进零碳排放战略的实施。

日本新来岛造船（Sanoyas）设计的新型船舶不仅可运输二氧化碳，而且在二氧化碳货舱前配备了一个专门用于压入的系统空间，可满足将二氧化碳压入海床封存的需要。该船型主推进系统采用双轴全回转推进方式，船尾设计为可以减少船体阻力的Buttock-Flow型，既满足在海上进行二氧化碳压入作业所需位置稳定的要求，又保证了适合远洋航行的推进性能。由于二氧化碳需要在高压、低温条件下保持液化状态，新来岛造船于是利用LPG储罐设计和制造技术，开发出了适用于从陆上工厂接收、运输高压低温二氧化碳并将其供应给压入设备的独立型圆筒"C形储罐"，该船成为全球首个获船级社原则性认可证书（AIP）的二氧化碳运输船。

现代尾浦造船（Mipo）、韩国造船与海洋工程公司（Korea Shipbuilding&Marine Engineering）和马绍尔群岛海事管理局签署了联合开发能够稳定储存并运输液化二氧化碳运输船的设计项目。现代尾浦造船将开发一个特别的货物控制系统，韩国造船与海洋工程公司将提供液态二氧化碳的管理解决方案（CHS），使二氧化碳在运输过程中保持稳定状态，避免被排放到大气中。

第五节 水运组织管理方面低碳实践

一、港口

根据《国家综合立体交通网规划纲要》，在建设智慧水运、全面提升港航信息化水平方面，大力应用北斗导航、第五代移动通信技术（5G）、人工智能、区块链、物联网、大数据等技术。智慧水运将提高港口的组织管理能力，提升港口能源和碳排放管理的能力，在水运节能减排工作中发挥重大作用。

（一）港口能耗在线监测及动态分析优化技术

1. 基本原理

利用物联网、互联网技术以及系统优化理论，形成了港口作业机械能耗在线监测技术方法，构建了基于节能降耗角度的作业协调优化模型，实现了港口装卸运输设备能耗与运行状态的实时同步采集、能耗动态分析、能效考核及生产运行优化，有利于精细化分析港口能源消耗状况，深入挖掘港口节能潜力，科学制订节能改造计划。该技术网络拓扑结构图见图5-13。

2. 关键技术

（1）港口用能设备能耗在线监测技术

基于港口用能设备特点，确定了构建港口作业机械能耗在线监测系统所需的各类参数要求，包括能耗监测采集设备选型要求、监测指标确定要求、数据采集及传输系统设计要求、数据质量控制要求等，规范港口能耗监测系统建设，使能耗数据相互之间具有可比性，有利于企业层面与上级能源管理系统的对接。

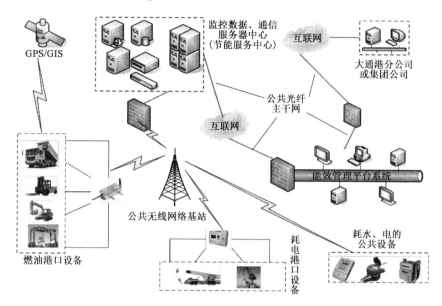

图 5-13 网络拓扑结构图

（2）能耗大数据分析技术

基于设备用能情况和生产信息构建了港口作业设备能耗在线监测及分析优化系统平台，实现了港口各类设备运行状态和能耗情况同步采集、关联分析，实现了以下几点：①港口用能设备能耗、排放数据和运行状态的动态、图形化显示与统计分析；②以能耗监测数据为基础，采用遗传算法、退火算法以及遗传-蚁群算法等优化算法构建主要港口作业机械能耗模型，进行最优能耗及排放路径分析，实现货物最优搬运，大幅提高港口作业效率；③建立港口码头各环节作业效率评价指标体系，利用基于物联网技术获取的各项评价指标体系的实时数据，对整个港口码头作业状况进行监控和预警，建立港区三级预警机制，提高生产及能源管理水平。

（3）港口典型作业环节能源利用分析及协调优化技术

重点针对集装箱码头装卸、水平运输环节，开展了能源利用分析，构建了协调优化模型。构建内容主要包括港口码头作业环节能耗单元的构建，港口码头作业能耗与输入决策变量关系模型构建，港口码头作业能耗评价方法等。以港口码头整体作业效率优化为目标，在协调优化基础上对能耗进行评价，提出基于效率目标的节能减排可行性建议。

面向工艺能效最优化的码头作业协调方法。此部分以工艺能效最优化为目标，以效率和其他设施、环境等条件为约束进行优化，提出面向工艺能效最优化的码头作业协调方法。对集装箱码头岸桥、场桥等设备的能源消耗数据进行分析，建立能源消耗的概率密度函数，分析其统计特征。在此基础上，建立整数规划、随机整数规划或者两阶段随机整数规划模型。模型的目标函数反映出最小化系统的整体能耗（确定性条件下）或系统的整体期望能耗（随机条件下）。利用智能算法框架并根据求解问题进行合理的调整。根据模型的特点，构造出混合启发式算法的框架，结合禁忌搜索算法、模拟退火算法、遗传算法、粒子群算法等的自身特点，提高算法获得最优解的质量和收敛速度。核心问题是建立合适的邻域结构、对迭代过程中产生的大量解进行有效评价以及建立针对特定问题的解空间搜索策略等。

(4)港口作业过程能源消耗预警技术

通过对港口作业过程和运行能耗进行监测,建立了港口作业效率评价指标体系,利用基于物联网技术获取的各项评价指标的实时数据,对港口作业状况进行监控和预警,对设备操作人员和管理人员发出警报和处理建议。

3.技术应用情况及节能减排潜力

目前,项目成果广泛应用于天津港(集团)有限公司,该公司已全面覆盖能耗在线监测系统,效果良好,有效提高港口生产效率;以依托工程为例,企业全年装卸生产能耗3216吨标准煤,按节能5%计算,年节能量可达160.8吨标准煤。同时,通过能耗监测,可有效监测企业耗能重点位置,结合异常报警等智能化控制,有效提高企业的生产效率和能源利用效率。

唐山港国际集装箱码头有限公司应用港口用能在线监测设备,用于港口流动机械燃油计量,具有计量准确度高、误差小、适合港口机械作业、运行稳定等特性。

4.技术适用的专业领域、所需具备的条件及应用

本技术适用于港口企业能源消耗统计监测考核管理领域。实施过程中需要依托企业所具备的完善的网络通信基础设施,并具有多功能电表、燃油流量传感器安装的条件。

目前,各港口基于自身能源管理的需求,逐步推进电能远程抄表系统建设,但距离能源品种全覆盖、动态分析考核还具有相当大的差距。该技术目前在天津港、唐山港、宁波港进行了广泛的应用。据统计,该技术当前行业应用比例约为10%。

5.应用案例

(1)项目名称

天津港太平洋国际集装箱码头有限公司能耗智能监控平台项目。

(2)应用规模

天津港太平洋国际集装箱码头有限公司拥有6个10万吨级集装箱专用泊位,年设计吞吐能力400万标准箱,能耗智能监控平台项目覆盖公司全部用能设备,全年装卸生产能耗3216吨标准煤。项目建设公司能耗智能监控平台,对公司现有岸桥、场桥、流动机械、辅助用能等设备进行能源在线监测和管理,实现公司能源消耗精准化考核管理。

(3)节能降碳效果

该类技术的应用可有效提高行业节能减排相关统计监测能力,提高行业能耗统计数据的全面性、准确性,提升行业节能减排信息化管理水平;从能源消耗最优角度指导港口作业生产调度,提升作业效率,有效降低港口能源单耗,减少二氧化碳排放,促进绿色低碳港口的建设。目前,我国港口行业每年综合能源消耗量约为400万吨标准煤,按5%的节能效果测算,通过实施港口机械能源消耗在线监测与动态分析网络,每年可减少二氧化碳排放约50万吨,减排效果显著。

(二)基于物联网+的多要素散杂货码头生产智能管理系统

1.技术简介

将生产作业中所需的资源,包括船舶、货物、作业机械、人员、视频监控、计量、理货等资源

要素通过 GIS、差分定位、无线通信、视频监控、RFID（射频识别）、移动终端、智能传感器等物联网+技术集成于 GIS 平台，实现散杂货码头生产智能化管理，提高生产效率，降低能耗。

通过建立港区码头地理信息系统、覆盖生产现场的无线通信系统，对生产资源要素进行定位和数据自动采集，实现多要素散杂货码头生产智能管理（图 5-14）。

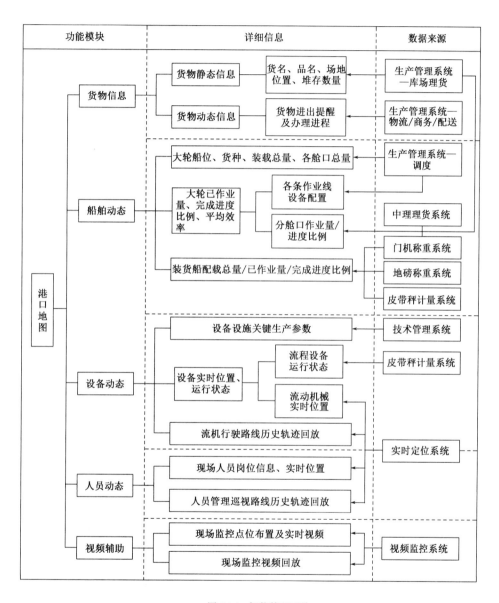

图 5-14 智能管理系统

2. 实施方案

（1）建立港区码头地理信息系统

为了直观、全面地显示和查看生产作业过程中各种生产资源要素的信息，实现全面的监控和管理，对港口码头散杂货生产区域进行了详细的测绘，形成了准确的区域地理信息，并依托测绘的地理空间位置信息数据实现 Web 地图服务(WMS),从而大大提升用户体验。

(2)建设现场无线通信网络

港口生产现场的船舶、货物、生产设备、人员等大多数情况下处于移动状态,信息的传输必须依靠无线传输,并且有时需要图片、短视频的传输,对传输速度和带宽有较高的要求。项目规划建设一套覆盖生产现场的无线网络,这是移动应用的基础。

(3)生产资源要素定位

项目中需要定位的生产资源要素包括在港船舶、货物、门机、流动作业机械、单船指导员、库场员、安全管理员、职能管理人员等。定位技术的应用是本项目的重点之一。

①在港货物。

货物在场地中的位置及占用场地的情况。如果定位精度低,会出现位置和场地占用偏离较大的情况,对场地安排、进出库作业有较大的影响,因此需要较高的定位精度。本项目应用了 D-GPS 差分定位技术对在港货物进行定位,选择了支持差分定位的手持定位终端,定位精度为厘米级,实现了码头现场散杂货货物的精准定位。

②流动作业设备。

(a)门机、斗轮机、装船机直线轨道移动设备和清扫车、洒水车等环保非生产性移动设备仍使用普通卫星定位,通过软件技术限定移动范围来保证定位精度。

(b)自有的生产性车辆,因涉及生产信息的交互,安装具备差分定位功能的工业级平板电脑,单机定位能够达到 2~3 米,接入 CORS 差分信号,最高可达 1 米以内,工作温度为 -30~60 摄氏度,既能满足业务信息交互的要求,也能提高定位的精度。

(c)进行港内业务承包的外部车辆,鉴于其不需要生产信息的交互,使用普通卫星定位。

③在港船舶。

由于码头前沿标有长度刻度,通过人工录入船头或船尾在码头的位置,结合船长、船宽等船舶参数进行定位并显示船舶的实际大小。

④人员。

人员所用定位设备要考虑携带的便捷性。对于直接从事生产操作和管理的人员,使用便携式充电普通定位设备。对于职能管理人员,在集团的移动办公系统中增加定位功能,利用个人手机的普通定位功能实现在生产现场的定位。

(4)生产数据电子化和自动采集

①现场移动终端理货。

对于件杂货作业,因为一般需要通过计件统计作业量,所以无法通过自动计量实现,通过开发现场理货 App 实现作业量的实时统计和信息传输。生产车辆和库场员均配备移动终端,安装 App,能实时接收生产指令,进行进库操作、出库操作、转栈操作、库场管理等。

②设备作业计量。

(a)门机作业。

为让生产指挥人员能更实时、准确掌握卸船作业相关信息,在卸船门机上安装了动态称重设备,在作业过程中自动统计作业量。

门机动态称重设备在为生产指挥管理提供精细化数据的同时,实现了更准确的负荷保护,还可将数据细化应用到门机及管件部件的寿命统计、班组直至个人的作业量统计中,为量化绩效和能耗核算提供了依据。

(b)散货流程作业。

散货专业码头流程作业的计量主要是通过电子皮带秤。为获取散货流程作业实时作业数据,对电子皮带秤进行了信息化改造,更换带联网功能的计量仪表,开发电子皮带秤计量软件。

数据采集电脑通过多串口卡和数据传输协议,对多台电子皮带秤的实时数据进行采集,计量软件可对多台电子皮带秤数据进行管理。

(c)散货卡车作业。

针对原来汽车衡手工操作、孤立运行的情况,对汽车衡进行了集中控制、自动化、信息化改造。实现了多台汽车衡的集中操作和建立装船运输卡车自动识别功能,做到计量数据自动可靠采集、自动判别、自动指挥、自动处理、自动控制,最大限度地减少人工操作所带来的弊端和降低工作强度,提高系统的信息化、自动化程度,提高生产作业效率。

(5)生产智能管理系统开发

在 GIS 平台建设、现场无线网络通信建设、生产数据电子化和自动采集的基础上,开发了现场生产智能管理系统,实时显示船舶、货物、设备、现场生产作业和管理人员信息,直观、全面展示生产现场实时状况,实现港口生产作业信息的实时采集与交互。

3. 节能减排效果

项目投入使用后,利用车载终端上安装的智能终端设备传输调度数据的车辆控制、利用视频监控系统的可视化调度管理、利用 GPRS/3G 或 2.4G 网络、条形码识别等技术进行现场作业管理,实现生产管理自动化、智能化、集成化,资源管理实时化、最优化,使生产管理人员能够更好地实时掌握全港范围内的作业情况,提高管理和调度的准确性和实时性,提高机械利用效率,提高散货和件杂货码头的生产作业效率,减少船舶滞港时间,提高吞吐量,降低能耗和碳排放。

二、船舶

优化船舶航线,提高船舶实载率,利用信息技术建立船舶管理"智慧大脑",开展船舶能效管理,提高船舶能耗和碳排放的管理能力。

(一)船舶能效管理体系

2011 年 7 月,国际海事组织(IMO)通过了 MARPOL 公约附则Ⅵ修正案,EEDI/SEEMP 将成为强制性措施,势必给我国海运业的国际竞争力提出严峻挑战。能效管理体系的实施,改变了航运企业能源管理的理念和模式,为航运企业开展节能减排、破解发展瓶颈指明了方向,对航运企业适应当前日益严格的国际行业标准,提升公司国际形象,增强竞争优势,提高能源利用效率,实现节能降耗,节约运营成本,提高我国在国际海事组织的话语权,均具有重大意义。

1. 技术简介

营运船舶的能耗、能效和二氧化碳排放受多种因素影响,为满足国际、国内相关要求,降低成本、持续发展,须用系统的方法进行船舶能效管理,更经济、更有效地提高船舶能效。减少二氧化碳排放,最有效的途径是建立船舶能效管理体系,将能效管理纳入公司整体的结构化管理体系,予以实施。

通过船舶能效管理体系,公司/船舶可利用过程控制方法对船舶运输/作业中的能效因素进行优化和控制,实现对能效管理全过程的控制和持续改进;应用先进有效的节能技术和方法,挖掘和利用最佳的节能实践经验;提高船舶能效管理的有效性,改进其整体绩效;应用系统理论将船舶的能效管理工作与国际公约、法律法规、标准及其他要求有机结合,相互协调、相互促进,进而达到规范合理地降低船舶的能源消耗、提高能源利用效率、减少二氧化碳排放的目的。

2. 试点示范

大连远洋运输公司是中国远洋运输(集团)总公司(中远集团)所属的以液体散货运输为主的专业化运输公司。2011年上半年编制了《公司能效管理计划》(CEEMP)和《船舶能效管理计划》(SEEMP),于2011年5月发布实施,并在2011年10月20日通过能效管理认证审核,成为国内航运系统第一家取得能效管理认证的企业。CEEMP和SEEMP的发布与实施,完善了公司对整个船队的能效管理,突出了航运企业的节能特点,在船舶能效管理方面为公司推进绿色运输和实现环保节能目标做出了巨大贡献。以14艘实施滑阀改造的项目为例,实施能效管理体系以来,共节约燃油12668.90吨,折合标准煤18098.79吨,节能减排效果显著。

大连远洋运输公司编制的CEEMP是对船舶实施能效管理的纲领性文件,确定了公司年度节能减排目标和指标,明确了"计划、执行、监测、自我评估和改进"的方法。SEEMP是船舶能效管理的指导性文件,包括船舶能效管理基本框架和船舶能效管理措施两部分内容。所编制的体系文件符合相关规范要求,能够同国际能源管理接轨,为日后加入国际碳交易市场做了技术准备,技术先进成熟。该节能减排措施已列入交通运输部第五批节能减排示范项目,适用于国内所有航运公司,推广价值较高。

(二)船舶能效在线智能监控与管理技术

1. 技术简介

中国船级社(CCS)开发了船舶能效在线智能监控与管理技术。该技术面向营运船舶能效数据实时采集、传输、船岸一体化,集监测、分析、评估、优化、辅助决策于一体(图5-15),实现船舶主要能耗设备工况、船舶航行状态、能耗和能效全程监控,能效、能耗指标分析评估,航速智能优化,排放控制区自动识别、预警等,满足不同方的管理需求。

2. 应用案例

船舶能效在线智能管理系统已在100余艘营运船舶安装使用,根据某航运企业4艘运行了一年以上船舶的36个航次能耗统计数据计算,安装该系统后平均节约82.33吨/航次燃油。燃油均价按照1650元/吨计算,每个航次节约资金13.58万元。根据某航运企业5艘运行了一年以上船舶的66个航次能耗统计数据计算,安装该系统后共节约168.68吨/航次燃油,折合标准煤244.59吨/航次。燃油均价按照1650元/吨计算,每航次节约资金约27.81万元。

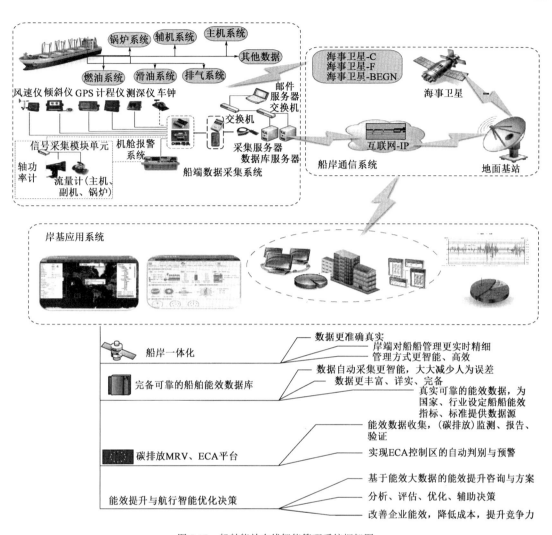

图 5-15 船舶能效在线智能管理系统框架图

第六章 民 航

第一节 民航应对气候变化

一、国际民航应对气候变化

根据 IPCC 评估报告,航空运输二氧化碳排放占全球二氧化碳排放的 2%,所占比例不高。但是由于航空运输具有特殊性,飞机发动机所产生的二氧化碳会直接排入高空的对流层和平流层,引发的温室效应明显,因此航空碳排放问题也越来越受到全世界的关注。

航空业不是碳排放的超级大户,但绝对是碳减排的"困难户"。飞机是民航业主要的能源消耗和碳排放源,航空公司使用航空煤油的消耗量占全行业能源消耗量的 90% 以上。长途飞行目前只能依赖化石燃料,考虑飞机技术成熟度,用于长航程的电动或氢动力技术还需要较长时间的开发。可持续航空燃料对航空业的减排战略至关重要,目前可持续航空燃料的生产规模不足,而且价格高,大规模应用还面临着较多的问题。

（一）国际民用航空组织

国际民用航空组织（International Civil Aviation Organization, ICAO）是 1944 年联合国成立的一个专门机构,总部设在加拿大蒙特利尔,其主要任务是促进全世界民用航空安全、有序地发展,主要负责制定国际航空运输标准条例,是各缔约国在民航领域中开展合作的媒介。

国际航空排放一直是联合国气候变化框架公约（UNFCCC）下的谈判议题,但是由于 UNFCCC 未能有效解决航空跨境排放计算和管制问题,《京都议定书》规定缔约方应通过 ICAO 谋求减少或限制航空舱载燃料产生的温室气体排放。

2007 年 9 月,ICAO 第 36 届大会正式启动 ICAD 气候变化政治谈判进程,大会通过了同时承认"共区"原则和"非歧视"原则以及包括一揽子行动安排的 A36-22 号决议,会后欧洲经济体国家对其中避免单边行动条款提出保留。

2010 年 9 月,ICAO 第 37 届大会发布了全球性航空业减排计划,承诺到 2050 年之前每年提高 2% 的燃油效率,以促进替代燃油的可持续开发和应用。

2016 年 10 月 6 日,ICAO 在第 39 届大会气候变化谈判中通过了《国际民航组织关于环境保护的持续政策和做法的综合声明——气候变化》和《国际民航组织关于环境保护的持续政策和做法的综合声明——全球市场措施机制》两份重要文件,将从 2021 年至 2035 年分阶段实施"国际航空碳抵消和碳减排计划"（Carbon Offsetting and Reduction Scheme for International Aviation, CORSIA）,以期实现对 2020 年后国际航空碳排放的年度增长水平的控制,形成了第一个全球性行业减排市场机制。CORSIA将从2021年至2035年分三阶段实施,包括试验期(2021—2023年)、第一阶段(2024—2026年)及第二阶段(2027—2035年)。其中试验期和第一阶段由各国自愿参与,发达国家率先参与;第二阶段为国际航空活动全球占比高于0.5%以上的国家或国际航空活动全球累计占比90%以上的国家参与。根据行业平均增速分担抵消责任,2030年后适当增加根据个体增速分担责任的比例,部分体现了发达国家与发展中国家共同但有区别的责任。该计划还强调要为各国特别是发展中国家参与该机制提供援助,并就该机制实施情况和影响每三年开展一次审评。

2017年3月,ICAO正式通过了关于飞机二氧化碳排放标准附件16《环境保护》第Ⅲ卷《飞机二氧化碳排放》,并将其写入《国际民用航空公约》,该标准是全球各行业中首个关于二氧化碳的设计标准。该标准将从2020年起适用于新飞机型号设计,2023年适用于已投产的飞机型号设计,2028年之后未达到标准的已投产的飞机将不能生产。这意味着如果在2023年以后对在产的飞机型号设计进行更改,则飞机必须符合二氧化碳排放标准,从2028年起不符合该标准的在产飞机将不再生产,除非修改设计,使其符合该标准。

ICAO计划在2022年第41届大会上提出全球民航减排长期目标,其中有一个目标是2021年至2050年全球年平均燃油效率提高2%。

(二)国际航空运输协会

国际航空运输协会(International Air Transport Association,IATA)是世界航空运输企业自愿联合组织的非政府性的国际组织,协会总部设在加拿大的蒙特利尔。在纽约、巴黎、新加坡、曼谷、内罗毕、北京设有分支机构或办事处。其宗旨是"为了世界人民的利益,促进安全、正常而经济的航空运输""对于直接或间接从事国际航空运输工作的各空运企业提供合作的途径""与国际民航组织以及其他国际组织通力合作"。

2009年年底召开的哥本哈根会议上,IATA正式提交了航空业的环境目标,到2020年,年平均燃油效率提高1.5%;从2020年开始,稳定碳排放达到碳中性增长;到2050年,碳排放量将比2005年减少50%。IATA认为形成全球一体化的减排体系,是未来航空业的发展方向,提出了航空业低碳发展的四大支柱战略即新技术投资、有效的运营管理、基础设施建设和市场措施,为航空业实现"碳中和发展"目标作出了重大贡献。

二、国外民航碳排放控制要求

(一)欧盟

为了控制二氧化碳的排放量,2005年1月,欧盟正式启动碳排放交易体系(EU Emissions Trading Scheme,EU-ETS机制)。2008年11月,欧盟通过法案决定将国际航空领域纳入欧盟碳排放交易体系(EV-ETS)并于2012年1月1日起实施。根据这一交易体系,所有在欧盟机场起落的飞机都要向欧盟交纳碳排放税。

航空碳排放税是指航空燃油燃烧排放二氧化碳征收的税,通过航空燃油碳含量的比例来征税。欧盟按照特定的规则为各国航空公司提供一定额度的二氧化碳排放量,在这个额度内各航空公司可以免费排放,超出这个额度就要购买,倘若额度用不完也可以向其他航空公司出售。2011年3月,欧盟委员会公布了首个航空业年度碳排放限额,即2012年不超过2.13亿吨,2013年起不超过2.09亿吨。2021年欧洲发布的《2050年的目标:欧洲航空零排放之路》报告提出,到2050年欧洲、英国和欧洲自由贸易区范围内所有境内和离境的航班实现碳中和。

(二)美国

美国只有州和地区级的碳排放交易体系。美国国家环境保护局(EPA)于2007年4月正式取得对二氧化碳排放进行规制的立法授权。2009年12月,美国进一步把二氧化碳作为污染物纳入《清洁空气法案》,奠定了碳排放交易制度的法律基础。该法案规定,从2020年起,为保护本国已减排产品,将对没有进行碳排放限额规定的国家征收惩罚性关税。

三、我国民航碳排放控制目标

(一)我国民航发展现状及规划

1. 我国民航发展现状

改革开放以来,我国民航在安全水平、行业规模、服务能力、地位作用等方面实现了跨越式发展,航空运输规模已连续多年位居全球第二。"十三五"末,我国民航运输机队规模达3093架,全国航路航线总里程达到23.7万公里,全国颁证运输机场数量增加到241个,其中千万级机场39个;2016—2019年,中国民航运输总周转量、旅客运输量、货邮运输量三大指标年均增速分别达11.0%、10.7%和4.6%;2019年民航旅客周转量在国家综合交通运输体系中占比达33.1%,提高8.9个百分点。

2. 我国民航发展规划

(1)《国家综合立体交通网规划纲要》

根据《国家综合立体交通网规划纲要》,到2035年,国家民用运输机场合计400个左右,基本建成以世界级机场群、国际航空(货运)枢纽为核心,区域枢纽为骨干,非枢纽机场和通用机场为重要补充的国家综合机场体系。按照突出枢纽、辐射区域、分层衔街、立体布局,先进导航技术为主、传统导航技术为辅的要求,加快繁忙地区终端管制区建设,加快构建结构清晰、衔接顺畅的国际航路航线网络;构建基于大容量通道、平行航路、单向循环等先进运行方式的高空航路航线网络;构建基于性能导航为主、传统导航为辅的适应各类航空用户需求的中低空航路航线网络。

(2)《"十四五"民用航空发展规划》

《"十四五"民用航空发展规划》提出了我国民航的发展目标:展望2035年,民航将实现从单一航空运输强国向多领域民航强国跨越的战略目标。民航综合实力大幅提升,航空公司全球领先,航空枢纽辐射力强,航空服务国际一流,通用航空功能完善,空中交通智慧高效,安全保障经济可靠,创新能力引领国际。民航对扩大对外开放、支撑产业发展、促进区域协调、保障国家安全、满足民生需求等方面的基础性作用更加突出,有力支撑我国基本实现社会主义现代化。

"十四五"期间,着力构建六大体系,加快实施六大工程,实现航空运行更加安全高效,保障能力更加坚实可靠,航空服务更加优质公平,行业与产业融合更加紧密,治理体系和治理能力更加完善,民航数字化水平显著提升,科技创新体系基本成型,民航发展动能明显转换,确保量的稳步增长和质的快速提升。

①航空安全水平再上新台阶。安全理论科学完善,风险管控精准可靠,安全文化与时俱进,技术支撑先进有力,民航安全发展更加自信从容,运输航空连续安全飞行跨越1亿小时大关。

②综合保障能力实现新提升。形成布局完善、功能完备、保障有力、智慧高效的现代化综合机场体系。空管运行效率有效提升,保障能力满足发展需要。实现信息共享化、维修产业化、航油市场化,综合保障能力大幅提升。

③航空服务能力达到新水平。培育超大规模国内民航市场,打造安全品质、盈利能力、品牌形象、服务质量世界一流的航空公司,大众化、国际化、多元化的航空服务体系更加完善。国内网络高效通达,国际通道广泛畅通,客运网络互联互通,货运网络自主可控。通用航空服务丰富多元。

④创新驱动发展取得新突破。民航科教创新攻关联盟的主力军作用更加突出,形成以企业为主体、民航科教创新园区和若干产业集群为支撑的创新体系。行业发展急需重点领域关键核心技术实现突破,科技创新和成果转化能力显著增强。

⑤绿色民航建设呈现新局面。绿色民航政策、标准和评价体系更加完善,能源利用效率和结构持续提升优化,应对气候变化积极有为,环境污染综合治理能力不断提高,机场噪声防治科学有力,民航发展与生态环境更加和谐。

⑥行业治理能力取得新成效。民航法治体系和行政管理体系更加完善,重点领域改革取得实效,行政效率和公信力显著提升,民航信用体系基本健全,防范化解重大风险体制机制更加有效,统筹国际竞争与合作能力显著增强。

(二)我国民航碳排放现状及控制目标

1. 我国民航碳排放现状

"十三五"以来,中国民航扎实推进《民航节能减排"十三五"规划》和《关于深入推进民航绿色发展的实施意见》,以打赢蓝天保卫战为重要抓手,持续加大节能减排工作力度。

2019年,我国运输航空每吨公里油耗和碳排放分别为0.285千克和0.898千克,均较基准线(2005年水平)下降了16.2%,处于历史最优水平,在全球主要航空大国中处于领先位置。机场平均每旅客能耗达到了0.898千克标准煤,每旅客二氧化碳排放量0.553千克,分别较基准线(2013—2015年均值)下降了15.8%和28.81%。

2. 我国民航碳排放控制目标

加快生态文明体制改革、建设美丽中国是中国特色社会主义进入新时代的发展要求。我国历来高度重视民航绿色发展与节能减排工作,提出了一系列减碳目标。

2011年3月,民航局出台了《关于加快推进行业节能减排工作的指导意见》,提出了我国民航部门未来一段时间的节能减排目标。具体分为三个时间节点,到2012年,实现收入吨公里能耗和收入吨公里二氧化碳排放比2005年下降11%,到2015年,实现收入吨公里能耗和收入吨公里二氧化碳排放比2005年下降15%,到2020年,实现收入吨公里能耗和收入吨公里二氧化碳排放比2005年下降22%。

2014年国务院发布的《国家应对气候变化规划（2014—2020年）》明确提出，到2020年民用航空单位客货运输周转量的二氧化碳排放比2010年降低11%左右。

2016年《国家能源技术革命创新行动计划（2016—2030）》提出，2020年建成千吨级生物航油示范工程，完成台架试验并实现木质纤维素生物航油试飞。

2017年《民航节能减排"十三五"规划》提出，到2020年，行业单位运输周转量能耗与二氧化碳排放五年平均比"十二五"下降4%以上，运输机场单位旅客吞吐量能耗五年较"十二五"末下降15%以上。

2018年民航局出台的《新时代民航强国建设行动纲要》明确，到2035年，建成多领域的民航强国，并将"全行业能源消耗、污染排放、碳排放水平大幅降低"作为发展质量提升的重要任务之一。

2021年《"十四五"民用航空发展规划》提出，坚持以实现碳达峰、碳中和为引领，更加注重科技创新的战略支撑作用，从技术、运行、市场机制等方面统筹推进行业绿色发展，加快形成绿色低碳循环发展格局，不断拓展行业发展空间。

2022年《"十四五"民航绿色发展专项规划》的目标是：到2025年，民航发展绿色转型取得阶段性成果，减污降碳协同增效的基础更加巩固、措施机制更加完善，科技支撑更加有力，产业融合发展成效显现，行业碳排放强度持续下降，低碳能源消费占比不断提升，民航资源利用效率稳步提高，为全球民航低碳发展贡献更多中国实践。到2035年，民航绿色低碳循环发展体系趋于完善，运输航空实现碳中性增长，机场二氧化碳排放逐步进入峰值平台期，绿色民航成为行业对外交往靓丽名片，我国成为全球民航可持续发展重要引领者。

第二节 飞机低碳发展措施及案例

根据航空燃料和飞机发动机的工作特点，飞机运行产生的排放物主要有二氧化碳、氮氧化物、水蒸气、煤烟颗粒等，其中主要的温室气体是二氧化碳。飞机低碳发展的措施主要包括使用航空替代燃料、研发使用新能源动力飞机、做好传统飞机的节能减排工作、优化空中交通管理等。

一、使用航空可持续替代燃料

随着经济的发展和航空运输需求的增加，航空燃料需求逐渐增加。相较传统石化燃料，航空可持续替代燃料在其全生命周期内，可减少高达80%的二氧化碳排放量。开发替代燃料是航空业减排的根本途径之一。

航空生物燃料与航空煤油接近，可以直接替代传统的航空煤油，不需要重新设计飞机引擎，也无须开发新的燃料系统。生物燃料是从有机质中提取的液体和气体燃料。生物燃料的生产始于19世纪，直到20世纪40年代，生物燃料才被看作可行的交通运输燃料。目前，生物航空煤油原料主要包括动植物油脂、木质纤维素、糖、淀粉等。与传统航空燃料相比，可持续航空燃料生产成本高，当前尚不具备广泛应用的竞争力，而且其原料和产量有限，除了投资基础设施外，还需寻找更多的原材料。

1. 国外案例

根据 ICAO 统计,全球已有 9 条可持续航空燃料(Sustainable Aviation Fuel,SAF)生产路线获得 ASTM 认证,45 家机场开展可持续航空燃料供油服务,216 亿升可持续航空燃料承购协议被签订,接近 40 万架次的商业飞行加注了可持续航空燃料。

纵观全球,航空公司鲜有直接参与投资可持续航空燃料生产企业,而是多以提前签订承购协议的形式开展相关商业布局。航空公司通过与相关机场签订合作协议,实现可持续航空燃料的商业化使用。

虽然在 ICAO 和 IATA 的推动下 SAF 发展在近年来取得了令人瞩目的成果,但因 SAF 的生产应用高成本、产量严重不足、掺混技术的飞行安全性存疑等问题,SAF 实际产量仍难以满足全球航空市场碳减排的需要。在 ICAO 于 2021 年 11 月发布的《创新驱动可持续航空》报告中,ICAO 雄心计划将减排燃料范围从 SAF 扩大到了低碳航空燃料。

欧盟制定的《2050 交通白皮书》提出,在 2050 年前民航运输行业可持续性低碳燃料的比例达到 40%。美国联邦航空管理局(FAA)、美国农业部及民航内各单位共同合作,推进飞机替代燃料的"农业飞行计划",推动民航替代燃料油的使用。波音公司于 2021 年 1 月宣布,在 2030 年之前交付可使用 100% 可持续航空燃料的飞机,以实现航空业 2050 年的减排目标。

美国 Neste 公司利用 100% 可再生废弃物和残余物材料制成可再生航空燃料,为阿拉斯加航空公司、美国航空公司和捷蓝航空公司从旧金山国际机场起飞的航班提供可持续航空燃料服务。该公司生产的航空生物燃料可以直接使用,无须投资改造现有的飞机发动机和机场基础设施。Neste 公司每年可生产 10 万吨可再生航空燃料。到 2023 年,Neste 公司每年将能够生产约 1.5×10^6 吨航空生物燃料。

2. 国内案例

2011 年 11 月,由中国国际航空股份有限公司、中国石油天然气集团公司、波音公司和霍尼韦尔 UOP 公司共同合作,我国首次航空可持续生物燃料验证飞行在北京首都国际机场成功实施(图 6-1、图 6-2)。进行验证飞行的生物燃料为 50% 麻风树油与 50% 现有燃油相混合的燃油,预计可节省 1.2% 的燃油,减少 60%~75% 的二氧化碳排放量。

图 6-1　中国航空生物燃料首次验证飞行暨产业可持续发展战略研究启动仪式

(图片来源:http://www.caac.gov.cn/ZTZL/RDZT/2021BNWY/GGKF/202107/t20210707_208298.html)

图 6-2　国航在首都机场成功进行中国首次航空可持续生物燃料验证飞行
(图片来源:http://www.caac.gov.cn/ZTZL/RDZT/DCMH70N/DSJ/201910/t20191030_199210.html)

2012 年 2 月,民航局正式受理由中国石油化工股份有限公司自主研制的 1 号生物航空煤油适航审定申请。1 号生物航空煤油具有我国自主知识产权,由我国自主生产、自主验证、自主审定,具有绿色低碳、节能减排的特性。2013 年 4 月,中国东方航空股份有限公司成功使用生物航空煤油进行了技术试飞。2014 年 2 月,民航局向国产 1 号生物航空煤油颁发适航许可证,标志着国产 1 号生物航空煤油获得适航批准,并可投入商业使用。2015 年 3 月,海南航空控股股份有限公司客机首次使用生物航空煤油实现国内航班飞行。2017 年 11 月,海南航空控股股份有限公司使用国产 1 号生物航空煤油成功完成首次跨洋载客飞行。2018 年 1 月,民航局受理了神华公司煤直接液化喷气燃料的适航审定申请,4 月,进行首次现场审查。煤直接液化喷气燃料是世界首个通过煤直接液化工艺生产的航空燃料,是继生物航空煤油之后又一个保障民航能源安全的替代方案。我国成为世界上少数几个掌握生物燃料自主研发生产的国家之一。

二、研发使用新能源动力飞机

1. 电动飞机

电动飞机(Electric Aircraft)是指依靠电动机而不是内燃机驱动的飞机。根据电动力推进系统的不同,电动飞机可分为太阳能电动飞机、蓄电池电动飞机和燃料电池电动飞机。电动飞机最突出的优点是节能环保,效率高、能耗低,同时接近零排放。

目前,电池技术正在迅速发展,电动飞机应用而生。2020 年 6 月 9 日,欧洲航空安全局(European Aviation Safety Agency, EASA)完成了斯洛文尼亚的电动飞机 Pipistrel Velis Electro 的型号认证,达成了投入商业运营的第一步,这是全球范围内全电动飞机的首个型号认证,也是新能源飞机行业的重要里程碑。

2021 年,我国首个新能源水上飞机生产工厂落户沈阳通航基地,该基地是新能源水上飞机的整机总装、调试、检测、维修和保障基地,工厂厂房总建筑面积达 8836 平方米,建成后可实现年产整机 30 架至 50 架。首个投产机型为 RX1E-S 双座水上电动飞机,从 2018 年开始研制,2019 年 8 月成功首飞。飞机长 6.78 米,最大起飞质量为 650 千克,续航时间为 1.5 小时,有效载荷 160 千克,最大平飞时速达 160 公里。

由于电池的能量密度低,限制了当前电动飞机的尺寸和航程,目前电动飞机仅适用于短距离飞行和垂直起降,如城市空中交通运输。

2. 氢燃料飞机

氢具有较高的能量密度,相较于传统锂电池可维持更远的航程,并可以配合高效率、低噪声、低维护成本的电传动系统,从而实现零排放飞行。

2020年6月9日,法国政府宣布将为民用航空制造业提供80亿欧元的救助计划,从中专门划拨15亿欧元(部分来自欧盟委员会经济刺激计划)用于为期3年的氢燃料动力客机研发项目,要求主制造商开发一款氢燃料动力窄体客机,实现二氧化碳零排放,并计划在2033—2035年投入商业运营。

德国政府为"国家氢能战略"投入70亿欧元,该战略将支持在飞机推进和混合动力飞行中使用氢能。2020年6月,英国首相约翰逊提出了"零排放喷气机"(JetZero)的口号,号召英国航空业研制世界首架"零排放"远程客机,并承诺英国政府将支持诸如此类的高风险、高回报创新项目。同年7月,英国政府宣布启动为期12个月的零排放航空技术及市场可行性研究,项目名称为"零排放飞行"(FlyZero),英国政府为此将投资1500万英镑。

氢燃料电池应用于航空领域还需进一步提高其功率密度、减轻系统质量、优化其与辅助设备的集成等。

3. 氨燃料动力飞机

液态氨易于吸热、不留残渣,可作为航空发动机冷却剂使用。另外,液态氨可在 -33℃以下储存,在催化剂的作用下可分解为氮气和氢气,为飞机提供动力,且不产生任何碳排放。

美国雷神公司于2021年1月宣布,拟研发以液态氨作为燃料和冷却剂的涡轮电推进系统。

此外,燃料电池、太阳能、微波、核能、真空反物质、反重力与激光等新能源在航空领域也取得了一定的进展。

三、做好传统飞机的节能减排工作

(一)机队机型优化

机队选型是决定航空企业节能效率的核心要素。航空公司通过持续优化机队结构,能够提高运力匹配度,从而有效提升飞机能效。飞机的机型和机龄,对其整体燃油效率起到决定性作用。机型优化主要包括发动机技术改进和机身改进,通过研发效率更高的飞机和发动机来大幅减少二氧化碳排放。每代新机型比上一代机型节油15%~20%。

发动机技术改进包括开放式转子、齿轮传动式涡扇发动机、对转风扇等。机身改进主要包括减小飞机飞行阻力的新型构造、采用新型复合型轻质材料,以及加装飞机翼尖小翼等。此外,提高飞机座椅布局密度,提高飞机的载客率,也是降低飞机碳排放的有效手段。

不同机型有不同的节油性能,就同一机型而言,老旧飞机因使用材料、设备老化等燃油效率偏低,碳排放量较高。目前,美国、欧洲、日本等国家航空公司机队的平均机龄较大。例如,美国达美航空公司的平均机龄达17年,加拿大航空公司的机龄为14年以上,而俄罗斯航空公司的平均机龄只有4.2年。我国航空公司的机队机龄较小,平均机龄不足8年,其中客机平均机龄为5.6年,我国航空公司的燃油效率较欧美国家更高,在这个基础上燃油效率实现年均再提升2%异常困难。

机队机型的优化对增强飞机维护保障能力、提高整体运行效率、促进节能减排有显著的作用。

(二)飞机减重

加强飞机质量管理,在保障安全与服务要求的前提下,通过减轻飞机质量,降低飞行油耗和碳排放。一是飞机负重的减量化。通过科学配比、调整货载平衡、控制飞机加水量、去除不必要的食物包装等多种减重措施和手段减轻飞机质量。二是必要设备的轻质化。通过采用轻质座椅和座舱设备、轻质餐厨用车、轻质餐具等减少飞机上的冗余物品,减轻飞机质量,利于飞机节油燃油。

(三)飞机清洗与维护

1. 清洁飞机

加强飞机表面清洗与维护,提高表面光洁度,减小飞行阻力,提高燃油效率。飞机在空中高速飞行,微量的形态改变都会造成成倍的阻力放大。及时清洁飞机,保持飞机的表面洁净可减少黏附物造成飞机质量的增加和阻力的加大。为此,应加强飞机保洁,及时清除飞机集聚的尘埃和潮气,通过增加清洗飞机的频次、定期打蜡等方式,有效提升飞机的燃油里程。

2. 清洗发动机

飞机发动机是飞行器的核心组件,发动机经过长时间高速运转,容易黏附空气中的污染物和盐分。据统计,典型情况下,一台发动机经清洗后,单位燃油消耗可降低0.5%。通过定期或视情况对飞机发动机气路进行清洗,提高飞机发动机排气温度裕度,恢复飞机发动机效率,减缓发动机性能衰减,达到节省燃油的目的。

3. 加强飞机维护与更换老旧飞机

加强对飞机、发动机的日常维护与保养,使之始终处于良好状态,保证飞机安全、可靠、高效运行。老旧飞机性能衰减,燃油消耗逐渐增加,加强飞机的维护、用新飞机替换老旧飞机可以降低燃油消耗水平。

(四)飞机辅助动力装置替代

飞机辅助动力装置(Auxiliary Power Unit,APU),是除飞机主发动机外的一台动力装置。飞机在起飞前,由APU供电或供气来启动主发动机。在地面时APU提供电力并压缩空气,保证客舱和驾驶舱内的照明和空调运转,在飞机起飞时使发动机功率全部用于地面加速和爬升,优化了起飞性能。

飞机在停靠作业时利用自身动力供电、制冷,也造成多余耗油,特别是飞机使用APU供电造成的耗油更为明显。根据波音公司提供的数据,使用APU的成本比使用地面电源高出数十倍。在航班的航前、过站、航后等地面等待时机使用地面设施替代飞机APU,其降耗减排效果显著。

大兴机场全面推广以地面电源装置(Ground Power Unit,GPU)替代APU,岸电设施和飞机地面专用空调(PCA)覆盖全部近机位;在全部远机位和维修机位处,均安装了配电亭,可满足400Hz电源需要。大兴机场实现了远机位APU替代设施全覆盖。

2020年,全国年旅客吞吐量500万人次以上机场中95%以上的单位已完成APU替代设备安装并投入使用,千万级以上机场基本实现应用尽用。

2018—2020年,我国APU替代累计节约了航油40余万吨,相当于减少二氧化碳排放近130万吨,减少各种大气污染物排放近4900吨,节约航油成本约12亿元。

四、优化管理

空中交通管理是保障民用航空安全高效运行的中枢。空中交通管理系统的效率,在一定程度上决定了整个民航体系的效率,未来对民航节能减排贡献最大的因素之一就是空中交通管理。

空中交通管理对民航温室气体排放的影响主要包括空域资源、航路航线结构以及空中交通管理运行效率等。空中交通管理部门通过采用卫星导航、空域优化、航线网络化等技术和措施,只需花费很少的成本,便可取得较大的节能减排效果。

(一)优化空域管理

1. 空域资源及航路航线优化

(1)基本原理

空中无效用油主要体现在绕飞和等待两个方面。不合理的航路航线结构直接影响航空器的运行效率和燃油消耗。拉直一条航线、减少地面排队和空中等候时间,更能直接有效地减少飞机燃料油消耗和降低二氧化碳排放。通过完善航路网规划、优化骨干航路航线结构、整合高空管制区、分离进离场航线等手段可以缩短航线、避免无效飞行、提高航班正常性、减少航班延误,从而提高飞行效率,降低燃油消耗和碳排放量。

(2)案例

①欧盟和美国。

过去欧盟各国实施空中交通独立管制,欧洲空域分割严重,在2003年欧盟存在超过60个区域管制中心。根据欧盟航空运输司统计,通过"单一天空计划"的整合,将60多个管制区减少到9个区。平均减少单个飞行班次距离49公里,缩短的航路可以减排近500万吨温室气体。欧盟通过"单一天空计划"极大地优化了空域资源,推动欧盟航空运输业的低碳发展。

美国空中交通管理部门主要通过基于性能导航(PBN)、广播式自动相关监测(ADS-B)、连续下降进近(CDA)和新一代空中交通运输系统((Next Gen)的网络气象服务四种主要技术,提高空域利用率和空中交通管理系统的运行效率。美国新一代空中交通运输系统(Next Gen)计划通过飞机空中运行及地面操作实现更加精确、更高效率的追踪。

②中国。

中国民用航空局空中交通管理局建立和完善《全国民航干线航路网规划》《全国民航繁忙机场(群)终端区规划》《空域分类建设方案》等空域总体规划,按照"东部扩展、北部拉直、西部延伸、南部分流、中部疏通"的总体思路,以单向循环的设计理念,完成京昆、广兰、沪兰及京广一期(西线)等大通道建设;相继调整和优化了海南、渤海湾、南京、川渝黔、京津冀、陕甘青及黔桂等繁忙地区空域结构;顺利实施了北京接管郑州与济南,成都接管重庆高空,北上广三大区管实现无缝衔接,为航班安全、高效、绿色运行提供了良好的空域环境。

2016年6月,我国开展了中南地区空域精细化管理改革试点,军民航加强协同配合,从优化空域使用审批制度、动态管理灵活使用空域、规范军民航调配标准、提高临时航线利用率等方面开展示范试点工作。本次试点工作,珠三角、海南地区飞行安全平稳,未发生军民航间的不安全事件。在航班量快速增长的情况下,航班正常性显著提升,减少飞行距离179万公里,减少燃油消耗约9710吨,减少二氧化碳排放3万吨。

2021年,四川航空开展了现有线航路走向优化项目,共计11条航线2430个班次使用优化航路,能够节省飞行时间285小时,减少耗油约800余吨,减少二氧化碳排放约2600余吨。

2. 应用新技术提高空域运行效率

(1) PBN技术应用

基于性能的导航(Performance Based Navigation,PBN)是国际民航组织(ICAO)在整合各国区域导航(Random Navigation Area Varigation,RNAV)和所需导航性能(Required Navigational Performance,RNP)运行实践和技术标准的基础上,提出的一种新型运行概念。

传统导航时利用接收地面导航台的信号,通过向台和背台飞行实现对航空器的引导,其航路和飞行程序受地面导航台的布局与设备种类的制约,精度有限。PBN是一种新型高效的安全飞机导航方式,它将飞机先进的机载设备与卫星导航及其他先进技术结合起来,覆盖了从航路、终端区到进近着陆的所有飞行阶段,提供了更加精确、安全的飞行方法和更加高效的空中交通管理模式。PBN能够灵活优化飞行航径,增加飞机业载,减少飞行时间,节省燃油和减少碳排放。

民航局早在2009年就发布了《中国民航基于性能的导航实施路线图》,指导我国民航PBN技术的应用。2019年年底,我国95%以上运输机场具备PBN程序,全部航路航段具备PBN运行条件。

(2) ADS-B技术应用

ADS-B系统即广播式自动相关监视系统,由多地面站和机载站构成,以网状、多点对多点方式完成数据双向通信,是一种基于卫星定位和地空数据链通信的监视技术。ADS-B系统是一个集通信与监视于一体的信息系统,由信息源、信息传输通道、信息处理与显示三部分组成。ADS-B技术用于空中交通管理,可以在无法部署航管雷达的大陆地区为航空器提供优于雷达间隔标准的虚拟雷达管理服务。利用ADS-B技术,接收和处理ADS-B广播信息,将活动航空器的监视从空中一直延伸到机场登机桥,因此能辅助场面监视雷达,实现"门到门"的空中交通管理。

(3) 卫星着陆系统

卫星着陆系统(GBAS Landing System,GLS)是一种基于GBAS导航性能增强的卫星着陆系统,包括实现精密进近和着陆的GBAS系统,以及与之相关的航空器功能。

GLS进近中,机载系统通过接收地面甚高频数据广播(VDB)传送的最后进近航段(FAS)数据块,来定义一个虚拟的航向道/下滑道,结合GBAS接收机/多模接收机(MMR)的高精度三维定位输出,计算航空器偏离定义航迹的情况,形成水平和垂直偏差,以及与跑道入口的距离,并在相关仪表(PFD、ND)上显示。2015年4月,中国民航在上海浦东机场完成了国内首次 GLS 演示验证飞行。2015 年 12 月，我国民航发布了《卫星着陆系统(GLS)运行批准指南》(AG-91-FS-2015-129)。

(4)北斗卫星导航系统

北斗卫星导航系统(BeiDou Navigation Satellite System,BDS)是中国自行研制的全球卫星导航系统，也是继 GPS、GLONASS 之后的第三个成熟的卫星导航系统。北斗卫星导航系统由空间段、地面段和用户段三部分组成，可在全球范围内全天候、全天时为各类用户提供高精度、高可靠定位、导航、授时服务。北斗卫星导航系统是典型的军民两用大型空间信息基础设施。北斗民航应用示范项目"新一代国家空中交通管理系统典型示范工程"作为北斗应用推广与产业化行业示范类项目，被列入了中国第二代卫星导航系统重大专项实施方案。随着北斗卫星导航系统覆盖全球进程的深入，其在民航空中交通管理中的作用将越来越大。

2021 年 5 月，我国民航局发布了《中国民航新一代航空宽带通信技术路线图》(简称《路线图》)，提出大力推进新一代航空宽带通信应用，建设公用、专用相结合的民航 5G 网络。这是民航局首次明确提出以 5G 为代表的新一代航空宽带通信技术在我国民航应用的系统性实施路径。

(二)提高机场运行效率

1. 基础设施高效联通

从构建国家综合立体交通网的角度来谋划民航基础设施布局建设和高质量发展，统筹优化各类交通资源配置，强化空地运输网络衔接，推进运输服务一体化和管理协同化，既要充分发挥民航的比较优势，更要发挥多种运输方式的综合优势，从而提高全社会生产物流效率。

推动各种运输方式统筹融合是构建国家综合立体交通网的重要内容，也是实现交通碳达峰碳中和的有效措施。截至 2019 年年底，我国已有 28 个机场引入了城市轨道、城际铁路或干线铁路，建成了以机场为核心的综合交通枢纽。

通过做好机场内部及机场与其他运输方式的有效衔接，提高机场的运行效率，对机场及整个交通运输系统的碳减排有重要的意义，下面以大兴国际机场为案例进行说明。

(1)做好机场与其他运输方式的有效衔接

大兴国际机场处于京津冀核心地带，肩负着建设国家乃至世界级综合交通枢纽的历史使命。新机场着力打造"五纵两横"综合交通主干网络，将公路、城市轨道交通、高速铁路、城际铁路等多种交通方式整合，以大容量公共交通为主导，形成具有强大区域辐射能力的地面综合交通体系。"五纵"是指新机场连接北京市中心的快速轨道(新机场快线)、北京至霸州铁路(京霸铁路)、大广高速北京六环至黄垡桥段(扩建)、京台高速北京五环至市界段、北京城区经新机场至霸州高速公路(新机场专用高速)，"两横"是指机场北线高速公路、廊坊经新机场至涿州城际铁路(廊涿城际)，一共 4 条高速、3 条轨道。旅客可通过新机场专用高速和新机场快线直达北京市中心区域，通过高速公路网、城际铁路、高速铁路以及外围铁路跨线衔接，1 小时左右可通达天津、唐山、保定等城市，2 小时左右可通达石家庄、秦皇岛、济南等城市，3 小时左右可通达太原、郑州、沈阳等城市，广泛建立与周边城市的连接，大幅增强新机场的枢纽辐射能力，更好地满足社会需求。

面向未来,要加快推动机场与其他运输方式的有效衔接,打造机场综合交通枢纽,构建一体化的综合交通运输服务。

(2)提高机场内部的换乘效率

大兴国际机场规划建设时充分借鉴国际先进机场的成功经验,以达到"立体换乘、无缝衔接"的效果。首次将轨道站台与航站楼进行一体化设计,确保枢纽功能更加高效顺畅。轨道交通在航站楼地下纵贯穿越,站台位于航站楼进出港大厅下方,旅客到达航站楼后,可在站厅层办理乘机手续并通过安检,或乘坐电梯直达国际出发层。站厅层还可提供各类轨道之间的换乘,实现真正意义上的"零距离换乘"。

航站楼采用集中式多指廊构型,旅客从航站楼中心到最远端登机口步行距离不超过600米,步行时间不超过8分钟。同时,中心放射的多指廊构型指向性强,使旅客拥有良好的出行体验。国际、国内旅客中转便捷高效,达到世界先进水平。进港行李平均运送距离为550米,首件进港行李可在13分钟内到达。

(3)空地一体化顺畅衔接

优化和完善机场跑滑系统,缩短飞机滑行时间和距离,提高近机位使用率,提升飞行区运行效率。适应旅客出行方式和需求变化,针对捷运系统、安检系统、行李系统等效率短板和流程堵点,推进既有机场航站楼空间重构和流程再造,进一步提升航站楼保障能效。

大兴国际机场利用空地一体化运行仿真技术,从空域、地面、环境影响、运行效率等方面优化设计。国内首创带侧向跑道的全向跑道构型,航站区位于中央区域,跑道与滑行道系统构型和空域匹配度高。空地衔接顺畅,运行高效,运行效率达到世界先进水平。

2. 机场管理智慧运行

通过大数据、人工智能、第五代移动通信技术(5G)等技术创新,立足"智慧出行、智慧物流、智慧运行、智慧监管",对传统基础设施赋能,以智慧民航建设补齐基础设施效率和服务质量短板,提升运行效率,减少二氧化碳排放。

(1)能源智能化管理

机场加强管理创新和技术创新,利用车联网、大数据、微储能等新技术,自主开发机场能源与设备智能监控系统,优化机场电力供给和使用效率。

成都双流机场在南机坪建设中,其钢结构车棚设置了约7000余平方米的光伏板,创新引入光储充示范项目,通过对光伏新能源的智慧调控与有效消纳,每年可保障2万余次新能源车供电。双流机场还采用了远机位地面设备(GPU)系统并取得国家实用新型专利,通过搭载智慧能源管理平台,对光伏和电能等能源进行可控调度,从而实现削峰填谷,有效解决远机位配电不足问题,年减排二氧化碳3.95万吨,年节约能耗费用5400余万元。

广州白云国际机场推行信息化、系统化闭环运行,能源管理能效大幅提升,实现了以更少的资源、能源消耗,支撑更高质量的持续发展。截至2019年,清洁能源占比已提升至75.67%,分布式光伏发电等新能源技术被广泛采用。APU替代设施使用率达100%,能源结构大幅优化;单位旅客能耗下降11.3%,航站楼能耗连续两年降低7.5%以上;燃油消耗下降幅度高达8.1%,节能成效显著。2018—2019年,航空器每架次滑出时间同比分别减少1.14分钟、1.69分钟,每年可节省航空燃油373吨、494吨。广州白云国际机场在第十一届国际清洁能源部长级会议(Clean Energy Ministerial,CEM)全球能源管理领导奖评选活动中获得"2020年全球能源管理领导奖——洞察力奖"。

深圳宝安国际机场将节能环保的理念融入机场日常运行管理。近年来,深圳机场持续加大生态文明建设投入力度,陆续建成国内行业最大装机容量(20兆瓦)光伏发电站,发电总量1500万千瓦·时;建成行业规模最大的电动汽车充电站,充电桩数量逾1000个;建成行业规模最大的水蓄冷储能利用项目,每年减少峰值电量1690万千瓦·时。深圳宝安国际机场通过国际机场协会机场2020年三星碳排放认证,碳管理水平实现与国际接轨。

(2)无纸化出行

北京大兴国际机场的"无纸化出行"服务产品是对传统乘机体验的全面革新,其"一证通关+面像登机"的产品形式实现了信息技术对传统纸质凭证的替代。旅客仅持有效订票证件,即可办理值机、托运、安检、边检等环节,刷脸即可登机,全程无须出示任何形式的登机牌。

四川航空推动全域联通"无纸化"乘机、移动值机、自动值机、行程单电子化改革,实现在千万级机场"无纸化"全覆盖,2019年成都出港国内航班自动值机率达70.37%;推进"智慧出行"项目,打造人脸识别、智能语音、大面积航班延误调整与恢复及智能机器人交互等功能合一的AI智能平台。

根据《中国民航"无纸化"便捷出行发展报告》,截至2020年年底,全国233个(96.6%)机场和主要航空公司可实现国内航班旅客"无纸化"便捷出行,112家机场具备国际及地区航班全流程"无纸化"通关能力。2019年,全国所有千万级机场国内自助值机出行旅客平均比例达70.5%,其中全流程"无纸化"出行国内旅客平均占比达51.5%;全国所有千万级机场有超过140万人次的旅客体验国际及地区航班自助值机方式出行,"无纸化"便捷出行为航空公司、机场节约纸张和投资成本4.3亿元,全行业有效减少碳排放8622吨。预计"十四五"期间,全国将有超过20亿人次享受"无纸化"便捷出行服务,"无纸化"便捷出行将为旅客减少值机时间超过20亿小时,为航空公司、机场节约纸张及设施设备投资超过4亿元,使全行业有效减少碳排放30075吨。

(3)旅客智能化服务

辽宁省机场管理集团有限公司打造机场群智慧云平台,线上线下服务融合贯通,形成全流程"服务闭环",提高机场服务的旅客触达率。将机场尊享服务、快速安检、失物招领等服务搬到线上,并根据旅客使用习惯、到达机场时间、安检排队情况等各类因素,自动推荐符合实际需求的服务。通过平台管控对诸多机场服务进行建模和抽象,形成通用的业务能力,解决"重复造轮子"问题;将下属各个机场在运行、安全、服务、管理等领域业务数据互联互通,统一收集、清理、分析、应用,打破机场数据壁垒;利用数据中台的便捷数据汇聚能力,将"烟囱式"系统中的数据整合运营、智慧管理。

(4)机场飞机智能化管理

①航班运行智能化管理。

广州白云国际机场通过航班推出预算管理,优化机坪滑行、航空器拖行、跑道运行模式,同时强化现场分析与监控,优化运行流程,带动机场地面各类资源的充分利用以保障效率的提升,减少了机场的平均滑行时间,取得了显著的节能减排成效。

②航班加油智能化管理。

中国航油针对航油系统进行大升级,建立集软件、硬件、网络于一体的综合信息化系统。

与航空公司、机场、空管之间形成互动,强化航班加油全过程的智能化操作,实现航班信息集成、智能化任务派发、保障动态与资源实时监控、加油数据自动采集、电子油单生产以及基于电子油单的自动结算。

(5)车辆智能化管理

北京大兴国际机场利用机场地理信息系统提供的地图服务和高精度综合定位系统提供的位置服务,对机场内各类车辆实行实时定位、监控、跟踪和管理,实现了机坪车辆精细化管理,提高机坪车辆运行的安全性,并提升车辆调度和运行效率。

长沙黄花国际机场运用智能物联网技术和全生命周期管理理念,搭建了机坪设备统一实时监控及管理平台,对场内机车进行智能管理,提升了保障车辆运行的经济性与适用性,初步实现了机坪设备网络化、智慧化,在油改电、场内车辆管理方面应用效果明显。

(三)碳交易、碳补偿及低碳措施

1. 碳交易

我国已明确七省(市)实施碳交易试点,2012年7月31日发布了《上海市人民政府关于本市开展碳排放交易试点工作的实施意见》,建立上海市碳排放交易平台,于2013年启动碳排放交易试点,其中航空、港口、机场、铁路、商业、宾馆、金融等非工业行业中年二氧化碳排放量1万吨以上的重点排放企业属于该次试点范围。

2016年1月,国家发展和改革委员会印发《关于切实做好全国碳排放权交易市场启动重点工作的通知》,要求2017年启动全国碳排放权交易,实施碳排放权交易制度,将航空公司和规模以上机场纳入碳排放市场。2021年2月,《碳排放权交易管理办法(试行)》正式在全国范围内试行,全国碳市场也同步上线。

《"十四五"民航绿色发展专项规划》提出,建立基于市场的民航减排机制。鼓励运输航空企业开发使用航班碳排放计算器等工具,开发自愿碳抵销产品。鼓励行业协会、院校和科研机构等在民航碳市场建设中积极发挥平台支撑作用。

2. 碳补偿

美国联合航空公司(简称美联航)推出了一系列碳补偿项目。"加利福尼亚州森林保护项目"吸收存储了77000吨温室气体。"得克萨斯州可再生能源项目"每年能够为约220000个家庭提供足够的风力发电。而"伯利兹森林保护项目"保护了约4649万平方米林地,为野生动物提供了栖息地。2007年开始,美联航与国际永续旅行协会合作,为旅客提供碳足迹补偿计划,资金会直接投入可再生能源计划中。

2014年4月,美联航启动了"碳补偿升级计划",会员旅客可以使用里程抵消旅行产生的碳排放。公司最初的计划是向美联航的所有旅客提供为其旅行和货物运输购买碳补偿的机会,现在旅客可以使用自己的积分里程加入改善环境的行动。美联航新推出的里程兑换碳补偿计划是美国的航空公司中首个推出的支持可再生风力发电项目和森林保护项目。

2021年10月12日,东航MU5103从上海虹桥国际机场飞往北京首都国际机场,标志着我国第一班全生命周期低碳航班成功首航。购票搭乘该航班的278名旅客首班体验低碳绿色飞行,旅客作为"东方万里行"会员,可以通过短信或点击东航App首页的活动轮播图,参加低碳行动,使用 100 分的"东方万里行"积分,支持植树造林、可再生能源发电等低碳项目,参与抵消飞行过程中产生的碳足迹。

东航低碳航班之所以拥有碳信用额度,是购买了国家核证自愿减排量(CCER),减排项目主要包括江西丰林碳汇造林项目、汉能海南州光伏发电有限公司共和 50 兆瓦并网光伏发电项目、南京金陵天然气联合循环并网发电项目。东航旅客捐出的积分,可资助边远地区发展农林种植业、开发低碳绿色能源、助力乡村振兴。

从 10 月 12 日到 12 月 10 日,东航将在 13 条国内精品航线上,执行全国首批、总计约 780 班全生命周期低碳航班,为逾百万千米的航迹完成绿色飞行。

3. 废弃物能量回收

美国西南航空公司(简称美西南航空)通过回收再利用计划,将获得的款项购买可再生能源驱动的设备,如太阳能垃圾捣碎机。自 2008 年至 2012 年,美西南航空回收废弃物数量逐年增加,累计回收利用了 9800 吨垃圾废料,相当于 233 架波音 B737-700 型飞机的质量。2012 年,美西南航空将一年间回收的 230 吨工业废料包括废机油、过滤器、液态和固态油漆废料等进行燃烧,回收了超过 82 亿英热单位的能源,大约相当于 188 个普通家庭一年的用电量。

美西南航空 2009 年推出了 LIFT 咖啡项目。LIFT 咖啡项目的具体实施办法是,旅客在美西南航空的航班上每消费一磅 LIFT 咖啡,公司就会向咖啡种植区的绿色能源基金捐出 2 美分。使用可再生能源照亮偏僻小村庄的"危地马拉照明计划"是这些捐款的首批受益者。从 2012 年 7 月开始,美西南航空直接向秘鲁的绿色能源计划捐款。通过照亮世界基金会,美西南航空的捐款帮助那些未接入电网的村庄用上了可再生能源。通过这些项目,2012 年美西南航空的捐款额接近 10000 美元,全部捐款累计超过 32000 美元。

第三节 机场低碳实践

机场碳排放量约占民航碳排放量的 5% 左右。按照功能划分,机场包括飞行区、航站区、工作区和生活区。其中,航站区是机场能耗的中心,其主要用能设施包括中央空调、照明设备,另外还包括传送设备、弱电设备等。

机场节能减排技术与措施,主要包括以下四个方面:一是优化用能结构,扩大可再生能源和清洁能源的使用;二是通过合理设计,充分利用自然风和自然采光等被动式建筑节能技术;三是采用高效的主动式节能技术;四是开展碳交易、碳补偿等碳中和措施。

一、优化用能结构

(一)绿电

绿电指的是在生产电力的过程中,它的二氧化碳排放量为零或趋近于零,相较于其他方式(如火力发电)所产生的电力,对环境冲击影响较低。绿电的主要来源为太阳能、风力、生质能、地热等。

北京大兴国际机场核心区用户通过委托国网北京市电力公司代理,利用北京电力交易中心、首都电力交易中心平台,引入青海、山西等地的水电、光伏、风电等清洁能源,满足北京大兴国际机场的绿色用电需求。北京大兴国际机场核心区用户绿色电力交易工作已正式启动,本次核心区用户包括北京首都机场动力能源有限公司、中航油(北京)机场航空油料有限责任公司、中国南方航空股份有限公司、中国东方航空集团有限公司、中国民用航空华北地区空中交通管理局五家公司,合同签订电量1.39亿千瓦·时,其中北京首都机场动力能源有限公司占比最大,合同签订电量1.1199亿千瓦·时,主要供应大兴国际机场航站楼、飞行区、公共区的用电。

(二)地源热泵

地源热泵是以岩土体、地层土壤、地下水或地表水为低温热源,由水地源热泵机组、地热能交换系统、建筑物内系统组成的供热中央空调系统。地源热泵利用的是一种清洁的可再生能源技术。

北京大兴国际机场将景观湖区作为浅层地源热泵集中埋管区,通过耦合设计,实现浅层地源热泵与集中锅炉房,锅炉余热回收系统,常规电制冷系统、冰蓄冷系统等的有机结合,形成稳定、可靠的耦合式系统。该系统日常运行以地源热泵和烟气余热热泵为主,高峰期间采用市政热力和电供冷进行补充,经测算,可满足周边257万平方米建筑的供暖/制冷需求,为全球最大的浅层地源热泵集中供能项目。仅复合式地源热泵系统一项,就可实现年减少使用1.81万吨标准煤。

(三)太阳能光伏系统

太阳能光伏在机场有着较为广泛的应用。2016年杭州萧山国际机场光伏发电项目投产运行,接入国家电网。该项目面积2.4万平方米,装机容量2.3兆瓦,日均发电量8500千瓦·时。相比传统火力发电,每年可节约煤炭1231.1吨,减排二氧化碳3225.5吨。该机场也成为浙江首个"绿色"机场。

海口美兰国际机场在候机楼建设光伏并网发电站,一期工程年发电量达550万千瓦·时,年发电效益1650万元,每年可减少二氧化碳排放8万吨。

新疆哈密伊州机场已建成光伏并网发电项目,第一年发电量14.4万千瓦·时,按照光伏组件25年衰减20%的比例进行计算,20年累计发电量预计为268万千瓦·时,每年可减少使用标准煤126.2吨,减少二氧化碳排放349.6吨。

(四)推广机场清洁能源车

1. 电动车

北京大兴国际机场空侧所有通用和可替代特种车辆均按清洁能源车标准采购,新能源通用车辆比例达到100%。截至2021年4月,机场内清洁能源车辆达到1517辆,占比为78%,在国内外机场中遥遥领先。飞行区内建成106个智能快速直流充电桩,驻场单位建成80个充电桩,并全部采用车辆识别码(Vehicle Identification Number,VIN)识别充电方式,开启车辆"刷脸"充电新模式。

2018年年底,我国机场内新能源车辆设备的占比还不足5%,2020年这个数字已快速提升至14%。2019年,在航班起飞架次同比增加5.8%的情况下,机场汽柴油消费同比减少了

1100吨,机场汽柴油消费增速得到有效控制。

2.可替代燃料车辆

美国鼓励机场管理机构采用可替代燃料车辆代替传统的柴油或汽油动力车辆,包括天然气、电动、混合动力、氢气动力等。当前美国机场大多数行李传送带车、行李拖车、飞机推车、旅客摆渡车、机坪运行指挥车等地面保障车辆均采用清洁能源动力。

(五)能源管理系统

民用机场能源管理系统能够实现对机场内各式各样能源消耗的有效监控、优化,对重要耗能设备的运行状况及能源管网的状况开展科学、合理的分析、管理,制定相应的能源优化方案,保障能源管理系统有序运行。

北京首都国际机场从2015年开始着手机场能源管理系统研发工作,通过打造机场能源数据中心,对机场内的照明、供暖、制冷、给排水等能源消耗状况开展统一监测、管理及分散控制。

上海浦东国际机场凭借其所建设的智慧能源管理系统,使机场在能源优化、电力节能等方面收获明显成效,节能幅度超过14%。

二、充分利用被动式建筑节能技术

1.技术简介

被动式建筑节能技术是指以非机械电气设备干预手段实现建筑能耗降低的节能技术。对于机场而言,在充分考虑机场周围的地理、气象环境以及太阳辐射等因素,通过对建筑朝向的合理布置、遮阳的设置、建筑围护结构的保温隔热技术的应用,充分利用自然光与自然风,调整室内亮度与改善通风条件,同时,对机场屋顶进行绿化,既能形成立体的绿色景观,又可以实现良好的保温降耗效果。通过被动式建筑节能技术的应用,能够有效减少机场供热系统、空调制冷制热、照明、热水供应产生的能耗和碳排放。

2.应用案例

(1)国外案例

美国波士顿罗根国际机场在2005年获得了美国绿色建筑协会认证的第一座绿色航站楼认证,该航站楼采用可持续建筑原理设计并大量使用可持续的材料,每年节约12%的能源。

加拿大温尼伯机场在新航站楼的建造上充分利用了自然光资源,幕墙设计成遮光棚和蚀刻版画,既能实现自然采光,又反射掉额外的日光,减少散热费用,同时该航站楼使用了可循环再生的建筑材料。

(2)国内案例

北京大兴国际机场全场绿色建筑占比100%,70%以上的建筑达到中国最高等级的三星级绿色建筑标准。航站楼屋顶采用8000多块双层玻璃,两层玻璃之间统一安装了东西向排列的遮阳网,最大限度地利用自然光线,兼具遮阳的效果。白天自然采光面积超过总面积的60%,即使是在阴天,也不用开照明灯。

上海虹桥国际机场在工程建设中,把节约能源作为重要目标,在航站楼节能上,通过采取屋面保温、玻璃幕墙优化、外墙保温、底面接触室外空气的架空楼板保温、照明配电优化、自然采光等10项节能措施,实现了二号航站楼65%的节能目标。

三、采用高效的主动节能技术

对机场来说,主动节能方法多种多样,涵盖了机场能耗的各个方面,但仍以空调、照明等主要耗能节能为主。

1. 空调系统节能减排

(1)冷热源选择与空调系统布置形式

常规的制冷方式通常是空气压缩式制冷,往往需消耗大量的电能。大型机场在选择空调节能方案时,通过水源热泵系统、空气源热泵系统和蓄冷空调等多种形式相结合的模式,达到节能减排的效果。航站楼通常具有高度大、空间大的特点,而人员通常仅在距地面2米以内的高度范围内活动,空调系统的布置形式对其能耗也有较大的影响。

北京大兴国际机场采用创新飞机地面专用空调系统,在近机位处设置了95个地井式地面专用空调系统来替代桥挂式飞机预制冷空调。新系统采用集中热源,安装方式改为落地安装。冷热源从航站楼接入,末端更靠近飞机,缩短了送风软管的长度,降低了风机能耗和传输损失。新系统总能效比传统系统提升了50%以上,且建设运行成本低,为旅客提供更舒适的机内空气环境。

(2)排风热回收

机场空调系统中增加热回收机组,回收利用排出的热风或温度较低的冷风,对进入机组的新风进行预热或冷却,可减少新风处理能耗,达到节能减排的目的。

北京大兴国际机场空调系统中设置了全热回收装置,当冬季室外空气焓值高于室内焓值时,可开启热回收装置进行排风热回收,达到节能减排的效果。

(3)空调系统智能控制

根据航班密集程度和每天的天气状况,对航站楼内的空调系统进行智能控制,实现以需求为导向的控制目的,减少能源消耗和碳排放。

2. 照明系统节能减排

(1)合理设置照明时间与照明区域

采用航站楼智能灯具照明系统可控制航站楼内开灯区域与开灯数量,并可对特定区域灯具进行启停控制。

上海浦东国际机场将机场的照明系统进行分类管理,以公共区域照明和泛光照明作为节能措施主要对象,机场卫星厅采用智能照明控制系统,通过全数字化、模块化、分布式系统结构,将各个控制功能模块及部件连接成网络。该系统可以自动获取每个航班的始末时间,并自动启停登机口附近的照明设备,提升了机场的节能减排水平。

(2)选择节能灯

在照明系统中合理地选择光源也有助于实现高效节能的目的。英国曼彻斯特机场新装修的二号航站楼进港层和离港大厅采用LED照明系统,与未采用该照明系统时相比,可节能约50%,同时也改进了光照水平。

四、其他

1. 提高机场绿化率

北京大兴国际机场绿化率达30%,延续中轴文化,形成中央景观轴,展现春芳秋韵。在航站楼5个指廊末端创新性地设置了中国园、田园、丝园、瓷园、茶园5个庭院,为旅客提供了绿色空间。

2. 机场碳汇林

美国许多机场在邻近地区建设湿地或其他类型的环境保护地来实施碳抵消计划,如西南佛罗里达国际机场建立了一个由佛罗里达野生动物园管理的7000公顷的公园,底特律韦内县大都会机场购买了其南部沼泽地块作为新的湿地,以补偿由于机场扩建带来的增碳效用。

3. 废弃物能量回收

波特兰国际机场鼓励乘客、承租商和周边社区居民为再循环利用提供材料,在2006年转移了770吨潜在的垃圾填埋量,同年该机场总共再循环利用了98吨废纸、塑料和玻璃,还有157吨咖啡和食物的混合厨余物,该机场收集地沟油,并用专门的设备将其转化成生物质柴油燃料。

第七章 邮政快递

第一节 我国邮政快递低碳发展现状

一、我国邮政快递发展现状及趋势

邮政快递业贯通生产、流通、消费各环节,连接千城百业,是畅通国内大循环的重要底板,发挥着先导作用。

(一)发展现状

"十三五"以来,整个邮政行业的业务收入规模从2015年的4039亿元增长到2020年的1.1万亿元,五年净增约7000亿元,每年的增长速度达到了22%。2015—2020年,全行业新增吸纳社会就业超过100万人,每年年均增长20万人。快递年业务量从2015年的207亿件增长到2020年的800亿件以上,五年翻了两番。我国包裹快递量超过了美国、日本、欧洲等发达经济体总和,对世界快递包裹(Courier,Express,and Parcel,CEP)市场贡献率超过了50%。邮政业每年服务的用户数从2015年的700亿人次增长到2020年的1500亿人次。邮政服务网络实现了行政村以上全覆盖,快递乡镇网点覆盖率达到了98%,自营国际快递网络服务覆盖超过了60个国家和地区,全行业拥有的国内快递专用货机从71架增长到130架,投入运营智能快递箱超过40万组。企业综合实力大幅度增强。中国邮政集团公司位列世界五百强的第90位,已有7家快递企业通过改制上市,其中有3家品牌快递企业2020年的业务收入规模突破了1000亿元。

(二)发展趋势

党的十九大立足新时代新征程,作出了建设交通强国的重大决策部署。《交通强国建设纲要》在基础设施、运输服务、绿色发展、治理体系等方面,提出了加强农村邮政等基础设施建设、打造具有全球竞争力的邮政快递核心枢纽、建立通达全球的寄递服务体系、加快快递扩容增效和数字化转型等多项任务。《邮政强国建设行动纲要》进一步细化落实,提出"构建综合立体、通达全球、智能高效、安全便捷的服务网络体系""优化寄递枢纽和快递物流园区布局,提升交通枢纽的寄递配套能力""打造具有全球竞争力的邮政快递核心枢纽"等战略任务。《国家综合立体交通网规划》提出,到2035年,建成邮政快递枢纽80个,包括国际邮政快递枢纽和邮路。国家邮政快递枢纽主要由北京天津雄安、上海南京杭州、武汉(鄂州)郑州长沙、广州深圳、成都重庆西安等5个全球性国际邮政快递枢纽集群,20个左右区域性国际邮政快递枢纽,45个左右全国性邮政快递枢纽组成。依托国家综合立体交通网,布局航空邮路、铁路邮路、公路邮路、水运邮路。《"十四五"邮政业发展规划》和《"十四五"快递业发展规划》进一步明确:到2025年,邮政业年业务收入超过1.8万亿元,年均快递业务量增长超100亿件;累计新增就业岗位100万个。形成5个年业务量超过200亿件或年业务收入超过2000亿元的邮政快递品牌。支撑制造业产值超过2万亿元,带动农产品销售超过1万亿元。邮政业从业人员数实现大幅增长。

根据交通运输部网站2021年3月发表的《加快建设与国家综合立体交通网深度融合的邮政快递网》,全国邮政和快递行业要按照"服务全领域、激活全要素,打造双高地、畅通双循环"的思路来服务构建新发展格局,努力建强主枢纽、打通大动脉、畅通微循环,带来更加便捷、更加绿色、更加智慧和更加可靠的消费体验。在经济社会循环中的畅通作用会得到明显增强,网络运转会更加集约、绿色、智能和高效,真正实现物畅其流、货通天下。

1. 打造国内国际枢纽体系

邮政快递枢纽体系由邮政快递枢纽(邮政快递枢纽城市)、邮政快递枢纽场站(处理中心)共同组成。邮政快递枢纽是邮政快递与多种运输方式的交叉与衔接之处,承担区域内部和区域对外的邮政快递集散和中转功能,兼具交通枢纽和物流枢纽的功能。从枢纽规模、辐射能级和功能上看,结合城市群分布特点,分为全球性国际邮政快递枢纽集群、区域性国际邮政快递枢纽和全国性邮政快递枢纽。在确定邮政快递枢纽时,采用"先选点,后连线"方式,确定关键节点——以地市为单位确定国内关键节点,以国家、重点地区为单位确定国际关键节点,以规模量级、辐射能级、地理区位、城市特性和运输保障能力等确定枢纽能级和枢纽功能。

2. 建设邮政快递国内国际运输邮路

在国家大通道建设的基础上,根据邮政快递及未来国际贸易流量流向,针对货运量集中、发展潜力巨大的国家和地区,搭建国际邮政快递网邮路。完善日本、韩国、东南亚、南亚、俄罗斯等周边区域为核心的服务网络,打通面向西欧、中东、美洲、非洲、大洋洲等远程区域的寄递邮路。

3. 构建覆盖全国通达全球的邮政快递网

依托枢纽节点和邮路所搭起的骨架网络,推动形成布局合理、覆盖全球的邮政快递运输网络体系。引导市场在货源、流向、邮件快件通道及网络建设等方面形成建设合力。依托国内发达的公路网络,推动建成城市公共寄递末端网络和县乡村三级公共寄递末端网络,实现国内寄递末端通乡达村。聚焦重点目标国家,加强境外业务总部、经营网点、海外仓等基础建设,推动建设通达广泛、服务稳定的国际本地网络。

二、邮政快递业节能减排及生态环保现状

近年来,全国邮政管理部门和基地企业坚持绿色发展,聚焦包装治理和节能减排任务,强化环保应用,把绿色低碳、节能减排贯穿到邮政快递业各领域各环节,行业绿色发展稳步推进。主要体现在以下四个方面:

在产品研发和推广方面,组织开展行业绿色产品、绿色技术和绿色模式的公开征集,第一批54个项目入选了名录库。举办2020年中国邮政快递业生态环保研讨暨绿色供给展会,搭建行业绿色供需的交流平台,指导顺丰、京东、中国邮政等四家品牌企业开展绿色采购试点。申通等6家品牌快递企业完成可循环中转袋的应用试点,可循环中转袋使用率达到98%以上,替代了大量一次性塑料编织袋。

在生产作业节能降耗方面,组织北京等10个省(市)开展邮政业绿色网点和绿色分布中心建设试点,指导企业围绕生产作业全流程、全方位开展节能减排行动。支持和引导企业利用生产场地开展太阳能光伏发电,顺丰、韵达等寄递企业光伏设备稳定运行,大幅减少碳排放。指导企业落实节水、节电、防尘除尘等环保要求,开展"绿色办公"创建工作,主要品牌企业积极推进营业网点和分拣场地节能改造,骨干分拨中心基本实现自动化分拣。大力推广应用人工智能技术和北斗卫星导航系统,无人仓、无人机在多家企业投入使用。绿色办公、节能减排水平在不断提高。

在绿色运输方面,着力推进行业运能结构调整,进一步提升运输效率,鼓励寄递企业加快推广甩挂运输和多式联运等先进运输组织模式,持续推进邮件快件上机、上车工程,提升甩挂、高铁等运输方式在行业运输中的比例。其中,邮政企业一级干线甩挂邮路占比近80%。指导各地邮政管理部门积极协调地方交通、公安等部门出台政策,支持寄递企业购置新能源车辆,保障行业新能源车通行和停靠权利,促进行业绿色通行。

在节约资源方面,出台《邮件快件包装基本要求》,加快制定相关国家标准和行业标准。推动各地邮政管理部门和主要品牌寄递企业明确责任。据统计,截至2019年年底,全行业回收再使用包装箱2亿个,投入使用可循环箱(盒)约200万个,使用共8000万次,节约纸箱7800万个。45毫米以下"瘦身胶带"封装比例达到75%。新能源或清洁能源车辆达4.3万辆。

三、我国邮政快递业绿色低碳发展要求

《加快建设与国家综合立体交通网深度融合的邮政快递网》提出了我国邮政快递业节能降碳的主要要求。

(一)推进寄递网络低碳化,实现绿色发展

1. 推动运输组织模式和设备结构性减排

引导企业根据运输里程和时效要求等,合理选取不同的运输组织模式。推广在中转盘驳、末端配送等环节使用新能源车型和节能车型。积极引进燃油效率更高的新型飞机,探索使用航空生物燃料,并通过装载配平、减轻载重、飞行操纵、优化航路等方式实现航行节油。提高铁路、水路在邮件快件运输中的承运比重,降低运输能耗强度。积极探索滚装运输、驮背运输等多式联运在邮政业的应用。加快甩挂模式在邮件快件运输中的应用,安装挂车电子标签,利用物联网技术通过射频信号自动识别挂车信息和货物数据,提高运输作业效率。

2. 推动邮政业基础设施节能建设和运营

鼓励企业在各类基础设施选址、规划、设计、建造和使用过程中,执行建筑节能标准。鼓励在处理场所、仓库、园区等建筑场所推广应用节水、节电和节能等新技术新设备,实施绿色设计、施工和运行,加强能源管理,降低能源消耗。支持和引导企业利用分拨中心闲置平面屋顶开展太阳能光伏发电。持续开展"绿色办公"行动。

3. 全面普及环保包装模式

包装生产同样是碳的高排放环节,交通运输企业需要进一步减少包装材料使用量,并努力

选择环保可回收的包装生产原料,实现进一步减排。推进快件包装产品绿色认证,加强绿色标准检测,引导企业实施绿色采购,使用符合环保标准的包装或再生包装。发展包装定制化、仓配一体化、运输标准化服务,显著减少二次包装。大力推广循环中转袋(箱)、笼车等设备,鼓励企业使用循环快递盒,建立和推广包装物的共享使用平台。引导寄递企业与产业链上下游企业在包装治理领域开展合作,相互支持、相互监督,鼓励企业参与社会化的包装回收体系建设。

(二)推进智慧引领,实现节能减碳

1. 推动设施网、运输网和信息网加速融合

以信息网带动设施网、运输网高效升级,以设施网、运输网推动信息网效能发挥,实现物流服务平台化、交通物流一体化。邮政基础设施与第五代移动通信技术(5G)、物联网、云计算、工业互联网等融合发展,成为新型基础设施重要组成部分。推动邮政基础设施的数字化在已有优势基础上继续深化拓展,应用寄递服务大数据,为人工智能、物联网等推广应用创造有利条件。持续强化技术创新能力,完善信息基础设施,推动寄递与关联领域协同发展。推动大数据、互联网、人工智能、区块链、超级计算等新技术与寄递服务深度融合。

2. 推动基础设施全要素、全周期数字化

将数字化变革作为智慧物流驱动要素,推动实现智能化决策、数字化运营和无人化运作。鼓励具备多维感知、高精度定位、智能网联功能的终端设备应用,提升载运工具远程监测、故障诊断、风险预警、优化控制等能力。推动自动驾驶与车路协同技术研发,开展专用测试场地建设。推动物流园区、港口、铁路和机场货运站广泛应用物联网、自动驾驶等技术,推广自动化立体仓库、引导运输车(AGV)、智能输送分拣和装卸设备的规模应用。

3. 推动全流程信息互联、监管互认

大力发展"互联网+"高效物流新模式、新业态,加快实现物流活动全过程的数字化,推进铁路、公路、水路等货运单证电子化和共享互认,提供全程可监测、可追溯的"一站式"物流服务。鼓励各类企业加快物流信息平台建设,推进城市物流递送全链条信息共享,完善农村物流末端信息网络。加强各部门物流相关管理信息互认,构建综合交通运输物流数据资源开放共享机制。

4. 推动重点领域数字化、平台化

加强国家寄递物流平台和多式联运平台建设,以数据赋能物流发展为切入点,推动物流基础设施数字化、智能化的升级改造;以高水平的互联互通为导向,推动平台建设运营、标准规范制定、信息服务研发、资源互通共享,提升寄递物流基础信息服务能力。

《"十四五"邮政业发展规划》明确提出了促进绿色低碳发展的要求。推动企业落实节能减排要求。推动建立邮政业碳排放核算、报告和核查机制,适应碳达峰、碳中和要求,明确碳排放统计方式方法,加强节能减排管控。推广使用新能源和清洁能源运输车辆。推进智能分仓、科学配载、线路优化、循环共用。加快建设一批绿色网点、绿色分拨中心、绿色园区。加强基础设施建设节约集约用地。推进生态环保信息化监管,完善行业生态安全保障体系。

《"十四五"快递业发展规划》也提出了促进绿色低碳发展的要求,具体包括:一是构建绿色发展体系。建立健全行业绿色法规 制度和标准体系,及时进行评估检测。落实绿色发展企业主体责任强化监督执法。鼓励第三方机构开展绿色认证、检验检测和评价,实施碳排放测算和评估 。加强绿色教育培训,增强企业环保意识 ,提升从业人员绿色技能水平。推动构建政府监管、企业自律、社会共治的快递绿色发展格局。二是推广应用绿色包装。引导企业建立实施绿色包装采购制度,督促企业执行绿色标准,淘汰重金属和特定物质超标的包装物料。推行快递包装绿色产品认证,鼓励企业优先采购使用经过绿色产品认证的包装用品。建立实施塑料袋等一次性塑料制品 使用、回收情况报告制度。构建电商、快递绿色包装协同治理机制,推动电商与快递实现包装用品通用、绿色包装协同治理机制,推动电商与快递实现包装用品通用、包装标准统一、循环平台共建,指导企业参与社会化包装回收体系建设。鼓励快递企业与上游企业有效衔接,减少包装物料用量,推广应用可循环包装物料用量,推广应用可循环包装。三是加强行业碳排放管理。探索开展碳排放统计与核算,建立符合行业特点的碳管理指标体系和碳计量体系。加快建碳管理指标体系和碳计量体系。加快建立激励约束并重的碳排放管理制度,逐步降低行业碳排放强立激励约束并重的碳排放管理制度,逐步降低行业碳排放强度。全面推进节能减排,制定邮政业绿色低碳发展实施意见度。全面推进节能减排,制定邮政业绿色低碳发展实施意见等政策文件。积极开展绿色创建活动,加快绿色分拨中心和等政策文件。积极开展绿色创建活动,加快绿色分拨中心和绿色网点建设。推广使用新能源和清洁能源车辆绿色网点建设。推广使用新能源和清洁能源车辆,加快淘汰高能耗设备装备。支持企业优化运输结构,加快推进甩挂运输和多式联运应用。提升快件应用。提升快件铁路运输规模,降低运输能耗与排放。

第二节 邮政快递低碳实践

一、邮政快递减碳实践

(一)完善邮政网络体系

2021年,我国邮政迎来了新发展、新变化,开始启动新一轮大提速。此次邮政全面提速覆盖全国"1000+"城市,全国主要城市可享邮件"次日达"甚至"次晨达",6成以上特快专递可实现"次晨达"。

我国邮政在公路、高铁、航空方面"三管齐下",提供运力支撑保障。2021年以来,我国邮政优化现有邮路400余条,新组开邮路600余条,覆盖2000余个县域。我国邮政继续扩大自有干线车辆规模,更新、增加甩挂车、分体厢式车、场内牵引车等680辆。高铁方面,我国已开通省际高铁运邮邮路近90条,覆盖四川、江西、河南、湖南、陕西、北京、上海等省(市)。在航空运力方面,我国邮政拥有以 B-757、B-737 机型为主的全货运飞机33架,以南京为中心轮辐式集散可直达北京、上海、南京、杭州、武汉等国内重点城市,还辐射韩国首尔、日本大阪等地,形成连接海内外的空运网络。全网邮路的优化,实现了千余城市间邮件传递时限水平的提升,大幅提升了县域邮件的寄递速度。以长沙至宁波邮路为例,开通直达邮路后,运输时间减少

13个小时,长沙至宁波间80%以上的邮件可实现"隔日递",减少了1天。

全国有5.4万个网点4.3万处投递服务点,中国邮政拥有覆盖全国城乡的物流网络,能够深入偏远地区,堪称快递行业的"毛细血管"。伴随着邮政新一轮大提速,邮政行业的碳排放将进一步降低。

亚马逊计划在美国肯塔基国际机场辛辛那提枢纽投入15亿美元,提速美国市场寄递时效。亚马逊辛辛那提机场将成为其美国货运网络的枢纽,可容纳100架货机,到2021年底,每天可以满足十几架货机的运营。几年来,亚马逊致力于布局物流网络,其美国航空网络扩展到40多个点,约有75架飞机提供运输服务,有50多个配送运输网点,还将在美国新开5个末端派送站。美国51%的人口分布在亚马逊派送站60分钟路程的位置,2021年这一比例预计为77%,到2025年亚马逊将打造覆盖全美1小时配送圈。随着亚马逊寄递网络的完善,越来越多的美国人不到30分就可以获得亚马逊派送服务。

(二)智慧物流

1. 顺丰智慧云仓

2021年7月,枝江顺丰智慧云仓开仓,这是湖北首个设在县级市的大型电商智慧云仓,也是鄂西地区最大的电商物流分拨中心。枝江顺丰智慧云仓总建筑面积32133平方米,由枝江市政府与顺丰集团共同投资建设,是一个集预处理、仓储、冷链、包装发货、中转分拨、配送运输等功能于一体的现代化新型智慧仓储物流服务中心。

湖北顺丰速运有限公司将在枝江打造农产品预处理中心、鄂西区域分拨中心、顺丰湖北智慧仓储服务中心、顺丰快运集配站、顺丰速运营业站和枝江市县、乡、村三级物流共同配送处理中心六大功能模块;提供农产品加工、仓储等业务,预计带动相关产业销售收入过亿元,带动500余人就业。枝江顺丰智慧云仓开仓后,自动化分拨设备处理能力达12000件每小时,货物无须经宜昌中转可直达枝江,整体时效节约半天至一天。

近年来,枝江市抢抓国家电子商务进农村综合示范市、全国互联网+农产品出村进城试点市发展机遇,共发展电子商务企业1200家、网店8200家、快递企业12家、物流企业176家,贸易额超过170亿元。枝江市先后编制《商贸物流中长期发展规划》和《农村物流融合发展规划》,实现了农村物流网络全覆盖,加速打通了工业品下行、农产品上行、农民买难卖难和农村物流"最后一公里"的瓶颈。

枝江已经建立了比较完善的市、镇、村三级电子商务服务体系,引进申通快递枝江分拨中心、满嘴猫、阳光物流、康联、益品仙枝等物流电子商务企业,加上邮政和顺丰,打造"电子商务+物流"一体化模式,避免了行业内的无序竞争,降低了物流成本,节约了能源,降低了二氧化碳排放量,通畅农产品上行之路。

2. 机器人助力碳减排

(1)物流机器人

极智嘉(Geek+)全新研发中心于2021年7月正式开幕,该中心将专注于发展人工智能和机器人技术,加强亚太地区的技术赋能实力,同时通过提供量身定制的解决方案,助力亚太地区不同行业的企业进行智慧物流转型升级。

目前,该研发中心内已部署多种物流机器人。其中,货架到人机器人最大负载1200千克,通过机器人把库存货架或托盘搬送到拣选工位,不仅显著降低了拣选员的劳动强度,更大幅提升准确率和效率。最高可达5米的RoboShuttle货箱到人机器人C200M,适用于更高净空下高密度存储和高效率拣选的场景。C200M采用1.5米双伸位设计,机器人在货架单侧即可完成两列货箱的纵深存取,库区内的整体通道面积最多可节省50%。此外,C200M还刷新了机器人仓的立体空间有效存储范围,机器人的货箱存取范围低至0.365米,最高达5米,将立体存储空间最大化。

(2) 分拣机器人

2020年,新冠肺炎疫情对消费模式产生了重大影响。送货上门需求空前高涨,小包数量也达到了前所未有的峰值。配送中心收到的货物越来越多,大量尺寸不规则或包装不到位的包裹难以自动处理,比如塑料袋、填充信封和其他不规则形状的包裹,且大多数是小件物品。2021年,法孚集团发布了一款升级版的GENI-Ant自主移动机器人,用于小型包裹的分拣,以提高灵活性和分拣效率。

升级后的GENI-Ant根据处理的物品类型,集成了两个独立的分拣单元,每个单元都可以配置不同类型的皮带。除了平坦的带式输送机,法孚还推出了一款专为不稳定、易碎物品和表面不平的产品设计的新型带式输送机,具有防止物体移动或滚动的边缘设计和监测仪表,在运输和分拣过程中对物品全面控制。升级版机器人增加了高度调节功能,调节范围为0.8~1.3米,可以直接将货物卸到集装箱、货槽或水平传送带上。机器人可以不同的速度在操作区域内运行,时速范围在1.5~2.5米/秒之间。

与电缆、磁条或传感器引导的移动机器人不同,每个GENI-Ant机器人都可以在动态环境中完全自主移动。通过无线网络通信,系统软件可以为机器人导航,根据车辆位置、最近装载区域和指定目的地,规定在哪里加速或减速,并计算出最有效的行驶路径。此外,自动电池充电系统能够确保连续运行,远控系统也永不停歇,无须安排专用充电站。

(三) 新能源利用

1. 德国邮政敦豪集团

德国邮政敦豪集团未来10年内将投资70亿欧元用于减少二氧化碳排放。据德国邮政敦豪集团估算,在未落实全新可持续发展路线图相关举措的情况下,2030年其碳排放总量将约为4600万吨。2020年,该集团碳排放量近3300万吨。未来,全球物流业务预计仍将继续保持强劲增长,德国邮政敦豪集团将继续致力于实现到2030年,将碳排放量减少至2900万吨以下。

为达成这一目标,相关投资将主要用于开发利用航空替代燃料、扩大零排放电动车车队规模和建设更多环保建筑。其中,到2030年,该集团在全球范围内用于最后1公里派送的车辆中将有60%为电动车,总数超过8万辆。在2020年,这一比例仅为18%。

目前,德国邮政敦豪集团旗下DHL快递中国区在发展绿色物流方面取得多方面实质性成果。2020年,DHL快递中国区取派件碳排放效率较上一年提高7.9%。截至去年底,公司已实现15.8%的清洁能源派送覆盖率,车队中电动车比例达13.6%。

2021年,敦豪供应链在泰国北榄府Bangna物流园区的4个仓库屋顶上安装了太阳能电池板。太阳能电池板的总面积约为1.1万平方米,相当于3个足球场的大小。太阳能电池板将为仓库提供电力并减少能源消耗,其产生的能源可满足仓库总能源需求的38%,每年将减少20%的能源消耗。

2. 广州操作中心

为了实现可持续发展,联合包裹广州东操作中心正通过环保包装、客户教育、新能源汽车、智慧能源等多个领域的创新措施,打造绿色未来。

联合包裹广州东操作中心鼓励客户尽可能重复使用包装材料,只在必要时公司才提供新的包装材料。同时,其还采用了较之前宽度减少25%的新包装胶带。为了减少运输过程中的浪费,联合包裹广州东操作中心将小型出口货件包裹装在可重复使用的运输中转袋(RNC)中,再将其运往135公里外的深圳亚太转运中心。在此,工作人员取出袋子中原有货物,再把即将运往广州的货物装入其中,这样可以减少总体包装耗材。联合包裹广州东操作中心正在组建新能源车队,这些汽车每年可减少数千千克的二氧化碳排放量。同时,操作中心还在使用低能耗的LED灯,相较之前可以降低35%以上的能耗。

(四)步行取件

法国邮政子公司Pickup与家乐福建立全国性合作关系,推出新的"步行取件"(Pedestrian drive)商业模式。家乐福自2018年试点"步行取件"以来,一直在大力推广该模式,目前在法国已有100多家这样的站点。客户到访Pickup drive店可以享受多项本地服务,如领取网购食品、收/寄包裹。双方将各自服务结合打造一个全新的概念:Pickup drive。Pickup drive店主要设在城市中心,一周营业六天,方便客户接收所有包裹。法国通过将邮政和家乐福联合起来,迎合了家乐福和法国邮政客户不断变化的购买需求,将社区自提点转型为基础服务点,使居民日常生活更加数字化、更实用、更方便,更加低碳环保。

二、邮政快递节能减排实施案例

(一)欧盟案例

1. Smartmile推出"一件包裹一棵树"环保服务

2020年12月,包裹柜公司Smartmile推出Open Doors活动,已成功种植2475棵树。作为该业务的拓展项目,2021年,Smartmile与"伊甸园造林项目"组织合作,通过Smartmile自动包裹柜开展"一件包裹一棵树"活动,即在荷兰阿尔米尔镇新开放的碳中和Lidl Zero商店推出自动包裹柜,每通过Lidl Zero商店包裹柜寄出、收到或退回一件包裹,公司将为伊甸园造林项目捐赠一棵树。目前,Smartmile在荷兰和芬兰共设立129个包裹柜。预计Smartmile包裹柜每月可以抵消845千克的碳排放,真正实现"包裹变成树木"。

"伊甸园造林项目"组织是一个非营利性组织,在发展中国家重建被森林砍伐破坏的自然景观。该组织每年雇用数千名当地居民种植并保护数百万棵树。自组织成立以来,已种植超过5.83亿棵树,目前的植树速度是每月约2000万棵。

2. 比利时邮政将"生态区"项目推广至更多城市

2020年7月,比利时邮政推出了"生态区"试点项目,旨在减少交通和气候对梅赫伦市收发包裹和信件的影响。尽管新冠肺炎疫情防控期间包裹数量出现了惊人的增长,但比利时邮政能够在2800个邮区零排放投递所有信件和包裹。

2021年"生态区"概念被推广到更多的城市中心。比利时邮政对梅赫伦市绿色车队进行了大规模投资。所有柴油车替换为电动汽车或电动自行车,用于向家庭、取件点和邮局派送包裹、报纸和信件。为鼓励收件人步行或骑行领取包裹,比利时邮政建立了拥有57个取件点的密集网络,包括49个包裹柜、7个邮政代办点,以及梅赫伦邮局。这种由包裹柜、代办点和邮局组成的服务网络,可确保邮政服务范围最广、服务点距用户最近。

2021年7月,比利时邮政在梅赫伦市中心设立小型枢纽,进出梅赫伦市的所有邮件都经过该枢纽,实现包裹和物流的全面整合,包括为第三方服务。邮件从梅赫伦市郊的邮件中心由电动货车送到小型枢纽,再由邮递员通过自行车完成"最后一英里"配送。通过最大化投资"绿色"车队,增加自行车、建设小型枢纽和大量揽投点,比利时邮政限制了运营车辆的总数量和车辆在市中心的行驶总里程。

(二)美国案例

DHL敦豪集团旗下的电子商务解决方案公司(DHL eCommerce Solutions)重新推出了其美国本土捷运车队(Expedited Max)产品服务,该服务可实现完全碳中和,并将捷运车队产生的二氧化碳排放作为抵消标准。此举是DHL2021年推出的"可持续发展路线图"实践成果,属于集团环境保护和社会治理战略目标。DHL表示,所有美国平邮和包裹外运产品客户都可以通过其官网获得一份定制化的产品使用碳排放报告,该报告将为客户提供每周和月度碳排放(总排放、抵消排放和净排放量)的量度记录。

在正式推出碳中和产品之前,公司在2020年依靠购买碳信用额度来抵消约6万吨由捷运车队全年产生的货运二氧化碳,基于平均每辆货车每英里排放404g二氧化碳,相当于共抵消了大约1.5亿英里(约为2.5亿千米)。

(三)英国案例

英国邮政在布里斯托尔地区开展零碳运输。作为英国皇家邮政减少运营碳排放计划的一部分,该公司已经将布里斯托尔递送办公室的"最后一英里"车队改造为100%电动车队,同时还安装了6个充电桩,这些充电桩将为办公室和汽车供电,保证这些电力都是100%的可再生能源。布里斯托尔之所以被选中,是因为该城市的清洁空气区(Clean Air Zones,CAZ)计划要求某些车辆每天支付进入市中心的费用。目前,英国各地的其他递送局也在考虑在未来几个月进行类似的车队改造,尤其是那些已经存在CAZ或计划引入CAZ的地方。

纯电动货车的载货空间比被替换的车辆大得多(高达60%),这给了它们额外的容量来应对不断增长的包裹量。由于维护要求更低,电动车队保证了更多的上路时间和更高的可靠性。根据天气和装载量的不同,这23辆新货车每次充电最多可行驶约201公里。作为皇家邮政2021年在车队中扩展遥测技术的一部分,这些新货车还将安装遥测能力,旨在鼓励更高效的驾驶技术。除了拥有上述优势之外,该地区大约60名邮递员还可以安全高效地投递信件和包裹,同时减少碳排放。

第八章 城市交通

第一节 我国城市交通低碳发展现状及战略

一、我国城市交通低碳发展现状

"十三五"以来,我国城市交通得到了大力发展,根据《2022年交通运输行业发展统计公报》,2022年年末,全国城市公共汽电车运营线路7.80万条,运营线路总长度166.45万公里。公交专用车道1.99万公里。2022年全国城市运量分运输方式构成见图8-1。

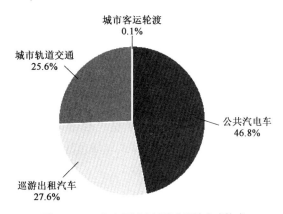

图8-1 2022年全国城市运量分运输方式构成
(资料来源:《2022年交通运输行业发展统计公报》)

1. 公交专用道

2022年年末,全国已设置了1.99万公里的城市公交专用道,逐步形成了公共交通优先通行网络,一些城市积极推行公交信号优先、通过"红灯早断""绿灯延长"等优先模式,提升公交车通过路口的速度。

2. 城市轨道交通

截至2022年年末,全国城市轨道交通运营线路292条,运营里程9554.6公里,其中地铁线路240条、8448.1公里,轻轨线路7条、263公里;城市客运轮渡运营航线79条,减少5条,运营航线总长度334.6公里,减少41.7公里。城市轨道交通骨干作用日益凸显,城市公交出行分担率稳步提高。城市轨道交通采用电力牵引,能耗仅是公共汽车的40%,小汽车的10%;城市轨道交通人均碳排放量只是公共汽车的50%,小汽车的14%,为城市交通的低碳发展发挥了重要的作用。

3. 新能源车

我国城市公交以新能源车比例大幅度提升,2022年末全国拥有城市公共汽电车70.32万辆,城市轨道交通配属车辆6.26万辆,巡游出租汽车136.20万辆,城市客运轮渡船舶183艘。按照燃料类型分纯电动车占64.8%,天然气车占13.2%,混合动力车占11.9%(图8-2)。

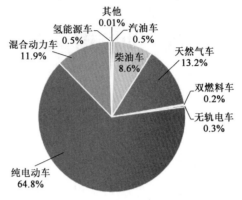

图8-2 公共汽电车构成

(资料来源:《2022年交通运输行业发展统计公报》)

二、我国城市交通低碳发展战略

(一)国家层面

1. 国家新型城镇化规划(2014—2020年)

我国一直注重促进城市交通的低碳发展,中共中央、国务院印发的《国家新型城镇化规划(2014—2020年)》明确提出,把生态文明理念全面融入城镇化进程,着力推进绿色发展、循环发展、低碳发展,推动形成绿色低碳的生产生活方式和城市建设运营模式。该规划在构建低碳城市交通体系方面特别提出以下四个方面的内容。

(1)构建城市群内部综合交通运输网络

按照优化结构的要求,在城市群内部建设以轨道交通和高速公路为骨干,以普通公路为基础,有效衔接大中小城市和小城镇的多层次快速交通运输网络。提升东部地区城市群综合交通运输一体化水平,建成以城际铁路、高速公路为主体的快速客运和大能力货运网络。推进中西部地区城市群内主要城市之间的快速铁路、高速公路建设,逐步形成城市群内快速交通运输网络。

(2)建设城市综合交通枢纽

建设以铁路、公路客运站和机场等为主的综合客运枢纽,以铁路和公路货运场站、港口和机场等为主的综合货运枢纽,优化布局,提升功能。依托综合交通枢纽,加强铁路、公路、民航、水运与城市轨道交通、地面公共交通等多种交通方式的衔接,完善集疏运系统与配送系统,实现客运"零距离"换乘和货运无缝衔接。

(3)改善中小城市和小城镇交通条件

加强中小城市和小城镇与交通干线、交通枢纽城市的连接,加快国省干线公路升级改造,提高中小城市和小城镇公路技术等级、通行能力和铁路覆盖率,改善交通条件,提升服务水平。

(4)优先发展城市公共交通

将公共交通放在城市交通发展的首要位置,加快构建以公共交通为主体的城市机动化出行系统,积极发展快速公共汽车、现代有轨电车等大容量地面公共交通系统,科学有序推进城市轨道交通建设。优化公共交通站点和线路设置,推动形成公共交通优先通行网络,提高覆盖率、准点率和运行速度,基本实现100万人口以上城市中心城区公共交通站点500米全覆盖。强化交通综合管理,有效调控、合理引导个体机动化交通需求。推动各种交通方式、城市道路交通管理系统的信息共享和资源整合。

2.《国务院关于城市优先发展公共交通的指导意见》

2016年7月出台的《国务院关于城市优先发展公共交通的指导意见》,为我国城市公共交通发展指明了方向。其主要目标如下:

通过提高运输能力、提升服务水平、增强公共交通竞争力和吸引力,构建以公共交通为主的城市机动化出行系统,同时改善步行、自行车出行条件。要发展多种形式的大容量公共交通工具,建设综合交通枢纽,优化换乘中心功能和布局,提高站点覆盖率,提升公共交通出行分担比例,确立公共交通在城市交通中的主体地位。

科学研究确定城市公共交通模式,根据城市实际发展需要合理规划建设以公共汽(电)车为主体的地面公共交通系统,包括快速公共汽车、现代有轨电车等大容量地面公共交通系统,有条件的特大城市、大城市有序推进轨道交通系统建设。提高城市公共交通车辆的保有水平和公共汽(电)车平均运营时速,大城市要基本实现中心城区公共交通站点500米全覆盖,公共交通占机动化出行比例达到60%左右。

3.《绿色出行行动计划(2019—2022年)》

根据《绿色出行行动计划(2019—2022年)》(简称《行动计划》),到2022年,初步建成布局合理、生态友好、清洁低碳、集约高效的绿色出行服务体系,绿色出行环境明显改善,公共交通服务品质显著提高、在公众出行中的主体地位基本确立,绿色出行装备水平明显提升,人民群众对选择绿色出行的认同感、获得感和幸福感持续加强。

《行动计划》将大力提升公共交通服务品质作为推动我国公共交通发展的着力点,围绕公共交通出行的"痛点",提出行动措施。主要包括:一是提高公交供给能力。全面推进和深化公交都市建设,加快推进通勤主导方向上的公共交通服务供给。优化调整城市公交线网和布局,强化城市轨道交通、公共汽电车等多种方式网络的融合衔接,鼓励公交线网延伸等。二是提高公交运营速度。加快推进公交专用道网络化建设,加强公交专用道监管,全面推进公交智能化建设。优化地面公交站点设置,提高港湾式公交停靠站设置比例等。三是改善公众出行体验。提高空调车辆和清洁能源、无障碍城市公交车辆比例。推广电子站牌、手机App等信息化设施产品,全面推进交通一卡通互联互通,推广普及闪付、虚拟卡支付、手机支付等非现金支付方式,丰富公共交通票务产品,鼓励多样化公交服务等。

4.《绿色出行创建行动方案》

2020年8月,交通运输部、国家发展改革委印发了《绿色出行创建行动方案》,根据该方案,我国大城市绿色出行创建方案如下:

(1)创建目标

以直辖市、省会城市、计划单列市、公交都市创建城市、其他城区人口100万以上的城市作为创建对象,鼓励周边中小城镇参与绿色出行创建行动。通过开展绿色出行创建行动,倡导简约适度、绿色低碳的生活方式,引导公众出行优先选择公共交通、步行和自行车等绿色出行方式,降低小汽车通行总量,整体提升我国各城市的绿色出行水平。到 2022 年,力争 60% 以上的创建城市绿色出行比例达到 70% 以上,绿色出行服务满意率不低于 80%。公交都市创建城市将绿色出行创建纳入公交都市创建一并推进。

(2)创建内容

按照系统推进、广泛参与、突出重点、分类施策的原则,以《绿色生活创建行动总体方案》(发改环资〔2019〕1696 号)和《绿色出行行动计划(2019—2022 年)》(交运发〔2019〕70 号)明确的重点任务和创建要求为载体,加快推动形成绿色生活方式。

(3)创建标准

①绿色出行成效显著。绿色出行比例达到 70% 以上,绿色出行服务满意率不低于 80%。

②推进机制健全有效。建立跨部门、跨领域的绿色出行协调机制,形成工作合力。

③基础设施更加完善。城市建成区平均道路网密度和道路面积率持续提升,步行和自行车等慢行交通系统、无障碍设施建设稳步推进,加快充电基础设施建设。

④新能源和清洁能源车辆规模应用。重点区域[重点区域是指根据《国务院关于印发打赢蓝天保卫战三年行动计划的通知》(国发〔2018〕22 号)明确的京津冀及周边地区、长三角地区、汾渭平原等区域。]新能源和清洁能源公交车占所有公交车比例不低于 60%,其他区域新能源和清洁能源公交车占所有公交车比例不低于 50%。新增和更新公共汽电车中新能源和清洁能源车辆比例分别不低于 80%。空调公交车、无障碍公交车比例稳步提升,依法淘汰高耗能、高排放车辆。

⑤公共交通优先发展。超大、特大城市公共交通机动化出行分担率不低于 50%,大城市不低于 40%,中小城市不低于 30%。公交专用道及优先车道设置明显提升。早晚高峰期城市公共交通拥挤度控制在合理水平,平均运营速度不低于 15 公里/小时。

⑥交通服务创新升级。手机 App 或者电子站牌等方式提供公共汽电车来车信息服务全面实施。公共交通领域一卡通互联互通、手机支付等非现金支付服务全面应用。建立城市交通管理、公交、出租汽车等相关系统,促进系统融合,实现出行服务信息共享,并向社会提供相关信息服务。

⑦绿色文化逐步形成。每年组织绿色出行和公交出行等主题宣传活动。广泛开展民意征询、志愿者活动和第三方评估等工作。

5.《关于开展人行道净化和自行车专用道建设工作的意见》

2020 年 1 月,住房和城乡建设部发布的《关于开展人行道净化和自行车专用道建设工作的意见》,对完善城市步行和非机动车交通系统,改善城市绿色出行环境有重要作用,其主要内容如下。

(1)人行道净化专项行动

①确保人行道连续畅通。

清理占道行为。建立健全部门联动机制,加大联合执法力度,全面清理违法占道行为。严控机动车占道停放,严管在人行道上施划机动车停车位,已经施划的机动车停车位要充分研究论证,确有必要的要加强规范管理,影响通行的要坚决取消。规范设置人行道上的自行车停放点,合理确定互联网租赁自行车投放规模和停放区域,定期清运地铁出入口等重点区域损坏、废弃的租赁自行车。重点整治餐饮店、洗车店等沿街商户的违法占道经营行为,规范流动摊点经营行为。

障通行空间。完善人行道网络,打通断头道路,连接中断节点,优化过街设施,提高通达性,顺畅连通学校、幼儿园、医院、商场、菜市场、体育场、车站、公园和广场等。拓宽过窄人行道,保障改造后的人行道宽度不低于2米。推广使用下沉式井盖,使井盖表面与人行道铺装保持一致。完善人行道上盲道等无障碍设施,保障连续、畅通。

②确保人行道通行安全。

完善安全措施。尽量避免人行道与非机动车道共板设置,确需共板设置的,要采取安全隔离措施,防止行人和非机动车出行冲突。合理设置必要的隔离护栏、隔离墩、阻车桩等设施,推广应用电子监控设备,阻隔车辆进入人行道行驶。人行道上行道树树池表面应与人行道平顺,不符合要求的要予以改造。加强人行道上方牌匾、灯箱等悬挂物管理,防止发生坠落事故。

加强管养维护。严格执行《城镇道路养护技术规范》,加强人行道设施日常巡查和管理养护,及时排查和消除设施破损、路面坑洼、井盖缺失沉陷等安全隐患。统筹人行道地下管线建设,避免短期内重复开挖和长期占用人行道。建立健全城市道路破损举报、受理和处置工作机制,畅通群众投诉举报渠道,及时处理群众反映的问题。

③确保人行道通行舒适。

规范路面设施。加强人行道上各类设施管理,严重影响行人通行的设施要立即予以处置,闲置和废弃的设施要予以归并和拆除,不符合节约道路空间要求的设施要逐步规范。推行"多杆合一""多箱合一""多井合一",集约设置人行道上各类杆体、箱体、地下管线等,逐步将人行道上各类设施有序布置在设施带中。推动人行道上方电力、通信等架空线入地,清理空中"蜘蛛网"。

改善步行环境。人行道路面铺装要选择耐磨、透水、防滑的材料,不得使用易滑石材等材料。根据实际情况科学合理选择道路铺装面板尺寸,尽量减少面板拼缝,确保人行道铺装平整度。推动人行道周边口袋公园、迷你花园等建设,有条件的区域适当配置休憩设施、雕塑小品等,提升人行道空间品质。采用满足步行要求的照明方式,消除暗区盲点,改善人行道夜间照明。

(2)推动自行车专用道建设

①科学规划自行车专用道。依据城市综合交通体系规划,衔接城市轨道交通、公共交通等专项规划,科学编制自行车专用道规划,构建连续、通畅、安全的自行车专用道网络。在市政道路红线内设置自行车专用道,有效串联重要商业区、大型居住区、集中办公区、城市公园等,满足群众短途通勤和接驳公共交通的需求。因地制宜规划路权专有、封闭隔离、快速通行的独立自行车专用道。依托城市绿道,规划以休闲、游憩、健身为主要功能的自行车专用道。

②统筹建设自行车专用道。以群众实际出行需求和意愿为导向,依据自行车专用道规划,结合城市道路建设和改造计划,成片、成批、成网统筹建设自行车专用道。自行车专用道可采用绿化带、护栏等形式与机动车道隔离。独立自行车专用道可根据实际选择地面、高架或地下等建设形式,合理配置出入口和停车点,安装必要的安全围护设施,保障道路坡度的平缓,确保骑行安全快捷顺畅。依托绿道建设的自行车专用道要按照生态优先、适地适树、地域特色的原则,营造环境优美、体现文化特色的骑行环境,并配套建设具备休憩、交通换乘、综合服务等功

能的设施。

③强化自行车专用道管理。制定加强自行车专用道管理的制度措施,建立健全多部门协同管理的工作机制。严格整治违规停放机动车和摆放设施设备等非法占用自行车专用道的行为,严禁挤占自行车专用道拓宽机动车道,保障自行车专用道有效通行宽度。完善自行车专用道的标识、监控系统,禁止机动车进入自行车专用道,保障自行车路权。

6.《综合运输服务"十四五"发展规划》

2021年11月,交通运输部印发的《综合运输服务"十四五"发展规划》提出,深入实施公交优先发展战略,倡导以公共交通为导向的城市发展模式,大力提升城市公共交通服务品质,强化交通需求管理,让城市交通更顺畅、群众出行体验更舒适。

(1) 优先发展城市公共交通

持续深化国家公交都市建设,构建适应城市特点的公共交通出行服务体系。科学规划、调整城市公交线网,优化发车频率和运营时间,扩大公交服务广度和深度。加快城市公共交通枢纽建设,提升集疏运效能和换乘便捷性。完善多样化公交服务网络,构建快速公交、微循环公交服务系统,发展定制公交、夜间公交、水上公交巴士等特色服务产品。建立健全城市公共交通用地综合开发增值效益反哺机制。深化城市公交管理体制改革,健全完善政府购买服务机制,建立票制票价指导和调节机制。提高城市公交无障碍服务能力,促进低地板公交车推广应用,合力构建无障碍出行服务体系。

(2) 提高城市轨道交通服务能力

指导城市分类实施线网绩效评估,加快推进增建复线支线、联络线,扩容站厅站台通道,增设出入口等补短板改造,全面提升城市轨道交通线网利用水平。优化大小交路、快慢车、跨线运营、灵活编组等运输组织模式。推进城市轨道交通一码通行、一键问询、信息推送等客运服务。推动全自动列车、智慧车站、无人值守设备房规范化运行,提升城市轨道交通智慧化水平。优化适老化、无障碍出行环境。开展城市轨道交通运营服务品牌线路创建活动,提升线网服务的便捷性高效性。

(3) 推进出租汽车行业转型升级

深化巡游出租汽车经营权制度改革,落实无偿有期限使用,推动利益分配制度改革,理顺运价调节机制,健全作价规则。完善巡游出租汽车行业服务质量评价与监督机制,加强诚信体系建设,促进市场良性竞争。鼓励巡游出租汽车应用移动互联网技术,不断创新经营模式,提高市场竞争能力和服务水平,促进出租汽车新老业态融合发展。加快网络预约出租汽车驾驶员和车辆合规化进程,面向社会公众提供车辆和驾驶员合规信息查询服务,规范平台经营行为。提升出租汽车适老化服务水平,保持巡游出租汽车电召服务,完善约车软件老年人服务功能。

(4) 规范汽车租赁和互联网租赁自行车健康发展

强化小微型客车租赁车辆管理,规范租赁经营合同,保护经营者和承租人合法权益。充分利用信息技术,提升线上线下服务能力,强化租赁车辆智能组织调配,动态优化租赁车辆布局。鼓励城市商业中心、大型居民区、交通枢纽等人流密集区域的公共停车场为分时租赁车辆停放提供便利。规范互联网租赁自行车发展,完善互联网租赁自行车运力投入机制,强化运营服务质量考核,优化自行车停车点位规划设置,规范车辆停放秩序和用户资金管理。

(5)加强城市交通拥堵综合治理

加大公共交通发展投入力度和优先通行能力,提升公共交通服务可靠性和吸引力。加强交通需求管理,引导小汽车合理使用,规范静态交通秩序。加快完善慢行交通系统,提升城市步行和非机动车出行比例,因地制宜建设自行车专用道。加强轨道交通站点与公共汽电车、自行车出行的无缝换乘衔接,实现轨道交通主要出入口周边 100 米范围内公共汽电车、自行车便捷换乘。

(二)地方层面

1. 北京

"十四五"时期,北京将围绕"支撑雄安新区和北京城市副中心建设""保障北京冬奥会顺利举办""完善综合交通网络化布局""打造世界级综合交通枢纽""提升区域运输服务一体化水平"五个主要任务,推动京津冀交通一体化发展。

(1)支撑雄安新区和北京城市副中心建设

北京将加快推进京雄商高铁、大兴国际机场至雄安新区机场快线、大兴国际机场东西延、京雄高速公路北京段的建设,加强与雄安新区的交通衔接。

"十四五"期间将稳定轨道交通 R1 线、规划北线、轨道交通 S6 线线位;推进城际铁路联络线、平谷线建设;推进东六环改造、京哈高速加宽、厂通路、广渠路东延、通马路等干线道路建设。同时,完善城市副中心内部交通体系,"十四五"期间将建成城市副中心站客运枢纽;打造广渠路快速公交示范走廊;有序推进步行和自行车交通环境改善;加大智慧停车建设力度;实现京杭大运河(北京段)通航。

推进城市副中心与北三县交通基础设施互联互通,完善北京城市副中心南部与大厂、香河的骨架性通道网络建设;加快跨区域轨道交通建设,重点推进北京城市副中心轨道交通线路向北三县延伸;创新跨区域交通建设组织模式,建立城际轨道、公交运营补贴分担等运营机制。

(2)保障北京冬奥会顺利举办

①机场高速等将划专用道。保障北京冬奥会顺利举办,北京有序推进北京地铁 11 号线、G110(京银路)大修、京礼高速阪泉服务区等基础设施建设,重点推进北京赛区临时交通场站建设及赛时运行保障。在首都机场高速、大兴机场高速、京礼高速、阜石路、西北四环路等施划奥运专用道,确保赛时出行效率。

②为了给冬奥会交通运行提供全方位支持,交通部门与北京冬奥组委对接需求,做好赛时运行人力筹备、保障车辆筹措、指挥调度系统建设、交通组织方案及交通政策的制定与实施、赛时交通管理、车辆能源补充等重要环节保障工作。

③创新冬奥会交通运营模式。北京市和国铁集团、冬奥组委共同研究制定持票观众、持证人员方便乘坐高铁的相关政策。

(3)完善综合交通网络化布局

"十四五"时期,北京综合交通网络化布局将进一步完善。轨道交通方面,以干线铁路和城际铁路建设为重点,推进跨区域重大轨道交通基础设施建设,串联主要城区及重要交通枢纽。继续加快城际铁路建设,加快推进京滨、京唐城际铁路建设,加强京津冀城市群东部城市与北京、天津之间的交通衔接。

及时出台市郊铁路规划,编制出台北京市区域快线(含市郊铁路)线网规划及建设计划,统筹利用铁路既有线路及站点资源,同时结合城市用地及廊道空间新建轨道交通快线。此外,还将推动货运外环线建设,推动铁路客运和货运外环线建设及大型货运站功能外迁,释放铁路既有线路运力,开行市郊铁路。

公路交通方面,"十四五"期间将推动北京六环路国家高速公路功能外移,疏解北京主城区过境交通。强化北京与天津、河北交通基础设施衔接,加快推进国道109新线高速、承平高速公路建设。加快推进首都地区环线高速天津、河北段工程,推动首都地区环线高速全线绕出北京市域。推进重点区域普通公路建设,加快推进G108三期、房易路等公路建设,进一步提升京津冀公路互联互通水平。

围绕加快城市副中心建设,推进孔兴路、潮马路、潮小路、潮于路、张凤路南延等公路新改建工程。围绕三城一区、城南地区、大运河文化带、乐高小镇等重点功能片区发展,推进通怀路、良常路南延、G230、房易路、京良路西延等公路建设。

(4)打造世界级综合交通枢纽

北京将扩大大兴国际机场和首都国际机场的"双枢纽"国际航线网络覆盖面和通达性。完善大兴国际机场综合交通网络,积极推动以机场为核心的综合交通枢纽建设,打造融合高铁、城际轨道、机场快轨、高速公路等多种交通设施的立体交通网络;加快完善大兴国际机场集疏运体系,推进大兴国际机场北线高速东西延等高速公路和城市快速路建设,推进轨道交通大兴国际机场线北延,进一步完善大兴国际机场综合交通网络,实现中心城区与大兴国际机场"1小时通达、一站式服务"。

(5)提升区域运输服务一体化水平

在提升区域运输服务一体化方面,"十四五"时期,北京将加快构建航空枢纽协作机制,推进三地机场协同运行和联合管理,协调推进大兴国际机场和首都国际机场与天津滨海机场、石家庄正定机场等形成差异定位、协同发展的区域机场群。同时,将加快研究制定跨行政区域的公共交通一体化发展政策,统筹布局、建设、共享区域内城市公共交通场站设施,共同研究线路设置、票制票价、运营补贴等问题。

2. 上海

2021年6月,上海市政府发布《上海市综合交通发展"十四五"规划》(简称《规划》),《规划》主要内容如下:

(1)发展目标

"十四五"上海市综合交通的发展目标是:打造"立体融合、人本生态、智慧高效"的高质量、现代化综合交通体系,实现国际航运中心世界一流,区域一体化交通互联互通水平全国领先,综合运输服务品质一流,交通治理能力全面现代化。

(2)主要任务

①巩固和提升国际海空枢纽能级。海港方面,上海港集装箱年吞吐量达到4700万标准箱(TEU)以上,水水中转比例52%以上,国际航运枢纽港服务品质世界领先,联通、绿色、智能的现代集疏运体系进一步完善。具体举措包括:一要进一步提升港口设施能力;二要打造高效畅达的集疏运体系,特别是要持续推进"一环十射"高等级航道建设,形成"连接苏浙、对接海港"的格局;三要建设国际一流邮轮港;四要健全水上安全保障体系等。空港方面,航空旅客年吞

吐量达到1.3亿人次以上、货邮年吞吐量达到410万吨以上，均保持世界前列，初步形成上海多机场体系，枢纽运量规模、网络品质、中转功能等进一步提升，机场集疏运更加融合高效，服务质量排名保持行业前列。具体举措包括：一要推进浦东国际机场四期扩建，打造世界一流的航空枢纽设施；二要加快建设机场联络线、21号线、两港快线等多层次轨道交通，打造高效便捷的机场集疏运体系；三要建立高效现代的航空快递物流体系，巩固航空货运枢纽地位。

②加快完善多层次轨道交通网络。铁路对外通道方面，加快构建"五向十二线"干线铁路通道布局，实现上海中心城60分钟可达毗邻城市，主要枢纽120分钟可达长三角主要城市。具体举措包括：一要基本建成沪苏湖铁路、沪杭客专上海南联络线，加快建设沪通铁路二期等项目，推进沿江高铁、沪乍杭铁路建设；二要推进嘉闵线北延伸等规划建设；三要完善铁路客运枢纽布局和货运体系。轨道交通方面，2025年，全市轨道交通运营里程达960公里，保持全国前列；中心城轨道交通站点600米半径范围内常住人口、就业岗位覆盖比例分别达到55%、61%以上。具体举措包括：一要推进一批轨道交通项目建成；二要建立站点综合开发机制，实施站城一体化开发模式。

③全方位提升客运、货运服务品质。客运服务方面，继续大力实施公交优先战略，2025年，中心城公共交通出行比重（不含步行）达45%以上，公交专用道高峰时段平均车速保持在16~18公里/小时。具体举措包括：一要进一步增强超大城市公共客运承载能力与服务效能，推进"20+8+X"骨干公交通道建设，完善中运量及多层次的地面公交系统，形成骨干线、区域线、接驳线三级线网；二要注重地面公交与轨道交通的换乘和衔接，加强应急协同和处置能力建设；三要深化出租车行业改革，引导新兴业态健康发展。货运服务方面，2025年，形成与产业经济发展需求相匹配、与市民生活和商贸物流发展相适应的安全稳定、绿色低碳、经济高效的货运服务体系。具体举措包括：一要推动企业规模化、集约化、品牌化发展，打造健康有序的货运市场；二要强化货运事中事后监管，持续改善货运从业环境；三要优化货运通道组织，积极推进客货分流；四要优化寄递服务体系，扎实推进"快递进村""快递进厂""快递出海"等"两进一出"工程。

④持续优化完善道路系统功能。2025年，形成高效运行、便捷易达的道路系统。具体举措包括：一要进一步完善高快速路网，新建、改建、扩建一批高快速路；二要进一步完善主次干道和支路网，增加干道规模和贯通性，畅通道路微循环；三要进一步完善越江跨河通道建设；四要持续打造"四好农村路"，形成城乡一体、干支衔接、畅通生态的公路网络。

⑤建设功能完善的新城综合交通系统。推进"五个新城"加快形成支撑"30、45、60"出行目标的综合交通体系基本框架：30分钟实现内部及联系周边中心镇出行，45分钟到达近沪城市、中心城和相邻新城，60分钟衔接浦东和虹桥两大门户枢纽。新城道路网密度达到4.5公里/平方公里。具体举措包括：一方面，要坚持一城一策、站城融合，大力提升铁路、市域铁、轨道交通、骨干道路等对新城的综合服务水平，加快构筑区域辐射的综合交通枢纽；另一方面，要坚持公交优先、绿色集约，围绕大运量轨道交通节点，构建新城中运量等骨干公交网络，建设各具特色的高品质慢行交通系统，加快构筑系统完善的内部综合交通体系。

⑥加快构建重点地区交通体系。自贸区临港新片区，2025年，基本实现"15、30、60、90"的出行服务目标，即新片区主城区15分钟到达浦东国际机场、30分钟可达中心区龙阳路等枢纽、60分钟可达虹桥国际机场、90分钟可达长三角毗邻城市。具体举措包括：加强新片区与浦

东枢纽、虹桥枢纽的快速通道联系以及与长三角的铁路通道联系,构建新片区内部快速公共交通骨干网络等。长三角生态绿色一体化示范区,到2025年,建成一批具有示范性、先导性、服务性的交通基础设施项目,示范区对外交通可达性显著提高,区内交通连通性逐步增强,有力支撑先行启动区近期建设重点区域的发展。实现启动区至虹桥枢纽公共交通45分钟可达。具体措施包括:推进多层次轨道交通和交通枢纽等建设,构建示范区中低运量公交系统,提升示范区路网连通水平等。虹桥商务区,到2025年,基本建成虹桥国际开放枢纽,综合交通枢纽管理水平显著提升,服务长三角和辐射全国的作用充分发挥。具体措施包括:加快打造虹桥商务区与长三角主要城市两小时轨道交通圈,构建商务区"大运量轨道交通+中运量公交+地面公交"公共交通体系等。

⑦提升交通精细化治理和安全管理能力。推进交通需求管理方面,完善小客车拥有和使用政策,推动个体交通向公共交通方式逐步转移,缓解城市交通拥堵。完善停车管理方面,要积极创建一大批停车治理先行项目,建成一大批公共停车泊位。其中,结合民心工程,到2022年底,要创建100个停车治理先行项目,开工建设10000个公共停车泊位。改善慢行交通方面,要提高慢行交通网络可达性和便捷性,基本建成设施完善、出行舒适、全龄友好、管理有序的慢行交通系统。加快交通治理数字化转型方面,要深化政务服务"一网通办",推进交通工程建设数字化监控、危化品运输数字化监管、道路设施数字化管养、交通应急智能化防控等建设。强化交通设施运营维护管理方面,要建立覆盖规划设计、建设施工、养护运营全要素、全生命周期管理体系,努力使上海交通设施条件、服务质量和管理水平达到世界先进城市水平。此外,《规划》还对优化交通组织管理、加强交通安全管理等明确了具体目标和举措。

⑧加快建设智慧交通和新型基础设施。要积极打造交通新技术示范应用高地,到2025年,科技全面赋能交通发展,交通感知全息化水平大幅提升,行业管理协同联动能级大幅提升,交通治理大数据赋能取得新的突破,交通服务场景不断丰富,形成一批新技术、新模式、新业态,泛在、协同、智敏的新一代智慧交通设施体系基本成型。具体举措包括:一要大力推进交通领域新基建,提升智能化交通基础设施能力和水平;二要推进一站式出行体系建设,重点是打造"出行即服务"MaaS系统,实现实时、全景、全链交通出行信息数据共享互通,建设融合地图服务、公交到站、智慧停车、共享单车、出租车、充电桩等统一预约服务平台;三要推进一单制运输体系建设,推动海运、空运、铁路、公路运输信息共享,建设多式联运物流服务体系。同时,还要搭建交通行业科技创新平台,积极打造交通科技创新新生态。

⑨加速绿色低碳交通转型发展。全面提升交通行业碳排放及污染物排放协同控制水平。具体举措包括:一要加强低碳交通体系建设,大力推进大宗货物"公转铁""公转水";二要优化交通能源结构,加快推广新能源运输装备应用;三要强化交通污染排放治理,完善交通排放监测体系建设。

⑩进一步健全综合交通保障机制。《规划》提出了六方面保障机制,主要包括:建立健全区域协调机制,完善综合交通管理工作机制,完善政策法规和标准体系,完善交通行业价格机制,加强交通科技创新,加强人才队伍建设。

3. 京津冀

2015年11月,交通运输部联合国家发展和改革委员会发布了《京津冀协同发展交通一体化规划(2014—2020年)》,提出京津冀地区将形成"四纵四横一环"综合交通大通道为主骨架,重点完成以下八项任务:一是建设高效密集轨道交通网,二是完善便捷畅通公路交通网,三是构建现代化的京津冀港口群,四是打造国际一流的航空枢纽,五是发展公交优先的城市交通,六是提升交通智能化管理水平。

目前,京津冀地区基本形成了以"四纵四横一环"运输通道为主骨架、多节点、网格状的区域交通新格局,初步构建了现代化的高质量综合立体交通网。

铁路方面,"轨道上的京津冀"初步形成。京张高铁、石济高铁、京雄城际、京津城际延伸线等建成通车,干线铁路、城际铁路、市域(郊)铁路、城市轨道交通融合发展水平加快提升。

公路方面,环京津地区的高等级公路基本实现了全覆盖。京昆、京台、京沪等高速公路建成通车,国家高速公路待贯通的路段基本上也都打通,普通国省道省际接口技术等级对接加快推进,跨区域的国省干线"瓶颈路段"大部分已经消除。

水运方面,有序推进港航资源的共享。天津北方国际航运枢纽建设取得了积极进展,天津港高沙岭港区10万吨级航道一期、唐山港京唐港区第四港池25万吨级航道等一批项目也在加快推进,港口资源的跨行政区整合以及航道、锚地共享共用有序推进。

民航方面,机场群功能分工持续优化。北京大兴国际机场正式投运,连通了国际航点12个、国内航点138个,机场高速公路、机场北线高速公路部分路段建成通车。2018—2019年首都机场旅客吞吐量连续两年突破1亿人次。天津、石家庄机场保障能力不断提升。

下一步,交通运输部将深入推进京津冀交通一体化发展,支撑服务北京非首都功能疏解,建设世界级机场群和港口群,加快推进北京、天津等国际性综合交通枢纽城市建设,提升运输服务品质,推动体制机制改革创新,为京津冀协同发展战略实施当好先行。

4.粤港澳大湾区

根据2019年2月,中共中央、国务院发布的《粤港澳大湾区发展规划纲要》,粤港澳大湾区将加强基础设施建设,畅通对外联系通道,提升内部联通水平,推动形成布局合理、功能完善、衔接顺畅、运作高效的基础设施网络,为粤港澳大湾区经济社会发展提供有力支撑。

(1)提升珠三角港口群国际竞争力

巩固提升香港国际航运中心地位,支持香港发展船舶管理及租赁、船舶融资、海事保险、海事法律及争议解决等高端航运服务业,并为内地和澳门企业提供服务。增强广州、深圳国际航运综合服务功能,进一步提升港口、航道等基础设施服务能力,与香港形成优势互补、互惠共赢的港口、航运、物流和配套服务体系,增强港口群整体国际竞争力。以沿海主要港口为重点,完善内河航道与疏港铁路、公路等集疏运网络。

(2)建设世界级机场群

巩固提升香港国际航空枢纽地位,强化航空管理培训中心功能,提升广州和深圳机场国际枢纽竞争力,增强澳门、珠海等机场功能,推进大湾区机场错位发展和良性互动。支持香港机场第三跑道建设和澳门机场改扩建,实施广州、深圳等机场改扩建,开展广州新机场前期研究工作,研究建设一批支线机场和通用机场。进一步扩大大湾区的境内外航空网络,积极推动开展多式联运代码共享。依托香港金融和物流优势,发展高增值货运、飞机租赁和航空融资业务等。支持澳门机场发展区域公务机业务。加强空域协调和空管协作,优化调整空域结构,提高空域资源使用效率,提升空管保障能力。深化低空空域管理改革,加快通用航空发展,稳步发展跨境直升机服务,建设深圳、珠海通用航空产业综合示范区。推进广州、深圳临空经济区发展。

(3) 畅通对外综合运输通道

完善大湾区经粤东西北至周边省区的综合运输通道。推进赣州至深圳、广州至汕尾、深圳至茂名、岑溪至罗定等铁路项目建设,适时开展广州经茂名、湛江至海安铁路和柳州至肇庆铁路等区域性通道项目前期工作,研究广州至清远铁路进一步延伸的可行性。有序推进沈海高速(G15)和京港澳高速(G4)等国家高速公路交通繁忙路段扩容改造。加快构建以广州、深圳为枢纽,高速公路、高速铁路和快速铁路等广东出省通道为骨干,连接泛珠三角区域和东盟国家的陆路国际大通道。

(4) 构筑大湾区快速交通网络

以连通内地与港澳以及珠江口东西两岸为重点,构建以高速铁路、城际铁路和高等级公路为主体的城际快速交通网络,力争实现大湾区主要城市间1小时通达。编制粤港澳大湾区城际(铁路)建设规划,完善大湾区铁路骨干网络,加快城际铁路建设,有序规划珠三角主要城市的城市轨道交通项目。加快深中通道、虎门二桥过江通道建设。创新通关模式,更好发挥广深港高速铁路、港珠澳大桥作用。推进莲塘/香园围口岸、粤澳新通道(青茂口岸)、横琴口岸(探索澳门莲花口岸搬迁)、广深港高速铁路西九龙站等新口岸项目的规划建设。加强港澳与内地的交通联系,推进城市轨道交通等各种运输方式的有效对接,构建安全便捷换乘换装体系,提升粤港澳口岸通关能力和通关便利化水平,促进人员、物资高效便捷流动。

(5) 提升客货运输服务水平

按照零距离换乘、无缝化衔接目标,完善重大交通设施布局,积极推进干线铁路、城际铁路、市域(郊)铁路等引入机场,提升机场集疏运能力。加快广州—深圳国际性综合交通枢纽建设。推进大湾区城际客运公交化运营,推广"一票式"联程和"一卡通"服务。构建现代货运物流体系,加快发展铁水、公铁、空铁、江河海联运和"一单制"联运服务。加快智能交通系统建设,推进物联网、云计算、大数据等信息技术在交通运输领域的创新集成应用。

5. 成渝地区

根据2021年6月国家发展改革委、交通运输部印发的《成渝地区双城经济圈综合交通运输发展规划》,成渝地区的综合交通运输发展规划如下:

到2025年,以补短板、强弱项为重点,着力构建多种运输方式无缝衔接的综合立体交通网络。一体衔接联通设施网络总体形成。对外运输大通道、城际交通主骨架、都市圈通勤网基本完善。

①基本建成"轨道上的双城经济圈",轨道交通总规模达到10000公里以上,其中铁路网规模达到9000公里以上。大宗货物年运量150万吨以上的大型工矿企业、新建物流园区铁路专用线力争接入比例达到85%,长江干流主要港口基本实现铁路进港。公路通达能力进一步提升,高速公路通车里程达到15000公里以上。

②内外通达服务能力大幅提升。世界级机场群航线网络通达全球,国际航空枢纽地位日益凸显,重庆长江上游航运中心基本建成,国际铁路港竞争力进一步提升。

③重庆、成都"双核"之间以及"双核"与成渝地区双城经济圈区域中心城市、主要节点城市1小时通达,重庆、成都都市圈内享受1小时公交化通勤客运服务。

④智能绿色安全发展水平明显提高。5G网络覆盖交通重点场景,重庆、成都中心城区绿

色出行比例超过70%,公交、环卫、邮政、出租、轻型物流配送全部使用新能源或清洁能源车辆,交通环境污染和碳排放联防联治取得积极成效,安全水平明显提升。

⑤共绘共建共享共治机制更加健全。港口、机场等领域协调发展取得更大进展,一体化的市场管理政策、协调机制基本建立。

到2035年,以一体化发展为重点,全面建成设施互联互通、运行智能安全、服务优质高效的现代化综合交通运输体系,全面实现对外开放通道通欧达海、立体互联,重庆、成都国际门户枢纽联通全球,运输组织水平、创新能力、体制机制一体化合作国内领先。

第二节 我国城市低碳交通实践

一、低碳交通城市试点

（一）低碳交通运输体系城市试点

2011年3月,交通运输部印发了《关于开展建设低碳交通运输体系城市试点工作的通知》,结合国家发展改革委员会组织实施的低碳省区和低碳省(市)试点,交通运输部选择了天津、重庆、深圳、厦门、杭州、南昌、贵阳、保定、武汉、无锡10个城市开展低碳交通试点城市建设,探索城市低碳交通发展的实践经验。

2012年1月,交通运输部确定了北京、昆明、西安、宁波、广州、沈阳、哈尔滨、淮安、阳台、海口、成都、青岛、株洲、蚌埠、十堰、济源16个城市为第二批低碳交通试点城市。

试点内容主要包括建设低碳交通基础设施、推广应用低碳型交通运输装备、优化交通运输组织模式及操作方法、建设智能交通工程、提供低碳交通公众信息服务、建立健全交通运输碳排放管理体系。

（二）公交都市创建示范工程

2012年,我国启动公交都市创建示范工程,先后分三批确定87个城市开展公交都市建设。此外,还开展了"国家公交都市建设示范城市"。2017年,上海市、南京市被列为"国家公交都市建设示范城市";2018年,北京市、天津市、大连市、苏州市、杭州市、宁波市、郑州市、武汉市、长沙市、广州市、深圳市、银川市被列为"国家公交都市建设示范城市";2020年,石家庄市、呼和浩特市、沈阳市、哈尔滨市、合肥市、南昌市、济南市、青岛市、株洲市、柳州市、西安市、乌鲁木齐市被列为"国家公交都市建设示范城市";2021年,太原市、长春市、重庆市、贵阳市、昆明市、兰州市、西宁市(7个)被列为"国家公交都市建设示范城市"。以公交都市为标杆的城市交通出行服务系统,促进了城市交通低碳发展。

根据《综合运输服务"十四五"发展规划》,"十四五"时期,遴选确定50个左右地市级及以上城市和部分中小城市分主题分类型开展国家公交都市创建。完善国家公交都市建设管理制度,持续开展动态评估,推动创建城市建立常态化创建工作机制,加强城市公交优先发展政策保障。到2025年,超大、特大城市确立轨道交通在城市公共交通系统中的主体地位,加强"常规公交+轨道+慢行"网络融合的城市公共交通系统,公共交通机动化出行分担率不低于50%;大城市确立大、中运量公共交通在城市公共交通系统中的骨干地位,推进"公交+慢行"

网络融合,公共交通机动化出行分担率不低于40%;中小城市和县城构建以城市公共交通为主导、步行和自行车交通统筹发展的绿色出行体系,绿色出行比例不低于60%。

二、城市低碳交通案例

(一)综合案例

1. 重庆

(1)着力运输装备升级和运输结构调整

"十三五"期间,重庆全面推广节能环保运输装备,中心城区出租车、公交车实现CNG全覆盖,全市累计投放新能源公交车6158辆、新能源出租车256辆、纯电动网约车7854辆;建成巴南麻柳长江中上游首座LNG加注码头,建成LNG燃料动力示范船2艘、电动船舶110艘,累计拆解淘汰老旧运输船舶252艘;配合环保、公安等部门开展柴油车淘汰治理,累计依法注销7.1万辆营运柴油货车道路运输证;建立完善汽车排放检验和维护(I/M)制度,建立M(尾气治理维护)站263家。

重庆交通加快推进运输结构调整,强化铁路、水路基础设施建设,不断完善综合运输网络,切实提高运输组织水平,促进大宗货物运输"公转铁""公转水"。2020年年底,重庆市铁路和水路货物周转量之和达到2467亿吨公里,占比达到70%,已成为对外运输重要方式。重庆大力发展多式联运,重庆铁水联运到发量达到2038万吨,占港口货运吞吐量比重达到12%,集装箱水水中转箱量完成15.7万标准箱,占港口集装箱吞吐量比重达到13%。

(2)积极建设绿色交通基础设施

高速公路服务区建成充电桩400个,隧道LED照明覆盖率100%。具备岸电供应能力泊位达到203个,靠港船舶累计接电1.06万艘次,用电量达到629万千瓦时。近年来,重庆交通积极探索绿色交通基础设施建设,取得显著成效。例如,在渝湘复线高速公路项目建设过程中,中铁四局巴彭路5标砂石料加工场,通过合理设置砂石料加工场和弃渣集中加工再利用,巧妙解决弃渣放置而造成的水土流失甚至垮塌滑坡等问题。该加工场通过安装大功率吸尘器和选粉机,将机制砂的石粉含量控制在10%以内,彻底解决了传统湿法工艺普遍存在的机制砂含泥量、粉尘量超标和级配不良等问题,在保证机制砂质量的同时还提高了资源循环利用效率,洞碴综合利用率高达95%以上。砂石料加工场加工区采用全封闭厂房、全封闭式皮带机,设置自动水幕喷淋和雾化空气炮喷淋综合除尘系统,加装$PM_{2.5}$实时监测装置,对关键部位进行隔音降噪等措施。

(3)坚持公交优先发展战略

2021年7月30日交通运输部正式授予重庆"国家公交都市建设示范城市"称号,在示范创建期间,重庆中心城区常规公交线路总长增长到9916公里,日均客流量达到483万人次,轨道交通运营里程达到329公里,日均载客量达到285万人次;公交优先道建成161公里,基本实现了对中心城区最为拥堵道路的覆盖;基本形成以"轨道交通为骨干、常规公交为主体"的城市公共交通出行体系。

为解决重庆中心城区"背街小巷"群众的公交出行问题,结合山地城市复杂地形环境,2020年6月重庆对公交车型和运营方式进行创新突破,在常规公交车型无法通行的次支道路上,探索投入小型纯电动公交车,打造出"小巷公交"服务品牌。

市民可通过"小巷公交"与城市公交线路网及轨道交通网络进行无缝衔接,实现"出门乘公交、换乘通全城",有效解决次支道路市民出行"最后一公里"问题。截至2020年年底,重庆中心城区已在南岸区、渝中区、北碚区、两江新区等区域试点开行6条"小巷公交",投入运力27台,日均服务6700人次,得到群众高度认可。

"十四五"期间,重庆市将继续坚持绿色发展理念,围绕交通运输碳达峰碳中和目标,以交通运输高质量发展为主线,以基础设施、运输装备、运输组织重大工程为依托,建立完善交通绿色发展体系,支撑成渝地区双城经济圈建设和重庆交通强国试点建设,不断满足人民群众对于品质交通的需求。

2. 临沂市

临沂市加快构建城市低碳交通运输体系,助推绿色发展,主要体现在以下三点:一是推进绿色货运配送示范城市建设。成功争创全国第二批绿色货运配送示范工程创建城市,编制印发《临沂市创建绿色货运配送示范城市工作方案(2020—2021)》,投资80亿元构建"7+17+100"城市绿色货运配送三级节点体系,完成率达到80%以上。搭建完成绿色货运配送公共信息平台,培育6家城市绿色货运配送示范企业,城区新建43个新能源汽车专用充电站项目,城市新能源运营货车达1400辆。二是提高交通运输能源清洁化水平。积极推广新能源、天然气(CNG/LNG)等节能环保运输工具,鼓励新能源车辆进入道路运输市场,不断提升新能源运营车辆、清洁能源车辆比例。源于山东省交通运输厅2021年10月13日的报道,全市各类新能源、清洁能源车辆总数达到22161台,其中公交车3826台、出租车4432台、运营客车423台、LNG/CNG货运车辆13480台。三是积极推广公共交通绿色出行。着力改善公共交通通达性和便捷性,提高公交车辆平均运营速度和换乘效率,推出定制公交、乘车码、实时公交查询及换乘查询等一系列公共交通出行的便民产品,引导市民绿色出行。截至2021年10月,现有的2750台城区巡游出租已全部采用清洁能源,1999台市区公交车全部为新能源或清洁能源车辆,市区公交线路总数达到117条,公交线路总长度2509公里,年运营里程7500万公里。

(二)城市交通一卡通

1. 总体情况

2012年,国务院印发了《国务院关于城市优先发展公共交通的指导意见》,提出进一步完善城市公共交通移动支付体系建设,全面推广普及城市公共交通"一卡通",为加快完善标准体系,逐步实现跨市域公共交通"一卡通"的互联互通。按照国务院指导意见的精神要求,交通运输部全面启动了全国交通"一卡通"互联互通工作。

截至2020年11月,全国已实现280多个地级以上城市交通"一卡通"互联互通,覆盖了京津冀、长三角、珠三角、长江中游城市群等多个重点区域。业务领域向公交、地铁、出租汽车、公共自行车、轮渡、城乡客运、市郊铁路等多种交通方式转变,支付方式从实体卡线下支付向移动线上支付转变,满足人民群众的便捷出行。

交通"一卡通"作为公共出行的重要支付手段,是交通运输服务的重要组成环节,它的主要作用是替代纸质票卡进行所乘公共交通方式的快速支付,解决了乘车找零的不便。乘客只需手持一张卡即可在已实现互通的地区刷卡乘车,能够为持卡人提供更加便捷、高效的交通支付服务,有效提升公共出行服务的运行效率。

2. 案例

(1)内蒙古自治区交通"一卡通"互联互通

交通"一卡通"互联互通工作是一项重要的民生工程。内蒙古自治区作为交通运输部实施交通"一卡通"互联互通的重点省份,自2015年正式启动互联互通工作,按照部统一安排,经深入调研,研究确定全区交通"一卡通"互联互通实施方案,并大力推进实施,主要工作包括:按照交通运输部《城市公共交通IC卡技术规范》(JT/T 978.1—2015)建立自治区区级交通"一卡通"清分结算平台,完成与部级清分结算平台对接、互联互通密钥的系统建设、灌装等工作,开展各盟市"一卡通"系统的建设改造。在以上建设成果的基础上,搭建各地公交二级管理平台,完成数据的实时上送、接收、下发以及相关管理工作。开展各盟市机具改造升级、运行维护,清分结算平台的运维等相关工作,全力推进全区交通"一卡通"互联互通。

截至2020年11月,呼和浩特市、包头市、鄂尔多斯市、乌海市、锡林郭勒盟、二连浩特市市区已实现全部公交线路互联互通;通辽市部分旗县、兴安盟部分旗县公交线路实现互联互通,升级改造符合交通运输部标准机具共计5461台,累计发行互联互通卡50余万张(含二维码账户)。

(2)腾讯乘车码

腾讯乘车码与各地市政府达成全面、深度的合作,助力城市智慧交通建设。通过基于微信小程序开发的腾讯乘车码,将移动支付技术与各个城市公共交通出行场景连接起来,落实绿色出行理念,引领交通出行进入高效、低碳的移动支付时代。

乘车码是腾讯基于微信小程序开发的二维码乘车服务,通过0.2秒极速验证技术,市民和外地游客乘坐地铁和公交出行时,只需拿出手机用"乘车码"微信小程序轻轻一扫,便可率先获得"先乘车,后付费"的乘车新体验,享受智慧交通带来的真正便捷。自2017年7月在广州上线以来,乘车码已覆盖北京、深圳、上海、厦门、宁波、济南、昆明、东莞等180多个城市,支持BRT、公交、地铁、索道、轮渡等智慧交通移动支付场景,2021年底乘车码用户数已超过1.8亿。

不仅如此,腾讯乘车码先后在深圳、昆明上线区块链电子发票功能,用户使用乘车码搭乘地铁后,可一键在线开具区块链电子发票。由于区块链电子发票没有印制环节,可以大大降低发票成本,提升节能减排效益。

(三)城市智慧物流

《综合运输服务"十四五"发展规划》提出,提升城市货运配送服务水平。完善以综合物流中心、公共配送中心、末端共同配送站为支撑的配送网络,促进城际干线运输和城市末端配送有机衔接。优化城市配送车辆通行区域、配送时间,探索设置城市公共临时停车位或临时停车港湾。推动城市建设货运配送基础公共信息服务平台。鼓励发展共同配送、统一配送、集中配送、分时配送等集约化配送模式。发展"云仓"等共享物流模式。

1. 城市智慧物流案例

随着新一代信息技术的快速发展,智慧物流创新理念逐步渗透到物流的各个环节。菜鸟网络推动"新物流"革命,京东物流提出"下一代物流"解决方案,上海、青岛等开启无人港口新时代,无人仓、无人车、无人机、物流机器人、云仓等日益推广开来,京东物流首个全流程无人仓投入使用,顺丰速运建设大型物流无人机总部基地。

此外,借由"互联网+",在市场力量的推动下,公路货运组织集约化进程加快,无车承运人的合法身份也得以确认。根据初步测算,通过无车承运模式能够降低车辆空驶率5%~10%。可以认为,智慧物流发展在大幅提升物流效率的同时,有效减少了车辆无效和低效行驶,用更少的排放,提供了更优质的服务。

2.城市智慧交通物流管理案例

在低碳发展的要求下,5G、物联网等技术的推广应用将进一步加速,为智慧物流发展带来机遇,利用先进技术提高物流作业效率,打造绿色物流系统已是必然。

2020年12月8日,亚洲开发银行批准了陕西绿色智慧交通物流管理示范项目。该项目旨在建设绿色低碳、智能高效、安全卫生的物流设施和交通运输管理系统。项目总投资47.71亿元人民币,其中拟利用亚洲开发银行贷款2亿美元、德国复兴信贷银行贷款1.8亿欧元。亚洲开发银行贷款期限25年,含6年宽限期。

项目主要建设内容有:一是西安航天基地物流园工程,主要包括智慧化动态存储双层仓库,标准智慧仓及产业服务配套设施等建设;二是西安公路铁路联运大宗商品仓储中心工程;三是西安科技产业配套物流园工程,主要包括智慧物流产业孵化区、电商物流仓储区、农村物流区等建设;四是延安绿色城市配送示范工程,主要包括建设高效冷库,引入高科技库存管理系统和现代卫生检疫措施等;五是安康多式联运物流园工程,主要包括智慧物流综合服务系统、交通物流行业监管系统、智慧园区管理系统、智慧物流示范工程等建设;六是信息系统工程,主要包括智慧物流综合服务系统、交通物流行业监管系统、智慧园区管理系统、智慧物流示范工程等建设;七是向西安交通银行提供金融中介贷款,为中小型物流企业提供融资支持;八是开展项目实施管理、物流发展研究及培训相关的知识分享和推广活动。

(四)公共交通

1.驻马店市

驻马店市紧紧围绕公共交通引领城市发展新理念,加强顶层设计,制定了《城市优先发展公共交通实施意见》等20余个涉及规划、用地、资金、财税扶持等政策文件,全方位支持城市公交发展。合理规划公交停保场18处、公交枢纽站27处、公交首末站10处、公交修理场4处,总规模达92万平方米。每年公交投入占市财政投入城市建设费的10%以上,公交运营补贴到位率达100%,有力推进国家"公交都市"示范工程建设。

驻马店着力构建市县城市公交统筹发展格局,打造全国中等城市"公交都市"创建的"驻马店模式"。采取政府购买公交服务的方式,将市区公交成熟的经营管理模式向下辖各县复制推广,市区公交智能调度平台系统、IC卡智能收费平台系统等资源实现各县共享,以市级公交带动县级公交持续快速发展。

截至2021年5月,驻马店市公共交通有限公司在平舆县、遂平县等6县组建了城市公交子公司,开通公交线路40条,投入纯电动公交车488辆,实现了市县公交"统一建设、统一调度、统一标准、统一票价"的管理模式,有效解决了之前县级公交小散乱、车辆技术状况差、服务水平不高、市民出行不满意等问题。驻马店全市拥有各种城市客运车辆1693辆,新增车辆全部为新能源公交车,市中心城区实现纯电动公交车全覆盖。公交线路83条、城乡线路22条,年运送乘客1.5亿人次,公交车准点率、通行率、上座率及市民乘车满意度均大幅提升。

2019年9月,驻马店在全国率先实现了"人脸识别乘公交系统"全城覆盖,在河南省率先实现了城市公交IC卡与全国325个城市互联互通,有效提升乘客的出行效率。支付方式更加多样,乘客可通过银行卡、微信、支付宝等多种方式乘车。"掌上公交"实时查询系统为市民提供了全方位、可感知、实时准确的公交出行信息服务。驻马店公交积极落实公交惠民政策,在票价管理上始终坚持1元低票价政策,实行60岁以上老年人、小学生及护送家长免费乘坐公交车,以及1小时内免费换乘等政策。

2. 德州市

德州市全面优化调整公交运力、线路、车辆、站点。增加20辆公交车辆,拟增开2条公交线路、优化38条公交线路,增加30余个公交站点、优化调整11个公交站点,增加20台车辆作为运力储备,将公交发车时间缩短至5~8分钟,有效减缓城市交通压力。梳理中心城区学校分布点位、学生上学放学路线和需接送的学生数量等信息,采取定制公交方式,提升学校周边站点覆盖率达到100%。截至2021年11月,已开通18条线路,为16所校园1350名学生提供校车服务。德州四区公交实行统一票价,执行"每年5个月全员全时全域免费乘坐公交车"政策。

(五)慢行交通

1. 北京

2019年年底,北京市提出"慢行优先,公交优先,绿色优先"的交通发展理念,从规划、建设、管理、执法等全方位体现从"以车为本"到"以人为本"的转变。"十三五"期间,北京市区两级累计完成3218公里自行车道整治工作,核心区主干路自行车道整治实现全覆盖,连续成网的自行车步行系统初步建成(图8-3)。

图8-3 自行车道

(图片来源:http://jtw.beijing.gov.cn/xxgk/tpxw/202110/t20211026_2520619.html)

共享单车的出现,使得"最后1公里"的问题得到解决。慢行交通出行品质持续升级,二环辅路慢行系统通行效率提升了25%;平安大街等整条道路由主干道路功能转型为绿色交通道路;贯穿"回天"地区、北部中轴的42公里骑行慢跑绿道服务周边市民通勤、休闲;市民绿色出行意愿持续增强。2020年自行车出行比例增长到15.5%,比2015年(9.5%)提升6个百分点。2020年北京市慢行交通比例显著提升,城六区慢行交通出行比例由2019年的42.3%提升至46.7%,增长4.4个百分点,其中自行车出行比例由12.1%增长到15.5%,增长3.4个百分点。

根据《北京市慢行系统规划(2020年—2035年)》,到2035年,慢行系统将与城市发展深度融合,形成"公交+慢行"绿色出行模式,北京将建成步行和自行车友好城市。

2. 杭州

2021年4月,"首届中国慢行交通大会"在北京召开,杭州市公共慢行交通案例获得全国慢行交通优秀城市案例奖。公共慢行交通,杭州一直走在前列。绿色出行,已成为杭州人最推崇的生活方式之一。"小红车"公共自行车"杭州模式"也已成功复制推广到全球超过300余座城市。2011年9月,杭州市被英国广播公司(BBC)评为"全球8座公共自行车服务最棒的城市"之一;2013年10月,杭州市被美国日报《今日美国》评为"全球16个公共自行车系统最好的地区"之一且名列榜首。

2008年5月,全国首个以促进绿色出行为主要目标的公共自行车系统在杭州市投入运行。截至2020年12月底,杭州"小红车"累计租用量达10.98亿人次。若按照平均租用时间33.6分钟,每次出行距离为3.0公里计算,累计行驶里程32.94亿公里。如按每辆小汽车平均运载2人计算,相当于减少5.49亿辆小汽车的出行量;与小汽车出行相比,减少二氧化碳排放146.13万吨。

杭州市城管局积极开展共享单车文明摆放活动(图8-4、图8-5),并注重进乡村、进学校、进社区送服务,促进绿色骑行,绿色发展成为市民生活的日常。2021年,杭州市城管局轨道公用中心向青山村赠送了60辆小红车,并每月组织上门开展义务维修保养"回头看"。让小红车活跃在乡村小径、田间绿道,一方面方便村民日常通勤,另一方面供周末前来龙坞水库、石扶梯水库的游客免费使用。未来,杭州市城管部门将围绕"便民、有序"目标,做深做细各项工作,营造文明、低碳的公共慢行环境,提升市民群众满意度。

图8-4 杭州市非机动车文明摆放行动
(图片来源:http://cgw.hangzhou.gov.cn/art/2021/5/21/art_1229516588_58899563.html)

图8-5 杭州志愿者对自行车文明摆放
(图片来源:http://cgw.hangzhou.gov.cn/art/2021/5/21/art_1229516588_58899563.html)

为了人民、依靠人民、服务人民,是中国交通发展的初心和使命,面向国家碳达峰碳中和战略,中国交通将继续秉承人民至上、以人民为本的发展理念,坚持人民共建共治共享、加快推进行业绿色低碳转型,建设人民满意交通。

参 考 文 献

[1] ZCAP. America's Zero Carbon Action Plan (ZCAP) Launched[EB/OL]. https://www.sdsnusa.org/news/zcap-launch.

[2] European Commission. A European Green Deal:Striving to be the first climate-neutral continent[EB/OL]. https://ec.europa.eu/info/strategy/priorities-2019-2024/european-green-deal_en.

[3] European Commission. The European Green Deal and Fit for 55[EB/OL]. https://www.consilium.europa.eu/en/policies/green-deal/eu-plan-for-a-green-transition.

[4] European Parliament. Sustainable and smart mobility strategy[EB/OL]. https://www.europarl.europa.eu/RegData/etudes/BRIE/2021/659455/EPRS_BRI(2021)659455_EN.pdf.

[5] IEA (International Energy Agency). CO_2 Emissions from Fuel Combustion 2019:Highlights[EB/OL]. https://webstore.iea.org/co2-emissions-from-fuel-combustion-2019-highlights.

[6] IEA (International Energy Agency). Germany 2020 Energy Policy Review[EB/OL]. https://www.iea.org/reports/germany-2020.

[7] IEA (International Energy Agency). The Role of Renewable Transport Fuels in Decarbonizing Road Transport. 2020. https://www.ieabioenergy.com/wp-content/uploads/2020/11/Key-Strategies-in-Selected-Countries.pdf.

[8] International Civil Aviation Organization(ICAO). Environmental Report 2013 [R]. Montreal, Canada,2013.

[9] Greenhouse Gas Emissions. Inventory of U.S. Greenhouse Gas Emissions and Sinks[EB/OL]. https://www.epa.gov/ghgemissions/inventory-us-greenhouse-gas-emissions-and-sinks.

[10] M. Kache,于福鹏.混合动力机车[J].国外铁道机车与动车,2016,448(4):16-19.

[11] 罗兰贝格管理咨询.欧盟最新低碳发展政策"Fit for55"-揽子计划解读[EB/OL]. http://news.carnoc.com/list/567/567931.html.

[12] Scarlett Evans. UK Government launches 'Road to Zero' strategy[EB/OL]. https://www.power-technology.com/news/uk-government-launches-road-zero-strategy.

[13] 白娟.我国低碳交通运输政策的国际经验借鉴[J].交通企业管理,2016(8):75-76.

[14] 白旭升,金诚妙.节能减排技术在民航领域的应用与展望[J].节能,2020(10):122-124.

[15] 北京商报.京东物流投用新能源车每年减排12万吨二氧化碳[EB/OL]. https://baijiahao.baidu.com/s?id=1697644956889837690&wfr=spider&for=pc.

[16] 北京市交通委员会.冷再生拌合机让废旧沥青100%重新"上岗"[EB/OL].[2019-11-22]. http://jtw.beijing.gov.cn/xxgk/dtxx/201912/t20191210_1029651.html.

[17] 北京市交通委员会.北京慢行交通出行品质持续提升[EB/OL].[2021-10-20]. http://jtw.beijing.gov.cn/xxgk/tpxw/202110/t20211026_2520619.html.

[18] 卞雪航,张毅,陈书雪,等.城镇化视角的国外低碳交通发展经验研究[J].综合运输,2016,38(10):36-41,79.

[19] 陈浩,陈民恳,姜涛.国内外低碳机场的经验借鉴与启示[J].环球市场信息导报,2015(13):76-80.

[20] 陈萍,罗情平.国外永磁同步牵引系统的发展与应用[J].国外轨道车辆,2017,54(5):14-18.

[21] 北京日报客户端记者(原文未明确标注作者).大兴国际机场成全国首个绿电低碳国际机场[N].北京日报,2019-09-28.

[22] 邓京波.Neste 公司为美国三大航空公司从旧金山起飞的航班提供可持续航空燃料[J].石油炼制与化工,2020,12(1):11.

[23] 董蓓.中国邮政全面提速,多省市将实现"次日达"[N].光明日报,2021-07-03.

[24] 冯江华.高速动车组永磁同步牵引系统的研制[J].机车电传动,2016(4):1-5.

[25] 傅志寰,胡思继,姜秀山,等.中国交通运输中长期节能问题研究[M].人民交通出版社,2011.

[26] 中成空间.中成空间再创佳绩!国内首个光伏气膜项目实现并网发电[EB/OL].[2021-12-25].https://www.sohu.com/a/511482092_99894134.

[27] 管亚敏.铁路客站绿色照明及 LED 应用研究[J].照明工程学报,2014,25(6):50-52,72.

[28] 国务院新闻办公室.《中国交通的可持续发展》白皮书[R].新华社,2020-12-22.

[29] 杭州日报."慢行交通"快人一步 "杭州模式"成为全国优秀城市案例[EB/OL].[2021-05-13].http://cgw.hangzhou.gov.cn/art/2021/5/13/art_1229516588_58899518.html.

[30] 杭州市城管局轨道公用中心夏静.积极营造慢行环境,让绿色出行成为市民首选[EB/OL].[2021-05-21].http://cgw.hangzhou.gov.cn/art/2021/5/13/art_1229516588_58899519.html.

[31] 何英.英国出台低碳计划路线图[N].中国能源报,2009-07-20.

[32] 何增荣,傅莹,李政.中国低碳交通发展[M].北京:经济日报出版社,2018.

[33] 贺子年,彭月兰.英国支持低碳交通的税收政策及经验借鉴[J].山西财税,2021(8):56-57.

[34] 胡海涛,陈俊宇,葛银波,等.高速铁路再生制动能量储存与利用技术研究[J].中国电机工程学报,2020,40(1):246-256.

[35] 黄露霞.国内外混合动力机车的新发展[J].铁道机车与动车,2018,532(6):1-5.

[36] 黄友能,宫少丰,曹源,等.基于粒子群算法的城轨列车节能驾驶优化模型[J].交通运输工程学报,2016,16(2):118-124,142.

[37] 惠名笠.民用机场的能源管理系统研究[J].中国设备工程,2021(13):49-50.

[38] 贾钦,胡华清,于敬磊,等.低碳理念下机场可再生能源布局规划——以北京首都国际机场为例[J].交通运输研究,2020,6(6):117-125.

[39] 贾润新,译自 Post & Parcel.法国邮政子公司 Pickup 携手家乐福推出"步行取件"商业新模式[EB/OL].[2021-07-21].https://www.spb.gov.cn/gjyzj/c100015/c100019/202107/cd693d0078334ece89adc81bab7ec8b9.shtml.

[40] 姜欢欢.美国机动车碳减排经验及对我国的启示[N].中国环境报,2021-05-24.

[41] 蒋庆哲,周晋峰,董秀成,等.中国低碳经济发展报告蓝皮书(2019—2020)[M].北京:石油工业出版社,2020.

[42] 蒋冉,译自 Post&Parcel.敦豪供应链泰国公司加大太阳能电池应用力度[EB/OL].[2021-

05-07]. https://www.spb.gov.cn/gjyzj/c100015/c100019/202105/3c1b55af498b446a87f3a2b3cb6ba473.shtml.

[43] 中华人民共和国交通运输部.畅行天中 乐享公交.[EB/OL].[2021-05-08].https://www.mot.gov.cn/jiaotongyaowen/202105/t20210508_3586608.html.

[44] 中华人民共和国交通运输部.加快建设现代化民航基础设施体系[EB/OL].[2021-03-02].https://mp.weixin.qq.com/s?-biz=MzI3MDQwMDQ5NQ==&mid=2247537640&idx=1&sn=2e65957ac508d0cff65d5431b69ed404&scene=0.

[45] 中华人民共和国交通运输部.加快建设与国家综合立体交通网深度融合的邮政快递网[EB/OL].[2021-03-21].https://mp.weixin.qq.com/s?—biz=MzI3MDQwMDQ5NQ=&mid=2247537801&idx=1&sn=f79c687c87bfea03e664f22692650a97&scene=0.

[46] 中华人民共和国交通运输部.李小鹏在出席2020年全国邮政管理工作会议时强调:全力开创邮政管理工作新局面,书写加快建设交通强国邮政篇[EB/OL].[2020-01-07].https://mp.weixin.qq.com/s?-biz=MzI3MDQwMDQ5NQ==&mid=2247510109&idx=1&sn=b5b00e333b4421635e4227f229e571d5&scene=0.

[47] 李国华,刘尧,黄晋,等.基于司机操纵模式学习的列车节能自动驾驶研究[J].湖南大学学报(自然科学版),2019,46(4):128-140.

[48] 李前喜.日本交通部门碳排放与低碳交通相关因素研究[J].环境与可持续发展,2013,38(6):120-122.

[49] 李强,张俊,易巍.北京大兴国际机场绿色建设实践[J].Environmental Protection,2021,49(11):13-17.

[50] 李姗姗.发达国家发展低碳交通的政策法律措施及启示[J].山西财经大学学报,2012(S1):186-189.

[51] 李素满,译自Smartmil.Smartmile推出"一件包裹一棵树"环保服务[EB/OL].[2021-08-20].https://www.spb.gov.cn/gjyzj/c100015/c100019/202108/359220dd2023477a8d7d5104893f57d1.shtml.

[52] 李振宇,张好智,陈徐梅,等.欧洲城市交通节能减排的主要途径与经验启示[J].公路与汽运,2011(3):22-25.

[53] 刘丛丛,吴建中.走向碳中和的英国政府及企业低碳政策发展[J].国际石油经济,2021,29(4):83-91.

[54] 刘功臣,赵芳敏.低碳交通[M].北京:中国环境出版社,2015.

[55] 刘欢,森川高行,李洁.日本低碳交通发展策略简析[J].综合运输,2015,37(6):57-65.

[56] 罗戈网.京东物流公布碳排放目标:2030年减排50%[EB/OL].[2020-11-16].https://baijiahao.baidu.com/s?id=1683502145851516379&wfr=spider&for=pc.

[57] 吕顺凯.交流电气化铁路再生制动能量利用技术研究[J].电气化铁道,2019,30(6):5-10.

[58] 马海涛,黎白泠,潘乐,等.电气化铁路再生制动能量的产生与利用[J].科技创新与应用,2018(1):184-185.

[59] 马颖涛,李红,李岩磊,等.轨道交通中永磁同步牵引系统的优势与挑战[J].铁道机车车

辆,2015,35(3):66-70.

[60] 满朝翰,曲云腾,梁策,等.铁路建设绿色发展策略研究[J].铁路节能环保与安全卫生,2020,10(6):1-4.

[61] 彭传圣.为全球航运业减排提供"中国方案"[N].经济日报,2021-06-03.

[62] 全丽.发达国家城市低碳交通的经验与借鉴[J].生态经济,2014,279(4):2-5.

[63] 全省首例高速公路服务区分布式光伏发电项目并网[N].山西晚报,2020-12-22.

[64] 山东省交通运输厅.德州市优化公交线网提升公交服务质量[EB/OL].[2021-11-03]. http://jtt.shandong.gov.cn/art/2021/11/3/art_100501_10294898.html.

[65] 山东省交通运输厅.临沂市多措并举积极构建绿色交通体系[EB/OL].[2021-10-13]. http://jtt.shandong.gov.cn/art/2021/10/13/art_100501_10294274.html.

[66] 上海市人民政府.《上海市综合交通发展"十四五"规划》[EB/OL].[2021-07-22].https://www.shanghai.gov.cn/nw12344/20210721/ca22dbbbafb64f719f8b9350e151d879.html.

[67] 颜鹏.深圳一座超大型城市的10年碳排放登"峰"路[N].南方都市报,2021-6-24.

[68] 孙宏阳."十四五"北京围绕5大任务推动京津冀交通一体化[N].北京日报,2021-6-16.

[69] 石红,简晓荣,黄永和,等.美国推动电动汽车发展的政策措施[J].汽车纵横,2020,111(6):50-54.

[70] 宋鹂,崔抒音.论绿色机场的建设与发展[J].空运商务,2015(11):28-32.

[71] 陶阳.新能源水上飞机生产工厂落户沈阳通航基地[N].辽宁日报,2021-07-09.

[72] 滕岚.航空公司市场进入与联盟策略研[D].北京:北京交通大学,2020.

[73] 涂建华.低碳交通发展对策与建议[J].交通运输部管理干部学院学报,2015(2):13-16.

[74] 王斌.再生制动工况下高速铁路牵引供电系统电能质量分析[D].成都:西南交通大学,2015.

[75] 王宏峰,译自Post&Parcel.德国邮政敦豪集团公布未来绿色发展战略[EB/OL].[2021-04-27].https://www.spb.gov.cn/gjyzj/c100015/c100019/202104/ddde8bbffbb04ce996d923cf8e7772ee.shtml.

[76] 王妙香.零排放航空的技术途径浅析[J].航空动力,2021(1):16-19.

[77] 王旭,译自Fives Group.法孚集团升级移动分拣机器人GENI-Ant[EB/OL].[2021-05-17].https://www.spb.gov.cn/gjyzj/c100015/c100019/202105/2ac17052c37243909182366b0a320303.shtml.

[78] 王永泽,马龙.铁路客运站能源管控系统发展趋势分析[J].铁路节能环保与安全卫生,2018,8(3):125-128,131.

[79] 魏一鸣,廖华,余碧莹,等.中国能源报告(2018):能源密集型部门绿色研究转型研究[M].北京:科学出版社,2018.

[80] 邬明亮.电气化铁路光伏发电技术及其经济性研究[D].成都:西南交通大学,2018.

[81] 伍赛特.燃料电池机车与混合动力机车的研究现状及发展前景[J].铁道机车与动车,2019,540(2):1-3,25.

[82] 武子杰,丁明稳.全国规模最大"无人驾驶集群智能化施工"在京德高速应用.河北交通投资集团公司[EB/OL].[2021-04-25].http://www.hebtig.com/News/Info/69/284401.

html.

[83] 新京报.北京城市骑行绿道初具规模,共享单车助力低碳出行.[EB/OL].[2021-10-13].https://baijiahao.baidu.com/s?id=1713463146277559762&wfr=spider&for=pc.

[84] 薛建明.低碳交通体系构建与实践研究[M].北京:光明日报出版社,2019.

[85] 薛龙玉.黑科技!二氧化碳"电池"来了[N].中国船检官微,2021-09-22.

[86] 晏耐生.浅谈我国铁路沿线建筑冬季供暖技术的应用现状[J].铁路节能环保与安全卫生,2016(6),291-294.

[87] 央视新闻客户端.引领"中国氢港"山东青岛港加氢站建设项目启动[EB/OL].[2021-12-30].https://news.bjx.com.cn/html/20211230/1196823.shtml.

[88] 杨雪英.更加绿色的未来——英国低碳交通发展思路[J].交通建设与管理,2010(11):78-79.

[89] 邮政研究院官微.DHL敦豪集团推出100%碳中和运输服务[EB/OL].[2021-05-12].https://www.spb.gov.cn/gjyzj/c100015/c100019/202105/86d6ab1c769442b1b242daca9b7bd18b.shtml.

[90] 邮政研究院官微.美国邮政发布《2021年度可持续发展报告》[EB/OL].[2021-01-27].https://www.spb.gov.cn/gjyzj/c100015/c100019/202107/7ad1706b91bf45319e549a78d6b478a4.shtml.

[91] 邮政研究院官微.日本邮政与东电控股就碳中和达成战略合作[EB/OL].[2021-05-10].https://www.spb.gov.cn/gjyzj/c100015/c100019/202105/df06fc720be2461e9af1490a2f046dcd.shtml.

[92] 邮政研究院官微.英国邮政在布里斯托尔地区开展零碳运输[EB/OL].[2021-06-01].https://www.spb.gov.cn/gjyzj/c100015/c100019/202106/0a249b46f818447e85afb7ae4c3a2814.shtml.

[93] 于敬磊,胡华清.碳达峰目标下民航绿色发展之路[N].中国交通报,2021-7-30.

[94] 于敬磊,贾全星.中国民航应对气候变化:愿景与战略[M].北京:中国民航出版社有限公司,2020.

[95] 张和生,铁路运输企业光伏发电应用技术方案及政策规范研究[R].中国铁路总公司科研开发计划重点课题,2018.

[96] 张友鹏,杨宏伟,赵珊鹏.超级电容在高速铁路再生制动能量存储中的应用及控制[J].储能科学与技术,2019,8(6):1145-1150.

[97] 赵民.国务院新闻办公室发布《中国交通的可持续发展》白皮书新闻发布会[N].交通运输部官网,2020-12-22.

[98] 中国交通新闻网.先行所见绿水青山映蓝天——"十三五"以来交通运输行业绿色发展综述[EB/OL].[2020-07-01].https://www.mot.gov.cn/jiaotongyaowen/202007/t20200701_3323244.html.

[99] 中国交通新闻网.风劲帆满海天阔——"十三五"交通运输发展成就巡礼之水运篇[EB/OL].[2020-12-18].https://www.mot.gov.cn/jiaotongyaowen/202012/t20201218_3504990.html.

[100] 中国交通新闻网.江苏深化智慧高速公路八大专题研究 科技赋能让出行更美好更安全

[EB/OL]. 2020.8.10 https://news.bjx.com.cn/html/20211230/1196823.shtml.

[101] 中国交通新闻网.交通科技云论坛聚焦BIM技术应用[EB/OL].[2021-09-27]. https://www.mot.gov.cn/jiaotongyaowen/202109/t20210927_3620092.html.

[102] 中国交通新闻网.让高速公路更好地服务美好生活[EB/OL].[2021-09-08]. https://www.mot.gov.cn/jiaotongyaowen/202109/t20210908_3618028.html.

[103] 中国交通新闻网.浙江开展智慧工地3年专项行动 平安百年品质工程应用"最强大脑"[EB/OL].[2021-01-08]. https://www.mot.gov.cn/jiaotongyaowen/202101/t20210108_3513235.html.

[104] 中国民航局."十三五"民航节能减排巡礼:坚持绿色发展 守护蓝天白云[EB/OL].[2020-11-07]. http://www.caac.gov.cn/XWZX/MHYW/202011/t20201107_205164.html.

[105] 中国民航局.北京新机场工程建设扎实推进[EB/OL].[2016-10-11]. http://www.caac.gov.cn/XWZX/MHYW/201610/t20161011_40090.html.

[106] 中国民航局.白云机场喜提"2020年全球能源管理领导奖"[EB/OL].[2020-07-16]. http://www.caac.gov.cn/XWZX/HYDT/.202007/t20200716_203631.html.

[107] 中国民航局.中南地区空域精细化管理改革试点取得进展[EB/OL].[2026-12-7]. http://www.caac.gov.cn/XWZX/MHYW/201612/t20161207_41004.html.

[108] 中国新闻网.天津高速首个"零碳"服务区正式投入运营[N].中国新闻网官方账号,2021-11-06.

[109] 中国新闻网.中国首班全生命周期碳中和航班执飞[EB/OL].[2021-10-13]. https://www.sohu.com/a/494823979_121190661.

[110] 中国新闻网.德国邮政敦豪集团将支持中国二氧化碳减排努力[EB/OL].[2021-03-31].
https://www.spb.gov.cn/gjyzj/c100015/c100019/202103/2ed2fa65b4fe467ca1ac3b0df995f01e.shtml.

[111] 中国邮政快递报.联合包裹广州操作中心践行环保[EB/OL].[2021-05-08]. https://www.spb.gov.cn/gjyzj/c100015/c100019/202105/e262c22b8ba34bf592c5937acbfc513e.shtml.

[112] 周新军.欧盟低碳交通战略举措及启示[J].中外能源,2012(11):6-14.

[113] 朱桦.铁路客站建筑围护结构节能设计浅谈[J].铁道勘察,2013,39(1):97-99.